古代名女人

大家史说

苏同炳／著

故宫出版社

大家史说（第二辑）

图书在版编目（CIP）数据

古代名女人 / 苏同炳著. —北京：故宫出版社，2011.12（2014.2重印）
（大家史说：第2辑）
ISBN 978-7-5134-0233-0

Ⅰ.①古… Ⅱ.①苏… Ⅲ.①女性–人物研究–中国–西汉时代~民国 Ⅳ.①K828.5

中国版本图书馆 CIP 数据核字（2011）第 271429 号

古代名女人

著　　者：	苏同炳
责任编辑：	江　英　王冠良
装帧设计：	赵　谦
出版发行：	故宫出版社
	地址：北京市东城区景山前街4号　邮编：100009
	电话：010-85007808　010-85007816　传真：010-65129479
	网站：www.culturefc.cn　邮箱：ggcb@culturefc.cn
印　　刷：	保定市中画美凯印刷有限公司
排　　版：	保定市万方数据处理有限公司
开　　本：	880×1230 毫米　1/32
印　　张：	10.25
字　　数：	220 千字
版　　次：	2011 年 12 月第 1 版
	2014 年 2 月第 2 次印刷
印　　数：	3001~6000 册
书　　号：	ISBN 978-7-5134-0233-0
定　　价：	26.00 元

序

中国素来被称为是世界上文献资料最丰富的文明古国，自古以来流传至今的各种正、杂、野史及小说稗官之类有关历史记载的资料，汗牛充栋，浩如烟海。但因古代中国人素来怀有重男轻女的性别歧视之故，总觉得既是女人，就应该老实待在家里尽她的贤妻良母本分，如果也要像男人一样地舞文弄墨，招权揽柄，未免是牝鸡司晨，非家庭之福。基于这种"女子无才便是德"的不平等思想，自古以来，正不知有多少富于才华的女性活生生被剥夺了读书求知的权利，当然也丧失了她们发明与创作的机会；即使其中偶然有少数女性得以稍露头角，也决无广大空间可以容其充分发挥。所以，一部二十四史的卷帙虽繁，有关古代女性的记录，却不过只有几百篇贤母、节妇、烈女的传记，所谓闺藻、闺才、与闺奇，只在《古今图书集成》的"闺媛典"中留着一些有限的资料，如果希望进一步从这些有限资料中为其中人物撰写较为具体的传记文字，往往因文献无征之故，而有无从入手之苦。人类文明的创建并非只是男性的贡献；然而，古代女性对于国家与社会的贡献虽多,却因古人对女性的蓄意歧视而遭不合理之排斥,显非事理之平。为此之故,自清帝退位以后,也已曾有不少表扬女性同胞具体贡献的著作出现,如《中国妇女文学史》、《中国女性的文学生活》、《女性词话》等等,颇能使现代读者了解到,古代中国女性在文学创造方面已有何等样的不平凡成绩。但因这些著作大多只着重于文学方面,对于古代女性在政治、军事、艺术等等方面的成就如何,殊少涉及,则亦未免有偏枯之憾。所以笔者很希望在涉猎史书之余,在这些方面能够作一些补充,以为发扬古代中国女性的潜德幽光,略尽个人之绵薄。

1982年前后,朱慧夫先生主持《畅流》杂志的编政。朱先生邀我为《畅流》写稿,我即以"中国历史上的名女人"为总名,在该刊撰写了二十位左右的中国古代女性的传记,辑录在一起,就成了这本小书。中国古代女性中的有名人物当然不止我所撰写的这几位,但一则因资料搜集有困难,并不是每一个有名人物的事迹都足够写成一篇内容充实的传记;二则若干赫赫有名的人物早已有人写过专传,如果笔者别无新创,则为了避免剽袭雷同之嫌起见,亦不宜冒昧从事。因此,当时所写成的就只有这些。其后,《畅流》杂志社的内部人事有更迭,我亦停止撰写。以致整个编撰工作未能照原定目标充分实现,说来殊堪惋惜。

当年在《畅流》杂志上撰写古代中国名女人的传记时,虽然写作成绩不甚理想,但所投注下去的时间与精力却甚为可观,而且自觉也颇有若干新意。谬承《国文天地》杂志社林社长庆彰先生之厚爱,特地将此书列入"国文天地丛书"之内,深感荣幸,谨在此申致诚挚之谢意。此外,对于朱慧夫先生当年约我写稿的一段文字因缘,亦应永志不忘,一并于此表示对朱先生的感谢。

庄练　一九九〇年　圣诞节写于南港寓庐

目录

一　万里和亲王昭君 ——— 1

二　燕啄皇孙汉祚衰
　　——赵飞燕的故事 ——— 11

三　谤累千年甄夫人 ——— 30

四　孝女木兰振古奇 ——— 42

五　两朝太后李三娘 ——— 53

六　花蕊夫人徐妃 ——— 73

七　被"狸猫换太子"故事
　　骂苦了的刘皇后 ——— 84

八　旷代女词人李清照 ——— 104

九　张太后自贻伊戚 ——— 114

十　巾帼英雌秦良玉 —— 134

十一　文采风流柳如是 —— 153

十二　桃花遗恨李香君 —— 174

十三　红颜祸水陈圆圆 —— 193

十四　太后下嫁故事中的
　　　顺治生母孝庄太后 —— 212

十五　垂帘听政四十年
　　　——慈禧太后的一生 —— 232

十六　井底胭脂说珍妃 —— 263

十七　孽海奇葩赛金花 —— 282

十八　"绣圣"沈寿 —— 302

一　万里和亲王昭君

中国历史上有所谓"四大美人"——西施、貂蝉、王昭君、杨贵妃。她们当然都有资格被称为中国历史上的名女人，只可惜貂蝉不知道是否真有其人。至于其余三人，则各有一段哀感顽艳的故事使她们名垂不朽。西施和杨贵妃的故事，留待以后再写，现在且来谈谈王昭君的故事。

王昭君名嫱，湖北秭归县人，汉元帝时被选入后宫，后来以"和番"的故事名垂青史。关于她的故事，有一部通俗体的民间小说《昭君和番》，流传极为广泛。一般读者对于王昭君的历史认识，大半得之于这部小说的传播。只可惜它的内容太荒诞也太肤浅，实在不值得去读它。

根据通俗小说《昭君和番》中的描写，昭君本是绝色美女，在汉元帝时应诏选入皇帝后宫。皇帝命画工毛延寿为各地选来的美女画像，毛延寿向王家索重赂。昭君自恃貌美，拒不应命。于是毛延寿就在昭君画像的眼下加一黑点，对皇帝说是昭君面有泪痣,主不祥。因此昭君在入宫后就被冷落一旁,永不能得皇帝之召幸。其后,此一秘密在偶然的机会中被戳穿,皇帝发现昭君的脸上根本没有什么"泪痣",大加宠幸,又追问出当初被冷落的原因是由毛延寿索贿未遂,在画像上故意做了手脚之故,于是,毛延寿的欺君之罪发作了。皇帝下令逮捕毛延寿,欲将他置于死地,不料毛延寿却藏了昭君的画像逃往匈奴,以之献于匈奴单于,并煽动单于兴兵入侵,以图夺取此一绝色美女。汉朝的兵马无法抵敌匈奴的入侵大军,京城被围,情势危急,单于指名要以王昭君为退兵讲和的条件,皇帝虽爱昭君,苦无保全之力。昭君虽已被皇帝册为皇后,此时却不得不将她送与单于。和亲成立,昭君随匈奴单于北去,至大黑河,昭君投水自杀,结束了此一绝代美女的不幸遭遇。其后,昭君之妹长大成人,仍嫁与汉元帝,卒能兴兵大破匈奴,为昭君复仇云。此一故事虽然极为荒诞不经,却是广大社会千千万万读者所了解的昭君故事。通俗小说的传播力量如此广大而深入,着实使人震惊。

通俗小说的作者,因为不懂历史而虚构妄诞不实的历史故事,这种基于缺乏认识而来的错误,还可以原谅;如果知识水准很高的文化人也犯此错误,就未免太可笑了。然而,在唐宋以来所流传的诗词中,居然也多有以通俗小说的观点而对昭君和番的故事大发其荒唐议论的。如元人王思廉的诗云:

黄沙堆雪暗龙庭,马上琵琶掩泪听。

汉室御戎无上策,错教红粉怨丹青。

又,清人林豪的诗云:

千秋哀怨写琵琶,万里和戎出汉家。

果是安边无别策，忍教红粉度龙沙。

又，清人郭名昌之诗：

北庭边衅感初开，太息官家乏将才。

意赖红颜销虏气，论功也合画云台。

这些诗都以为，昭君之所以远嫁匈奴，正是由于汉朝中国畏惧匈奴之强，靖边无计，始不得不出此下策，而昭君乃成了可怜的牺牲品。所以诗中除了指摘汉朝政府之御戎无策外，对于昭君的遭遇，也一贯出以"哀怨"、"太息"、"掩泪"之类的辞藻，与通俗小说所描写的殊无二致。但如以汉元帝遣嫁昭君时的历史背景而言，这些诗作所描写的昭君心情显然与事实不符。

对于汉元帝遣嫁昭君的史实，史书所记，殊欠详尽，但亦仍不难窥见其大致之梗概。先摘叙有关史籍之记述，然后再加论列。《汉书·匈奴传》：

竟宁元年，单于复入朝，礼赐如初，加衣服锦帛絮，皆倍于黄龙时。单于自言：愿婿汉氏以自亲。元帝以后宫良家子王嫱，字昭君，赐单于。单于欢喜，上书愿保塞，上谷以西至敦煌，传之无穷，请罢备边塞吏卒，以休天子人民。……王昭君，号宁胡阏氏，生一男，伊屠知牙斯，为日逐王。

《后汉书·匈奴传》：

昭君字嫱，南郡人也，元帝时以良家子选入掖庭。时呼韩邪来朝，帝敕以宫女五人赐之。昭君入宫数岁，不得见御，积悲怨，乃请掖庭令求行。呼韩邪临辞大会，帝召五女以示之。昭君丰容靓饰，光明汉宫，顾景裴回，竦动左右。帝见大惊，意欲留之，而难于失信，遂与匈奴。生二子。

《资治通鉴》卷二十九，《汉纪》第二十一：

汉元帝竟宁元年春正月，匈奴呼韩邪单于来朝，自言愿婿汉氏以自亲。帝以后宫良家子王嫱，字昭君，赐单于。

综合这些记载，可知汉元帝之遣嫁昭君，乃出于匈奴呼韩邪单于入朝皇帝时所提出之请求，而昭君自动向掖庭令提出愿意前往的愿望，于是皇帝乃以之赐与呼韩邪单于。这些记事中没有毛延寿画像的情节，记载这一情节内容的，是《西京杂记》，其所说如此：

元帝后宫既多，不得常见，乃使后宫图形，按图召幸之。诸宫人皆赂画工，多者十万，少者亦不减五万，独王嫱不肯，遂不得见。匈奴入朝，求美人为阏氏，于是上案图以昭君行。及去召见，其貌为后宫第一，善应对，举止闲雅。帝悔之，而名籍已定，帝重信于外国，故不复更人。乃穷案其事，画工皆弃市，籍其家赀，皆巨万。画工有杜陵毛延寿，为人形，丑好老少必得其真。安陵陈敞、新丰刘白、龚宽，并工为牛马飞鸟众势，人形好丑，不逮延寿。下杜阳望……樊育，亦善布色，同日弃市。京师画工，于是差稀。

《西京杂记》的作者是南北朝时的梁人吴均，其生存时间虽然已与昭君和番故事的发生时间相去五百余年，其说未必无据。因为正史有其一定的体裁，无法详记一切故事的内容曲折；而杂史无此顾虑，所以很多有关古代宫廷的杂事秘辛，反可借此而流传至今。我们很可以这样推想，在吴均写作《西京杂记》时，有关汉代宫廷的很多杂史秘史，必定尚有甚多流传于世，吴均根据这些资料加以搜辑记录，乃使我们在今日仍能窥知其中之一二。如其不然，只由《两汉书》及《资治通鉴》之简单纪录，决无法窥知若干史事之隐秘，如王昭君故事中的画工图形部分，即是其明显的事例。皇帝后宫佳丽太多而无法一一召幸，不仅汉元帝有此困难，在后来的晋武帝身上，亦可找到类似的事例。史称晋武帝平吴之后，吴宫佳丽，悉充内陈，以致晋武帝的后宫美女，多至数千。晋武帝既因后宫人数太多而无法决定取舍，就特别制造了一辆以山羊来牵挽的小型座车，任凭驾车的山羊将他拉到哪一个宫里，就在哪个宫里歇宿。皇帝的妃嫔们为了争取皇帝的雨露之恩，挖空心思来争取驾车山羊的好感。她们或者在寝宫门前悬挂竹叶，以吸引羊儿的注意，或者在宫门外的车道上铺洒盐汁，使羊儿嗅寻盐味而将皇帝的座车拉到门前来。争奇斗胜，各出心智，在历史上成为一个趣谈。晋武帝的羊车，其妙处不逊于汉元帝的美女画；只是，羊车故事有《晋书·胡贵嫔传》中的记载可凭，《两汉书》未为王昭君立传，以致我们只能在《西京杂记》中窥见其梗概，其价值不免稍逊于正史。不过，杂史的记载往往可补正史之不足，《西京杂记》的记载虽不见于两汉书，仍有其一定的参考价值，不可因正史之缺载而忽视之。由此可知，通俗小说所写的"昭君和番"故事虽然荒诞不经，有关毛延寿为昭君作画像的部分，还是有史可证的。只是，这一部通俗小说，除了这一部分尚有史实可凭之外，其余部分，就完全是荒诞不经的"齐东野语"了。别的不说，只就"和番"二字而言，就完全不合当时的历史背景。

中国历代以来所遭受的边患，向来以北方的少数民族为甚。如汉之匈奴，唐之突厥，宋之契丹、女真、蒙古，明之鞑靼、建州女真等，均是显著的事例。他们在民族上虽有差异，但所处的地理位置都在中国的北方，所造成的侵略祸害亦大致相同。匈奴是汉朝的最大祸害，其盛衰的过程几乎与汉朝的历史相始终，但在最后却为汉朝所臣服，则可证明，汉朝的抗敌御外，还是很成功的。

　　匈奴崛起于战国之末，盛于秦汉之际，秦始皇筑长城，目的即在限制胡骑之南下。汉高祖平城之围，赖陈平之奇计始能脱出困厄。在这一段时期中，匈奴的国势最强，控弦之士百万，随时随地都在虎视眈眈准备伺隙入侵中原。而中原则因在久乱之后，国力衰耗，无法展开有力的反击，只好凭坚自守，努力防范匈奴之入侵。即使如此，北方的沿边郡县，还是屡次遭受匈奴的入侵之害，人口被杀，牲畜被掳，受害极深。一直到了汉武帝之世，中国在经历了六、七十年的休养生息之后，国力渐充，兵马精强，有能力展开湔雪国耻的复仇行动了。于是，汉武帝采取了以攻为守的国防政策，调发数十万大军，先后以卫青、霍去病等人为大将军，悬军千里，绝漠远征，开始对匈奴展开大规模的讨伐。当时的中国，兵强将勇，骑射之术极精，匈奴战既不胜，只有远遁于沙漠之北，以逃避中国大军之挞伐。据《汉书·匈奴传》所记，在汉武帝大举征伐匈奴的时期中，"汉兵深入穷追，二十余年，匈奴孕重堕殰，罢极苦之。"这意思是说，由于长时期遭受汉朝大军的穷追猛击之故，匈奴部落竟至连立足喘息的时间都没有，怀妊的人口与牲畜，都因为亡命穷奔而致堕胎死亡，狼狈之极。人畜不能繁衍，国力自然耗竭，如果再遇上灾荒疫疠，自然更要死亡载途，凋残之甚的了。可知早时的匈奴虽称强大，到了汉武帝的时代，已经大非昔比。不过，这种情形到了汉武帝的后期，又渐有变化。

汉武帝时，中国之所以能大破匈奴，追奔逐北，除了兵马精强，国力富盛之外，主要原因，还是由于当时有卫青、霍去病等一班不世出的名将。霍去病死于汉武帝元狩六年（前117）；其后十一年，即汉武帝之元封五年（前106），卫青亦死。此后，汉武帝所倚以对付匈奴的主将，是贰师将军李广利。此人的才智，远不及卫、霍。卫青死后又十六年，即汉武帝之征和三年（前90），皇帝再命李广利领大军出塞，在回师至燕然山之际，遭匈奴大军遮截，汉军久战疲乏，竟告大乱崩溃，李广利亦被擒投降。自此以至终武帝之世，汉军再无大举深入之能力。而匈奴虽一战而胜，亦因国力虚耗，无力入侵，与汉朝形成对峙之局。历昭、宣二帝而至元帝，中间相隔又五十余年，汉朝虽再无卫青、霍去病的赫赫武功，也决不至于衰弱到一任匈奴大军入侵而束手无策。反过来看，因国力虚耗而至于无以立国的，正是因一再战败而凋残不堪的匈奴。这在《汉书·匈奴传》中，就有明白的叙述，可以参看。

《汉书·匈奴传》的文字冗长，叙次虽详，苦于难得要领，而其文字艰深，尤其容易使人望而却步。今按其叙述内容略加整理，并以较浅明的文字为之说明，庶见次第，而清眉目。

公元前九十年，即汉武帝之征和三年，李广利兵败降敌。

征和四年，匈奴狐鹿姑单于致书汉朝，要求和亲。其要点有三：一、取汉女为妻；二、中国岁给匈奴酒一万石，米五千斛，缯一万疋；三、如约则匈奴不侵中国边疆。汉武帝以匈奴有要挟勒索之意，置之不理，匈奴亦无可奈何。

汉武帝后元元年（前88），冬，匈奴连雨雪数月，畜产死亡，谷稼不熟，人民疾病。自单于以下，愈有和亲之意。

汉昭帝始元二年（前85），匈奴狐鹿姑单于死，其弟右谷蠡王及右贤王等与左谷蠡王争立，诸部分裂。

始元六年，匈奴遣汉使臣苏武等归汉，借此通达匈奴欲与汉朝和平相处之意。

汉昭帝元凤元年（前80），匈奴寇边，为汉军所败，俘获其瓯脱王。匈奴恐中国以瓯脱王为向导来攻，远遁西北。

元凤二年，张掖太守及属国都尉大破匈奴犁汙王所部。

元凤三年，度辽将军范明友破乌桓，匈奴闻而震恐。

元凤四年，匈奴遣使至乌孙，索汉公主，公主求救。

汉宣帝本始二年（前72），汉大发兵救乌孙，出塞大军二十余万，分东西夹击匈奴。匈奴老弱奔走，驱畜产远遁。是役，匈奴人民及畜产因移徙而致死亡者数十万，遂益衰耗。

本始三年，匈奴攻乌孙。还师之际，值大雨雪，一日深丈余，人畜冻死，还者不能什一。于是乌桓、丁零、乌孙等乘虚攻之，所杀人马数万，牛羊不计其数，匈奴大困。

宣帝地节二年（前68），匈奴岁饥，人民畜产死者逾半数。

地节三年，西域诸城邦共发兵，击破匈奴之附庸车师。

地节四年（前66）至元康四年（前62），匈奴发兵二万余骑，与汉争车师地，相持不下。

神爵元年（前61），丁零侵掠匈奴之北境，杀虏其人畜。

神爵四年，匈奴握衍朐鞮单于凶暴杀戮，国人不附，共立虚闾权渠单于之子稽候珊为呼韩邪单于，发兵攻之。握衍朐鞮单于兵败被杀。其冬，匈奴左大且渠都隆奇等又立屠耆单于，攻呼韩邪单于而败之。

宣帝五凤元年（前57），匈奴五单于并立，互相攻战。

五凤二年，匈奴分为三部，呼韩邪居单于庭，闰振单于居西，郅支单于居东，三部各不统属。

五凤四年，匈奴郅支单于攻杀闰振单于，乘胜攻呼韩邪单于，为呼韩邪所败。

宣帝甘露元年（前53），呼韩邪及郅支单于各遣子入侍汉朝。

甘露三年，呼韩邪单于入朝汉宣帝于甘泉宫，自请留居塞下，为中国尽保边之责。郅支单于闻汉助呼韩邪单于，遂西向乌孙，谋与乌孙协力敌汉。

宣帝黄龙元年（前49），呼韩邪单于再入朝，赐赉稠叠。

汉元帝初元四年（前45），郅支单于徙居坚昆，其地东去单于庭七千里。

初元五年，匈奴呼韩邪单于所部人畜繁茂，郅支单于畏而西奔康居。

建昭三年，郅支单于侵西域，为西域都护甘延寿、副校尉陈汤所破，斩其首。呼韩邪单于畏惧，上书愿朝见。

竟宁元年（前33），呼韩邪单于入朝，元帝以昭君赐之。

上文所说汉朝匈奴之间的关系史事，起自汉武帝之征和四年，迄于汉元帝之竟宁元年，前后凡五十七年。在这五十七年之中，汉朝虽再无卫青、霍去病等一班名将可对匈奴大张挞伐，而匈奴之对汉朝，却已由敌对地位而逐渐去其桀骜不驯之态，终且完全臣服于汉朝。匈奴自汉初即为北方大敌，至此降服汉朝，自是汉朝之莫大喜讯。因此汉元帝特别为此下诏改元，称为"竟宁"元年。所谓"竟宁"的意思，就是说，扰攘一百余年的胡虏之患，至此而竟告宁息。此与王昭君之被赐号为"宁胡阏氏"，正是同一意义。这说明了一项明显的事实——一百多年来汉朝与匈奴间的长期战争，至此告一段落，而汉朝则是胜利的一方。通俗小说的作者不明白这一段历史的真相，竟以汉元帝之遣嫁昭君为被逼迫而不得已的"和番"，岂不是太荒唐的错误？

中国自汉唐以来，不乏以公主或皇室宗女远嫁边方四裔的事例；如汉代公主之嫁乌孙，唐代公主之嫁吐蕃，均是。这一类的通婚，其作用在增进民族间的情谊，改善相互关系，其立场是对等的而非屈辱的。所以，这样的婚姻，只可称之为"和亲"，而不可称之为"和番"；因为"和亲"是友善的，而"和番"则显然寓有以屈辱条件换取和平之意，并不合于当时的事实。王昭君嫁与匈奴呼韩邪单于，当然是和亲而并非和番。此不但《两汉书》的记载甚明，由前述西汉时代汉朝与匈奴间的关系史事试予覆按，更可以明白确定。后世文人，不明了这种历史背景，专以悲叹昭君身世及指责汉朝政府之积弱无能，惟恃昭君为和番退敌之计云云为着眼点，大做其悼伤惋惜的诗词，无疑是很失实的描写。不过，历史上以公主身份担任和亲使节的女子，并不仅只王昭君一人。如汉朝之细君公主远嫁乌孙，唐朝的文成公主远嫁吐蕃，她们在融和民族感情、交流文化关系中的贡献都很大，有关她们的生平事迹有的却很少流传，这就与《昭君和番》故事把昭君写成了一个不幸的悲剧人物，大有关系了。由此而言，《昭君和番》的故事虽然不合史实，昭君却也未始不是功臣。如其不然，王昭君远嫁匈奴，势必也不会在人们的记忆中烙下如此深刻的印象了。

二 燕啄皇孙汉祚衰
——赵飞燕的故事

唐人骆宾王所作的《讨武曌檄》中，有这样几句话：

燕啄皇孙，知汉祚之将尽；

龙漦帝后，识夏庭之遽衰。

这两联对偶的文句分别代表两个典故：前一个典故指汉成帝因宠爱赵飞燕而致子嗣零落，后一个典故指周幽王因宠爱褒姒而致失国。周幽王的故事与本文无涉，可以不论。至于汉成帝宠爱赵飞燕，何致就是"燕啄皇孙"？则可以看《汉书·外戚传》中的记载：

先是，有童谣曰："燕燕尾涎涎，张公子，时相见。木门仓琅根，燕飞来，啄皇孙。皇孙死，燕啄矢。"成帝每微行出，常与张放俱，而称富平侯家，故曰张公子。仓琅根，宫门铜锾也。

童谣出现于汉成帝出宫微行之时。此时汉成帝尚未与赵飞燕相遇，童谣中就预言她要啄尽汉家之皇孙，足证赵飞燕果真是

"上应图谶"之人。赵飞燕是否真的上应图谶，注定要由她来断送汉家的江山？这种说法显然太迷信附会。事实上，如果不是汉成帝性好渔色而屡屡微行私出，汉朝的江山又何致断送于赵飞燕之手？所以，这个问题的关键还是在汉成帝身上，赵飞燕只是故事中的次要人物而已。

赵飞燕的事迹，见于《汉书·外戚传》。但汉书文字殊为简单，寥寥数百字之中，略述赵飞燕和她的妹妹合德如何得成帝专房之宠，以及如何残害后宫妃嫔所产皇子的情形，只略见梗概而已。《飞燕外传》所述虽详，但却多涉夸诞不可信。在文献缺略的情况之下，只能就史料所及的范围内作尽可能的研究探讨，借以明其大概。

首先所需要了解的，是汉成帝究竟是怎样一个皇帝？

西汉的皇帝，比较为人所熟悉的是汉高祖、汉文帝、汉景帝、汉武帝与汉宣帝。汉高祖是流氓气息极重的草莽英雄人物，因为他是汉朝的开国皇帝，所以大家对他都有深刻的认识。汉文帝节俭爱民，汉景帝谨守祖父基业，文景之治，卓然可观。汉武帝雄才大略，开疆拓土，振大汉天威于绝域之外，只这一份不平凡的英主气概，就足以在历史上名垂不朽。汉宣帝英明干练，政柄独操，是振衰起敝的有为之君。除此之外，则汉惠帝只是庸黯无识之愚人，汉哀帝性好龙阳，而汉元帝汉成帝父子则是最沉溺于女色的登徒子，虽然都没有贤声可称，其生平行事，却也别具一格。西汉的国运从汉宣帝以后开始走下坡，就是因为元、成、哀、平这一连串中下之才成为国家领袖之故。至此，我们对于汉成帝究竟是怎样一个皇帝的问题，多少可以有了大致的观念。

西汉在宣帝之后，何以会接连出现元帝和成帝这两个沉溺女色的荒唐皇帝？这显然与当时的政治环境有关。

汉武帝在位凡五十四年，死时年七十一岁，继位的昭帝弗陵，乃武帝之幼子，年只八岁。由于嗣皇帝的年纪太小，武帝在生前预作安排，以侍中奉车都尉霍光为大司马大将军，受遗诏辅立幼主。昭帝在位十三年而崩，无子，昌邑王贺继立，淫乱无道，霍光奏请皇太后废之，另立武帝曾孙病已为帝，是为宣帝。宣帝初立，霍光仍以大将军身份辅政，直到五年后霍光病死，宣帝方才亲政。其后元帝继立，仿照霍光辅政的故事，以生母许皇后之堂弟许嘉为大司马车骑将军辅政，委以朝政大权，而皇帝自己晏然享乐。这种政治惯例一经建立之后，大司马大将军或大司马车骑将军变成了代行皇帝职权的总管家，相沿而到成帝之世，仍依然不改。由于国家大事有大司马代为操劳，皇帝可以省去无数的时间与精力来做他自己喜欢做的事，于是乃有元、成二帝之荒唐逸乐，其放纵舒适，远胜于宣帝以前的任何一个皇帝。《西京杂记》说："元帝后宫既多，不得常见，乃使画工图形，按图召幸之。诸宫人皆赂画工，多者十万，少者亦不减五万。独王嫱不肯，遂不得见。"这就是历史上最著名的王昭君与毛延寿的故事由来，其发生原因就是因为元帝的后宫美女太多，无法一一召幸，只好画为图形，凭画像听见的妍媸决定取舍，结果乃因毛延寿之作弊而失掉了最美丽的王昭君。汉元帝如此风流好色，根据有其父必有其子的道理，汉成帝必然会因为长时间耳濡目染之故，而变得较其父更为加甚。由其后的事实看来，可以证明此说不错。

汉成帝名刘骜，元帝之长子，皇后王政君所生。汉元帝生平伤于酒色过度，二十七岁即位，只做了十六年皇帝就死了。死时年只四十三岁。成帝继立，时年二十岁。当时，他的生母皇太后王氏健在，而皇太后的兄弟甚多。援照宣帝以来历代皇帝的前例，新皇帝即位，照例要推恩外家，使他们一门富贵。汉成帝为了要取悦母亲，当然要照例办理。因此他一方面使长舅王凤为大司马大将军辅政，一面又尽封王凤以次诸弟为侯。建始元年（前32）正月，即成帝即位之第一年，王凤先封为阳平侯，其诸弟王谭、王商、王立、王根、王逢时并封关内侯。五年之后，王谭封平阿侯，王商封成都侯，王立封红阳侯，王根封曲阳侯，王逢时封高平侯，一门六侯，贵盛无比。而且不仅如此，在王凤身死之后，其诸弟王商、王根及侄王莽相继代为大司马辅政，权势鼎盛。皇帝倚信诸舅，事事都由辅政的大司马代为处理，他自己的空闲时间就太多了。富贵之人多空闲，消遣之法当然很多。上焉者寄志于读书吟咏，或者从事于考订古籍金石碑版之学，也就是俗语所说的玩古董；等而下之者，就只是奢侈逸乐，日寻声色狗马之好，近于纨袴之一流。明朝的神宗皇帝，二十余年不视朝，日日宴处深宫，据传说是因为吸上了鸦片烟之故，这当然又是懒惰皇帝怠荒国事的另一种形态。汉成帝之时，中国尚无鸦片烟，不足以论此。因此之故，这个纨袴皇帝当时所爱好的，不免也还是他得自父亲遗传的那一套：性好渔色，日日与美貌妃嫔为伍而乐此不疲。《资治通鉴·汉纪》在成帝初立皇后许氏之时，就有关于这方面的记载，说：

上自为太子时，以好色闻。及即位，皇太后诏采良家女以备后宫。大将军武库令杜钦说王凤曰:"礼,一娶九女,所以广嗣重祖也。娣侄虽缺不复补,所以养寿塞争也。故后妃有贞淑之行,则胤嗣有圣贤之君;制度有威仪之节,则人君有寿考之福。废而不由,则女德不厌;女德不厌,则寿命不究于高年。……"

杜钦的意思是皇帝正当少年,血气方刚,不知节制,虽然《礼经》有皇帝一娶九女,以广嗣续的说法,实在应该酌量裁节,以免因"女德不厌"而不能克享遐年。假如大将军王凤和皇太后都懂得这种节欲以保健康的道理,他们确实应该在这方面多开导皇帝,以免少不更事的皇帝一开始就误入歧途。然而由上文的叙述中可以知道,少不更事的皇帝不但从小就以"好色"著闻,及即位之后,皇太后还要根据前朝故事,广采良家美女以备皇帝后宫之选,据说这样就可以多生儿子,以巩固嗣统之延续。这真是从那里说起的话!气血未充的少年皇帝在二十岁时就开始放纵色欲,所能得到只是反效果——因身体之斲伤过甚以致严重影响生育能力,所以虽然即位多年且妃嫔众多,却始终未能达到皇太后和大将军所希望的目标;后宫罴熊无兆,皇帝始终没有儿子,这真是急煞人的事。此时,皇帝所最宠幸的是皇后许氏与婕妤班氏。建始三年(前30)冬十二月初一日,日食。其夜,长安地震。皇帝降诏内外大臣荐举贤良方正能极言直谏之士,太常丞谷永应诏陈言,以为日食地震的征兆是因为皇后专宠而起。他说:

陛下即位,委任遵旧,未有过政。元年正月,白气较然,起乎东方,至其四月,黄浊四塞,覆冒京师,申以大水,著以震蚀,各有占应,相为表里。百官庶事无所归倚,陛下独不怪与?白气起东方,贱人将兴之表也;黄浊冒京师,王道微绝之应也。……

谷永此奏之主要目的，是希望皇帝不要专宠许后，而应该顾及白气起乎东方，乃"贱人将兴之表"的天象感应。所以他建议皇帝，此时应该广纳妇人，"毋择好丑，毋论年齿"，"陛下得继嗣于微贱之间，乃反得福"，"解谢上帝之谴怒，则继嗣蕃滋，灾异讫息。"此奏看似根据五行休咎的理论立说，其实别有深意。原来大将军王凤深忧皇帝多年无子，特地选择了一个结过婚又生过儿子的张美人送进宫中，希望借重这个富有生育能力的女人，能为皇帝生个儿子，以资延续皇嗣。但因这个张美人恰好是王凤小妻之妹，以致引起朝臣之攻讦，以为张美人已曾嫁人生子，如何可以作配至尊？"讬为宜子，内之后宫"，只是王凤个人的固宠结恩之计，大不敬之甚，因此王凤的处境极为狼狈。谷永志在结好权门，于此时提出天道感应之说，其目的无非在为王凤解围，并不是真有所谓"贱人将兴"的天象示警。不过，亦因为谷永凭空结撰了这一番理论，终于为赵飞燕之入宫为后预先铺好了道路，则是他所万万想不到的。

谷永的"白气起乎东方"，乃"贱人将兴之表"的五行休咎之说，如何能为赵飞燕之入宫铺路？关于这个问题，当然得从赵飞燕的出身由来说起。

《汉书·外戚传》中叙述赵飞燕之出身由来，如下文所述：

孝成赵皇后，本长安宫人。初生时，父母不举，三日不死，乃收养之。及壮，属阳阿主家，学歌舞，号曰"飞燕"。成帝尝微行出，过阳阿主，作乐。上见飞燕而悦之，召入宫，大幸。有女弟复召入，俱为婕妤，贵倾后宫。

照《汉书》注者颜师古的解释，"宫人者，省中侍使官婢，名曰宫人，非天子掖庭中也。言长安者，以别甘泉等诸宫省也。"据此云云，则赵飞燕的出身，原是给使长安宫中的侍婢之类；甚至连她的父母亦是这一类的身份，如其不然，就不会在成年之后，被派发到阳阿公主家去担任歌舞伎的了。以上是根据《汉书·外戚传》中的记载，若由野史《飞燕外传》所说，则赵飞燕的出身，又似乎充满了怪诞神奇的成分，《飞燕外传》所记如此：

赵后飞燕，父冯万金，祖大力，工理乐器，事江都王协律舍人。万金不肯传家业，编习乐声亡章曲，任为繁手哀声，自号凡靡之乐，闻者心动焉。江都王孙女姑苏主，嫁江都中尉赵曼。曼幸万金，食不同器不饱。万金得通赵主，主有娠。曼性暴妒，且早有私病，不近妇人。主恐，称疾居王宫，一产二女，归之万金，长曰宜主，次曰合德，然皆冒姓赵。宜主幼聪慧，家有彭祖方脉之书，善行气术，长而纤便轻细，举止翩然，人谓之飞燕。合德膏滑，出浴不濡，善音辞，轻缓可听。二人皆出世色。万金死，冯氏家败，飞燕妹弟流转至长安。于时人称赵主子，或云曼之他子。与阳阿主家令赵临共里巷，讬附临，屡为组文刺绣献临，临愧受之。居临家，称临女。……

这一大段文字叙述赵飞燕赵合德姊妹的出身来历虽称详尽，但其中却大有矛盾。例如，冯家虽然在冯万金死后变为贫困，以致飞燕姊妹流落长安，穷无可倚；但在冯万金死前并不贫困，何致将所生之二女，不姓冯而冒姓为赵？既然冒姓为赵并无实际利益，则又何必多此一举？更凑巧的是，赵飞燕姊妹后来托附为阳阿公主家令赵临的两女而得以给事主家，由此方能为汉成帝所垂青，选入宫中。然则当年之所以冒姓为赵，恰好便于此时冒充为赵临之女之名，天下事虽多巧合，恐怕亦不致巧合到如此程度。以与《汉书·外戚传》所记，赵飞燕姊妹本为长安宫人的情形相比，《汉书》的记载显然比较合理。《飞燕外传》多此一段曲折，想来只不过是故炫神奇，借以显示其书确属不同凡响，如此而已。由此可以证明，《飞燕外传》其实只是一部附会假托成分非常浓厚的小说家言，其可信程度不高，在若干地方或可供参考之用，大部分的内容都不很可信。稗官野史的记载既然不足采信，正史的记述虽然简略，也还是只好取材于正史。

汉成帝在位凡二十六年，其即位后所用年号，称为建始。其后每四年一改元，在二十六年之中，凡改元七次，前六次的年号均只用至四年为止，后一次的年号更只用到二年，成帝就告崩驾了，享年只有四十七岁，比他的父亲汉元帝不过多活了三年而已。汉成帝在即位之初，宠爱许皇后及班婕妤，其后班婕妤又献进美女李平，亦被立为婕妤，而改其姓为卫，称卫婕妤。除此之外，后宫之得幸者尚多，但最得宠者只此三人。这种情况维持到汉成帝第四次改元"鸿嘉"之后，逐渐有了转变。此时皇帝年已三十三岁，不耐于局促宫禁的单调生活，开始在他的弄臣张放引导之下，出宫微行，四处活动，于是才有与赵飞燕姊妹相遇的机会。张放，即是前引童谣中的"富平侯"，其人在《汉书·佞幸传》中有名，虽与成帝有中表之亲——张放之母为元帝之妹敬武公主，又娶许皇后之妹为妻，与皇帝成为连襟，但竟在《佞幸传》中与列朝皇帝的男宠连名并列，实在使人觉得他只够资格成为皇帝的弄臣。既然身为弄臣，当然会以各种各样的方式讨好皇帝，君臣之间不以道义相结合，其趋势必然如此。照《资治通鉴》的记述："鸿嘉元年正月，上始为微行。从期门郎或私奴十余人，或乘小车，或皆骑，出入市里郊野，远至旁县甘泉、长杨、五柞。斗鸡走马，常自称富平侯家人。"这里面虽然没有张放的踪迹，但若由《汉书·五行志》中所记的内容看来，张放常是其中的主要角色。《汉书·五行志》卷中之上记云：

成帝时童谣曰："燕燕尾涎涎，张公子，时相见。木门仓琅根，燕飞来，啄皇孙。皇孙死，燕啄矢。"其后帝为微行出游，常与富平侯张放俱称富平侯家人，过阳阿主家作乐，见舞者赵飞燕而幸之，故曰"燕燕尾涎涎"，美好貌也，"张公子"，谓富平侯也。"木门仓琅根"，谓宫门铜锾，言将尊贵也。后遂立为皇后。

皇帝与张放同至阳阿主家作乐，在阳阿主家中得遇舞伎赵飞燕而爱幸之，此时的张放，其身份在弄臣与清客之间。这是随侍在尊贵人物身边所必不可缺之人，没有了这样的清客篦片之人，即使去玩也不能太尽兴。因为唯有这样的人物才会凑热闹，出主意，把本来不太有趣的场面变得有趣热闹起来，此时如果再有可意之人出现在其间，就更能使皇帝尽情欢乐，至于流连忘返的了。张放所扮演的角色如此，一旦发现皇帝对阳阿主家的舞伎赵飞燕大有顾盼之意，当然会代替皇帝去向公主示意，终于将赵飞燕取回宫中。张放之所以不免归入《佞幸传》而与皇帝的男宠同列，相信这便是他最大的罪过。而自赵飞燕入宫之后，宫廷关系就发生了极大的变化，皇后与班婕妤俱皆被废，赵飞燕与他的妹妹合德同被专房之宠，并且赵飞燕在后来被立为皇后，充分应验了"贱人将兴"的预兆，实在大大出乎当时人之意料。

《飞燕外传》中有一段话描写汉成帝初幸赵飞燕的情形，十分奇妙而有趣，引述于后：

> 及幸，飞燕瞑目牢握，涕交颐下，战栗不迎帝。帝拥飞燕，三夕不能接，略无谴意。宫中素幸者从容问帝，帝曰："丰若有余，柔若无骨，迁延谦畏，若远若近，礼义人也，宁与汝曹婢胁肩者比耶？"……

这一段话说明赵飞燕之能够特蒙皇帝之宠爱，乃是由于她那种"丰若有余"而"柔若无骨"的特殊体态，揆之事实，恐不尽然。大家都知道，芭蕾舞家的全身肌肉特别健美而结实，这是因为她们长时间接受艰苦训练的必然结果，不如此不能使舞姿美妙而体态轻盈。赵飞燕出身于阳阿公主家的歌舞伎，所擅长的是"纤便轻细"而"举止翩然"的舞技。具备如此条件的女人，必然也曾经过长时间的舞技训练，又怎能再使她的肌肉保持"丰若有余"而"柔若无骨"的未训练以前状态？所以我们很可以作这样的推想：《飞燕外传》所述的如上种种，其实只是想像揣测之辞，赵飞燕之能得皇帝特殊之爱宠，实情未必如此。至于真正的内情究竟如何？这就必须与赵飞燕后来的情形相参看研究的了。

《资治通鉴·汉纪》，记汉成帝立赵飞燕为皇后以后的情形说：

> 皇后既立，宠少衰，而其女弟绝幸，为昭仪，居昭阳舍。其中庭彤朱而殿上髹漆，切皆铜沓，黄金涂；白玉阶，壁带往往为黄金釭，函蓝田璧，明珠、翠羽饰之，自后宫未尝有焉。赵后居别馆，多通侍郎宫奴多子者。昭仪尝谓帝曰："妾姊性刚，有如

为人构陷,则赵氏无种矣!"因泣下悽恻。帝信之,有白后奸状者,帝辄杀之。由是后公为溢恣,无敢言者。然卒无子。

这一段话记述赵飞燕在被立为皇后之后,因为皇帝专宠其妹合德之故而恣为淫乱,足见赵飞燕本是好淫之人。这就与许皇后、班婕妤等人有了基本上的区别。中国古代的妇女性情保守,尤其是出身大家闺秀的妇女更重视所谓"妇德",以贞静贤淑为尚,决不会以龌龊的房闱之事取悦丈夫,更何况是正位中宫的皇后?班婕妤即是文名籍籍的班昭,《汉书·外戚传》中有其传记,称述她不肯与皇帝同乘一辇,足以媲美于古之樊姬;拘谨如此,当然更不肯以嬖宠自待。与赵飞燕相比,她们之间恰是相去悬绝的两个极端——许皇后与班婕妤拘谨保守,虽曾得皇帝之爱宠,却决不肯逾越礼仪,有荡检逾闲的放佚之行,而赵飞燕之所以能得皇帝之宠者恰正在此!试想,赵飞燕身为微贱的舞伎,一旦得蒙皇帝眷顾,凡所以谋结欢固宠的手段,必定无所不用其极。她的个性既然淫荡,对于房闱之间的事必定十分擅长。皇帝虽然出身天家富贵,对于放浪形骸的房闱之事未必素有经验,一旦逢此奇遇,岂有不惊为人间仙境而迷恋特甚的道理?这就好像乡下土财主遇上烟花名妓一样,在色授魂与之余,必定甘心拜倒石榴裙下,永为不二之臣,非倾囊倒箧,耗尽其平生积蓄不止。赵飞燕在得蒙成帝爱幸之后,即刻能得皇帝非常之宠,相信其中的道理必定在此。《飞燕外传》中所谓"丰若有余、柔若无骨"之说,其实只是三家村学究式的迂腐之谈,可供一笑,而并无可信之价值。至于她能够被立为皇后,显然也是拜赐于谷永当年所说的那一套"天道感应"的鬼话。

赵飞燕、合德姊妹二人初入宫时，立为婕妤。而自飞燕姊妹入宫之后，许皇后、班婕妤、卫婕妤等人皆失宠，很少再能看到皇帝的面。鸿嘉三年，赵飞燕谮告皇后及班婕妤"挟媚道，诅咒后宫，詈及主上"，许后从此被废，班婕妤避居太后长信宫以求远祸，而赵飞燕得立为皇后。这其间还有一段小曲折，引《汉书·外戚传》所述如下：

许后之废也，上欲立赵倢伃，皇太后嫌其所出微，甚难之。太后姊子淳于长为侍中，数往来传语，得太后旨，上立封赵倢伃父临为成阳侯，后月余，乃立倢伃为皇后。

皇太后不肯接受以赵飞燕为皇后的事实，是因为赵飞燕的出身实在太微贱。不过这也已经有了谷永的理论可以作挡箭牌："白气起东方，贱人将兴之表也。"立微贱之人为皇后，由此得生皇子，可以上应天象，"解谢上帝之谴怒，则继嗣蕃滋，灾异讫息。"既有此理论为凭，皇太后自然没有坚决拒绝的理由。何况成帝乃太后之独子，素来姑息成习，事实上亦决无法坚拒到底。所以，在经过淳于长的一番折冲奔走之后，皇太后终于只好接受皇帝的要求，在先封赵飞燕之父赵临为侯之后一个多月，赵飞燕乃可以成阳侯之女的身份，册立为皇后，其妹合德亦进位为昭仪。姊妹专宠的结果，接下来便是"燕飞来，啄皇孙"的故事了。

赵飞燕被立为皇后，时在汉成帝永始元年之六月，亦即皇帝即位后之第十七年，距许皇后之废，历时一年有半。当时，皇帝三十七岁。自此以至成帝之崩，尚有九年，正是赵飞燕姊妹专宠后宫的全盛时代。《汉书·成帝本纪》在赵后既立之后的第四年，有如下一条记事，说：

> 是岁，昭仪赵氏害后宫皇子。

按《汉书·成帝本纪》的纪年，这一年是元延元年，皇帝即位之后的第六次改元。昭仪赵氏残害后宫皇子的事实，据《汉书·外戚列传》记载，在哀帝即位之后方才因司隶校尉解光之奏陈，予以公开披露，解光的奏本，大致内容如下：

根据传闻所说，成帝后宫的许美人及已故中宫史曹宫二人，都曾蒙成帝之御幸，产有皇子，而此二皇子目今都已不知下落。

臣遣从事掾史二人按问知悉此事的掖庭狱丞籍武，已故中黄门王舜、吴恭、靳严，宫婢曹晓、道房、张弃，及已故的赵昭仪御者于客子、王偏、臧兼等人，知道曹晓即是曹宫之母，道房则是与曹宫有假夫妇名义的"对食"。早在元延元年，曹宫曾对道房泄漏一件秘密，说她已被皇帝所幸。几个月之后，曹晓给事殿中，看见曹宫果然腹部彭亨，问她原因，亦说是"御幸有孕。"到了这年十月间，曹宫在掖庭牛官令舍中产下一子，有侍婢六人随同照料。生育未久，中黄门田客持皇帝诏记予掖庭狱丞籍武，说："有旨取牛宫令舍妇人之新生婴儿，并侍婢六人，悉置暴室狱中，不必问婴儿是男是女，亦不必问是谁人之子！"此诏记盛于绿绨制成之书囊中，以御史中丞之印信钤封。籍武遵旨置曹宫于狱中，曹宫嘱籍武善藏婴儿之胞衣，并以警告口气对籍武说："丞知是何等儿也！"三日之后，中黄门田客又持诏来问婴儿死了没有？令籍武据实登答于牍背。籍武书曰："儿现在，未死。"田客持去不久，便转来说道："皇帝与昭仪俱大怒，为何不杀此儿？"籍武即跪下叩头，哭曰："不杀儿，自知有罪当死，但即使遵旨杀儿,亦难逃一死。"因即写上一奏,请田客递呈皇帝,曰:"陛下尚无继嗣,皇子并无贵贱之别,幸请留意!"奏入,田客复持诏记来,命籍武于今晚漏上五刻时将婴儿送至东交掖门,交与中黄门王舜。籍武乘机询问田客,皇帝看了他的奏本之后有何反应?田客说,皇帝读奏之后,瞠目直视。当天晚上漏上五刻,籍武将婴儿送至东交掖门,由王舜抱去。皇帝命王舜为此儿善择乳母,小心抚养,后且有赏,但不得漏泄秘密。又过三天之后,田客又持来盛于绿绨书囊中之诏记一通,仍用御史中丞之印钤封,中附一小绿箧,所装乃是毒药二小包,命籍武亲自监视曹宫服下,诏记内容说:"告知伟能,努力饮下此药,不可复入,汝自知之!"伟能即是曹宫。曹宫读毕诏记,说:"果然是要由姊妹二人专制天下了!我生的是儿子,额上有发向下而生,就像是当年的孝元皇帝一样。如今我儿何在?是不是被他们害死了?怎能使皇太后得知此事才好呢!"曹宫当然是饮药而死,侍婢六人自杀,籍武据实奏报其事。至于曹宫所生的男婴,则在张弃奉命乳养十一天之后,被宫长李南以诏书取去,不知下落。

这是中宫史曹宫所生皇子的遭遇。至于许美人所生的另一皇子,据解光查问所得的情形,略如下述:

许美人前在上林涿沐馆数蒙成帝召幸,元延二年怀孕,其年十一月分娩,皇帝曾使中黄门靳严持产妇所需调理药物送至许美人所。其后,赵昭仪的御人于客子、王偏、臧兼等听到赵昭仪为此事向皇帝大兴问罪之师,说:"屡次骗我说是从皇后宫中来,如果真的住在皇后宫中,许美人怎会生出儿子来?如今许美人生了儿子,你是要再立她为皇后了吧!"一面哭闹,一面以手搥胸,又以头撞壁，从床上滚落地下，终日啼哭不食，说："如今该安置我了，送我回去吧！"皇帝亦愤恚不食，但因迫于昭仪之故，终于还是使靳严持诏书致许美人，将所生婴儿送来皇帝处。许美人遵旨将所生婴儿置于一苇箧中，缄封，另附一书，使靳严送来。靳严将苇箧及书信一并置于饰室之帘南，就退出来了。皇帝与昭仪同坐室中，使于客子启箧封。然后吩咐于客子、王偏、臧兼等人尽皆退出，又亲自关上房门，不知道与昭仪在里面做什么。等到房门再开启时，苇箧又已缄封完固。皇帝随即召唤于客子等三人，将苇箧及绿绨书囊一个，一起推置于屏风之东，然后使中黄门吴恭捧持诏书及苇箧交付掖庭狱丞籍武。诏书封以御史中丞之印，开启捧读，其内容是："告武，箧中有死儿，埋屏处，勿令人知。"籍武遵旨在狱楼的墙下掘一坎穴，将苇箧埋于其中。

上面这两段话，明白说出了成帝后宫所生两个皇子的不幸遭遇：曹宫所生之子被害死后不知弃置何处，许美人所生之子则由皇帝及赵合德亲自下手害死，然后缄置于苇箧之中，交付掖庭狱丞籍武代为掩埋。上文所说的许美人，即是被废的许皇后，成帝眷念旧情，未免再续前缘，不料却在此时生下一子。但是，她在此时所生的儿子实在来得太晚了，如果能在皇后未废之时出世，又何致有此不幸遭遇？身为帝后而竟不能保全他们唯一的儿子，宫闱间的不幸之事，恐怕再无逾于此的了。读史至此，怎不令人掷笔三叹！

汉成帝在元延元、二两年时，年已四十一、二岁了。中年得子，在平常人家已经视如珍宝。皇帝在即位以后就朝夕以嗣续为念，到此方才天从人愿，理应格外珍惜，加倍护持，决不能任令发生意外，方是正理，怎能忍心割舍这盼望二十余年方才得到的宝贝儿子，任令赵昭仪置之死地？然而摆在眼前的事实如此明显，足见赵昭仪具有足够的力量可以挟制皇帝，即使必须忍心杀死他四十多岁才能得到的儿子，亦在所不惜。赵昭仪迫使皇帝作此残忍的杀子之行，当然有她的目的。第一是为了固宠——如果皇子是别的后宫妃嫔所生，皇帝势将因爱屋及乌而致移情别恋，如此则她的专房之宠势将为人所夺。第二是为将来打算——自己没有儿子而皇帝的后宫有子，一旦皇帝晏驾而皇子继立，其生母势将因"母以子贵"而凌驾于无子妃嫔之上；为了预防这种情势出现，皇帝的唯一儿子必须为自己所出，因此不能容忍其他妃嫔能有皇子。这种打算诚然不错，但成为问题的是，成帝年逾四十而尚无皇子，如今这唯一的胤裔亦遭荼毒，赵昭仪又如何能保证，她必定能在短时间之内为皇帝生出儿子？如此则皇帝势将有绝后之虞，这一个问题，似乎不是赵昭仪所曾考虑过的。于是，皇孙终被燕啄，而且所啄不止一个。于是，汉成帝终于因自己杀害儿子之故而终究没有儿子。

看《汉书·外戚传》所记中宫史曹宫生子被夺时，掖庭狱丞籍武所上封事，其辞极为恳切："陛下尚无继嗣，皇子并无贵贱之别，幸请留意！"以及皇帝看到此奏之后，"瞠目直视"的表情，可知成帝此时，内心实在非常矛盾痛苦。只因赵合德的态度实在太强横凶狠，使他不敢再存观望之心，终于只好狠心下辣手，虽心中痛苦而无可奈何。赵合德究竟凭借了什么力量，能够迫使皇帝非接受她的胁迫不可？这是宫廷中的另一个秘密，既不见于文献记录，后人势难妄加猜测。唯一可以作为线索的，是见于《飞燕外传》中的记载。此书记合德与汉成帝的初遇情形，有如下一段话：

> 后德㜪计，是夜，进合德。帝大悦，以辅属体，无所不靡，谓为温柔乡，谓㜪曰："吾老是乡矣，不能效武皇帝求白云乡也。"㜪呼万岁，贺曰："陛下真得仙者。"上立赐㜪鲛文黄金锦二十四匹。合德尤幸，号曰赵婕妤。

赵飞燕听从女官樊㜪之计谋，献进其妹合德。皇帝在召幸之后，大喜过望，至于说他已寻到了可以终老世间的温柔乡，不想效法汉武帝之求神仙了。而樊㜪之献谀皇帝，居然亦以真得神仙为说，足见赵昭仪所给予皇帝的满足，又胜于其姊飞燕。其后飞燕遭冷落而合德大受宠眷，其原因当在此。惟其因为赵昭仪有此异乎常人的天赋异禀，足以使皇帝在欢娱之余，甘心俯首弭耳地任其驱策摆布，所以赵昭仪才有此可以挟持皇帝的本钱。《飞燕外传》虽是小说家言，但这一段话所提供的解释理由颇为合理，殊不能小觑其说。另外还有一种可能情形，亦见于《飞燕外传》的记述。其内容大致是说，汉成帝后来因纵欲过度而得了性机能衰退之病，必须每夜服用一种名为"眘恤丸"的特殊药物，每次一丸，供其春风一度。某夜，昭仪酒醉，糊里糊涂之中，给皇帝服了七丸之多。这天晚上，宫女们只听得皇帝和昭仪在帐中轻笑不绝，到了第二天早上，精关不禁，皇帝竟告脱阳而死云云。这种说法显示了另一种事实：皇帝早已犯了心有余而力不足之病，自觉愧对合德，所以更不能不在畏威怀德之余，俯首接受她的指挥行事。这些话虽是出于小说家言，仔细推敲，觉得彼此之间颇能若合符节。因为在除此之外，实在也寻不出更适当的理由，可以为皇帝的这种反常行为提供合理的解释。

汉成帝只活到四十六岁就死了,其死因由于纵欲过度的可能性极大。只是正史较多顾忌,不能不为尊者讳,所以只能作如下方式之记述,说:

帝素强,无疾病。是时,楚思王衍、梁王立来朝,明旦当辞去,上宿供张白虎殿。又欲拜左将军孔光为丞相,已刻侯印书赞。昏夜平善,乡晨,傅袴袜欲起。因失衣,不能言,昼漏上十刻而崩。

果如所说,则成帝之暴崩原因,似乎是由于猝然而来的中风。皇帝中风,似乎与后宫无涉。而且成帝此晚住于白虎殿,并非赵昭仪之寝宫昭阳殿,似乎更与昭仪不相干涉。但因皇太后在成帝死后降旨令大司马王莽及丞相大司空等推问皇帝之生活起居及发病情形,赵昭仪因而自杀,足见此事毕竟与赵昭仪有密切关系,而《飞燕外传》所记,亦不会是捕风捉影之谈。就事论事,纵欲无度必将促寿早夭。汉成帝在未得赵家姊妹之前,虽然亦以"好色"著闻;但此所谓好色,只是爱好渔色而已,若无荡姬淫娃之类的人间尤物促使他纵欲无节,皇帝即使好色,亦未必有此浓厚兴趣<u>旦旦而伐</u>。但自赵家姊妹先后得幸之后,这种情况显然有了极大的改变。皇帝既以温柔乡为最可爱的销魂之处,自然会不顾一切地尽情欢娱。试看他连赵昭仪逼他杀死亲生儿子的事都做得出来,其他更有何事可以改变他热爱赵昭仪的决心?亦唯其因为如此,皇孙方为燕燕所啄,如其不然,赵家姊妹的大名又何能在历史上为人所知呢?

汉成帝因为没有儿子,早在他崩驾一年之前,就选定了其亲侄刘欣为太子，至此遂继立为帝，是为哀帝。哀帝之生父定陶王刘康，乃元帝之子，成帝之弟，伦序虽称相当，但成帝之另一弟中山王刘兴其时尚在，亦具有继立之资格。为了希望能使刘欣立为太子，刘欣之母傅昭仪当时赍巨赀来京师运动各重要人物，而赵飞燕亦是曾经出力帮助之人。所以当哀帝继立，舆论将成帝之死因归罪于赵家姊妹时，傅昭仪亦出力保全赵飞燕，并且尊之为皇太后，以报答其援立哀帝之恩。其后，司隶解光揭发了当年赵昭仪杀害皇子之事，哀帝亦只将赵家子弟之封为新成侯及成阳侯的赵钦、赵欣废为庶人，赵飞燕的太后地位如故。不幸哀帝夭死，成帝之母太皇太后王氏再握政柄，复用王莽为大司马，命他追究当年残害皇子之往事。至此，赵飞燕与合德姊妹"专宠锢寝，残灭继嗣"的罪名无可诿卸，赵飞燕亦被废为庶人，即日自杀。虽然她比其妹赵昭仪多享了六年皇太后的福，其最后的结局还是与赵昭仪一样的。

由《汉书·外戚传》的记录看，燕啄皇孙，其实是赵昭仪所造下的罪孽，赵飞燕当时已遭皇帝之冷落，并非元凶首谋之人，谓之燕啄皇孙，显有失实之处。不过若以赵家姊妹奢靡淫乱、专宠锢寝的事实看来，姊妹二人之行为如出一辙，可谓厥罪惟均。而且合德之进由于飞燕，目之为罪魁祸首，于理亦有可通。于是，这件历史公案在后来形成了一个专用的典故，只要一提起赵飞燕之名，就使人联想到赵家姊妹之奇妒故事，在历史上永远留下了污名。自古以来的红颜祸水故事虽多，这应该是恶名最为昭彰的一个了。

三　谤累千年甄夫人

三国时代,曹丕假禅让之名篡汉祚,是为历史上的魏文帝。曹丕在未受禅之前的身份是"魏王"。他的正妃是甄夫人。但在他做了皇帝之后,甄夫人却未能被立为皇后,其后甚且被未来的皇后郭氏所谮害,由曹丕降旨将她"赐死"。一个新的皇朝在开国伊始之时,何至于连新皇帝的原配妻子都不能得到容身之地,以致非死不可?实在使人感到大惑不解。有人怀疑,甄夫人之所以不免一死,是因为他所生的儿子魏明帝曹叡来历不明之故,事实恐不尽然。异姓乱宗,昔人所忌,曹丕的儿子很多,如果他怀疑曹叡并非曹家血胤,尽可以另立别子,又何必要出以"杀母留子"的无聊手段来掩人耳目?所以,这一宫闱疑案的真正内情,必定另有文章,值得我们的研究、推敲。

甄夫人在《三国志·魏书》中有传,称之为"文昭甄皇后"。这称号乃是曹叡继立为帝后所追尊,甄夫人生前,并未成为正式的皇后。封建时代通行"母以子贵",曹叡既已成了皇帝,他的生母当然有资格追尊为先帝之皇后。但如因此而直接称之为甄皇后，则殊有未妥，因为在她生前并未真正成为曹丕的皇后故也。

据《三国志·魏书本传》所记，甄夫人是中山郡的无极县人，上蔡令甄逸之幼女，生于汉灵帝光和五年（182），在未曾成为曹丕的夫人之前，本是袁绍次子袁熙之妻。汉献帝建安九年（204）八月，曹操灭袁绍，袁氏的女眷都成了曹家的战利品，甄氏因此被曹丕劫夺为妻。这一年，甄夫人二十三岁，曹丕十八岁。

十八岁的曹丕，以随征的身份跟随其父曹操出征在军，如何就有这胆量在未得其父同意之前，擅自劫收战败者的眷属为妻？这是一个很有趣的问题。在这里，《三国志·魏书·明悼毛皇后传》中的一段文字，很可以作为参考。传云：

> 初，明帝为王，始纳河内虞氏为妃；帝即位，虞氏不得立为后。太皇卞太后慰勉焉，虞氏曰："曹氏自好立贱，未有能以义举者也。"……

魏明帝曹叡在藩邸时的原配妻子是王妃虞氏，照常理而言，在他继立为帝时，就应该将虞妃册立为皇后，不可以弃虞妃于不顾，而另立新宠为后。这就是前人所深戒的"无以妾为妻"，乃是紊乱纲纪伦常的不义之行，为有识者所不齿。注《通鉴》的元代史学家胡三省，在这一段史文下加了一段注释，说：

> 武帝立卞后，文帝立郭后，皆非正室。

原来这还是曹操、曹丕、曹叡祖孙三代所一贯奉行的家范懿训！祖父与父亲所遗留的懿范如此，曹叡遵而行之，当然无话可说，值得注意的是这些行为后面所蕴藏的真正意义是什么？曹操为魏王时所立的王后卞氏，出身倡家之女，本是曹操所纳之妾，其所以能代丁夫人而为王后，当然是由于她的美色。曹丕先娶甄氏为夫人，当其即位为帝时，甄夫人年已三十九岁，是否因甄夫人色衰爱弛而另立年轻貌美的郭氏为皇后？由于当时郭氏已是曹丕的新宠，这一点当然有其可能。至于曹叡舍虞妃而另立毛皇后的原因，显然亦与乃父乃祖的情形相同。祖孙三世都有喜新厌旧的德行，毫不顾及"糟糠之妻不下堂，贫贱之交不可忘"的古训，因此可以知道他们都是"好色甚于好德"的一类，不会理会什么"无以妾为妻"，"无以妾为夫人"的礼教观念。亦正因为他们祖孙相传都有"好色甚于好德"的天性，甄夫人与虞妃之不免色衰爱弛，当然也正是事所必至，无足深怪。不过由这里亦可以看出，甄夫人当时之所以被曹丕所看中，在冀州城破之后，立即被曹丕所劫取，亦正是因为她十分美丽的缘故。关于这一点，野史中亦有资料，可为证明。引述两条如下：

《世语》"太祖下邺，文帝先入袁尚府。有妇人披发垢面，垂涕立袁妻刘后，文帝问之，刘答是熙妻。顾揽发髻，以巾拭面，姿貌绝伦。既过，刘谓后：'不忧死矣！'遂见纳，有宠。

《世说新语》"魏甄后惠而有色，先为袁熙妻，甚获宠。曹公之屠邺也，令疾召甄。左右白：'五官中郎已将去。'公曰：'今年破贼正为奴！'"

这两条资料，一则曰甄后"姿貌绝伦"，一则曰甄后"惠而有色"，可以想见年轻时的甄后，一定是驰名北地的绝代佳人，如其不然，何致于使曹操在甫经攻下邺城之时，就迫不及待的下令搜取甄氏，还说什么"今年破贼正为奴"！曹操好色，而有自取甄氏为妾的意向，在这里表露无遗。却不料有其父必有其子，而且曹丕的动作比曹操还要来得快,一旦甄氏成了自家儿子的枕边人,曹操空有满腔的怒火,也无可发泄,只好徒呼负负,眼巴巴地看着自己心所向往之大美人成了儿子的新妇,却毫无办法可想。站在曹操的立场上替他设想,他对于曹丕这种"横刀夺爱"式的作法固然无法反对,却必定会因此而对曹丕深为不满,而且从此永难忘怀。至于曹丕,也许他在当时并不知道曹操已视甄氏为禁脔,有必欲得之而后快的意图,一旦贸贸然地将甄氏抢到手中,然后发现了曹操眈眈而视的神态,这时却苦于大错业已铸成,虽万分忧惧却已骑虎难下。在这种情形之下,一旦体认到他与甄氏之间的掠夺婚姻势将危及他的政治前途时,他将作何选择?倒也是一个十分微妙而耐人寻味的有趣问题。

曹丕与甄氏之间的掠夺婚姻成立之时,曹丕十八岁而甄氏廿三岁。虽然妻子的年龄比丈夫还大五岁,理论上实该不会有什么严重的问题发生。因为中国北方民间习惯容许这种情形存在,绝不因妻长于夫而有什么不好的影响。如果是官宦人家,这种情形更容易有解决办法——纳妾,即使因夫妻双方的生理情形发生变化而使年龄差异的事实显得十分突出,只要有姬妾可以满足丈夫的爱情需要,老年妻子的地位一样十分稳固可靠。唯一成为问题的是,曹丕虽是曹操的长子,却不能保证他必定有被立为冢嗣的希望。假如他因为当年"纳甄"之事而使曹操对他的印象极为恶劣,从而影响他的立储希望时,姬妾间的逸言,就容易使他对元配妻子的感情发生重大的变化;在那种情形之下,妻子因年长色衰之故,更容易惹起丈夫的厌恶,那就是十分麻烦的事。非常不幸地是,甄夫人与曹丕之间的爱情,在后来似乎就是朝着这种方向演变的。

曹丕由"纳甄"而至他正式被曹操立为冢子,中间相隔有十三年之久。这其间的主要原因,是由于曹操的意向不定,而曹丕之三弟曹植有才学,为曹操所宠爱,在曹丕与曹植之间难作适当的选择的缘故。《三国志·魏书·陈思王植传》中,有关于这方面的记载,摘引一段如下,以作参考。

陈思王植,字子建。年十余岁,诵读诗篇及辞赋数十万言。善属文。太祖尝视其文,谓植曰:"汝倩人耶?"植跪曰:"言出为论,下笔成章,顾当面试,奈何倩人?"时邺铜雀台新成,太祖悉将诸子登台,使各为赋。植援笔立成,可观,太祖甚异之。性简易,不治威仪,舆马服饰,不尚华丽。每进见难问,应声而对,特见宠爱。建安十六年,封平原侯。……植既以才见异,而丁仪、丁廙、杨修等为之羽翼,太祖狐疑,几为太子者数矣。而植任性而行,不自彫励,饮酒不节。文帝御之以术,矫情自饰,宫人左右,并为之说,故遂定为嗣。……

照这段话的说法,曹植之所以终于不能被立为太子,一方面是由于他自己任性而行,不拘细节,致为曹操所恶;另一方面,则曹丕恰好反其道而行之,事事谨慎小心,在表面上做得尽量符合曹操的意向,而"宫人左右",又随时能为曹丕说好话,故而终于影响了曹操的决心,决定以曹丕为冢嗣。这所谓"宫人左右",应当分两部分来说,"宫人"指曹操后宫的妃嫔姬妾,"左右"则是曹操身旁的谋臣策士。这在《三国志·魏书》崔琰、毛玠等人的传记中都有记载,可以参看。如《三国志·魏书·崔琰传》云:

魏国初建，拜尚书。时未立太子，临淄侯曹植有才而爱，太祖狐疑，以函令密访于外。唯琰露板答曰："盖闻春秋之义，立子以长。加五官将仁孝聪明，宜承正统，琰以死守之。"植，琰之兄女婿也。太祖贵其公亮，喟然叹息。

又同书毛玠传：

魏国初建，为尚书仆射，复典选举。时太子未定，而临淄侯植有宠。玠密谏曰："近者袁绍以嫡庶不分覆宗灭国，废立大事，非所宜闻。"后群僚会，玠起更衣，太祖目指曰："此古所谓国之司直，我之周昌也。"……

又同书贾诩传：

是时，文帝为五官将，而临淄侯曹植才名方盛，各有党羽，有夺宗之议。文帝使人问诩自固之术，诩曰："愿将军恢弘德度，躬素士之业，朝夕孜孜，不违子道，如此而已。"文帝从之，深自砥砺。太祖又尝屏除左右问诩，诩嘿然不对。太祖曰："与卿言而不答，何也？"诩曰："属适有所思，故不即对耳。"太祖曰："何思？"诩曰："思袁本初刘景升父子也。"太祖大笑，于是太子遂定。"

袁绍（本初）与刘表（景升），都因废长立爱之故而引起内部分裂，致为曹操所灭，毛玠、贾诩以此为言，曹操当然不会忘记这现实的教训，所以在曹丕与曹植两人的争储角斗中，曹丕比较容易得到公论的支持。至于曹操的妃嫔姬妾等人何以亦肯帮助曹丕，这就与曹丕此时的新宠有关了，《魏书·文德郭皇后传》中，有关于这方面的记述，说：

文德郭皇后，安平广宗人也。祖世长吏，早失二亲，丧乱流离，没在铜鞮侯家。太祖为魏公时，得入东宫。后有智数，时时有所献纳，文帝定为嗣，后有谋焉。……

此"文德郭皇后"，就是曹丕称帝之后，在黄初三年（222）所册立的皇后。其时甄夫人已被曹丕降旨赐死，其死因据说即是"由后之宠也"。郭后有宠于曹丕，一方面是由于她聪明多智而善解人意，另一方面，更是因为她曾在帮助曹丕争夺储位的明争暗斗中，为曹丕提供很多的计谋，立有极大的功劳之故。郭后当时身为曹丕之姬妾，如何能在曹丕夺位之斗争中建立汗马功劳？可以想像得到的情形，必定是以殷勤的礼数及能言善道的如簧口舌，在曹操的妃嫔姬妾群中广事结纳，借以争取她们站在曹丕的一方面，时时为曹丕延誉。在这种情形之下，珍宝之赂遗固在情理之中，相机为曹丕洗涤谤讟，当然亦是很必要的事。曹丕在篡汉之前，没有太大的罪恶可言，唯一使曹操最为痛心的，就是他当年的"纳甄"之事。由于曹丕年甫十八便即有如此大胆妄为的好色之行，在曹操心中必定留下极其恶劣的印象。要怎样才能使曹操改变他因此事而对曹丕所产生的厌憎，最好的办法，莫过于移祸江东，把曹丕的"纳甄"说成是甄氏的主动，以丑化甄夫人形象的手法来转变曹操的观感，借以博取曹操对曹丕当年恶行的宽恕。这种移花接木式的嫁祸他人之计十分重要，不如此从何改变曹操对曹丕的观感？亦正因为郭氏使用这一恶毒的手法为曹丕洗刷谤名，曹丕势必要在表面上作出对甄夫人的疏远，以表示他的憎厌。凡此种种，虽属推测之辞，却有事实可为征验。

《三国志·魏书·文昭甄皇后传》说，曹丕在建安九年八月纳甄之后，"有宠，生明帝及东乡公主。"以甄夫人之美色来说，她在被曹丕所纳之后极得曹丕之宠爱,乃是情理所必有之事;如果尚未到年长色衰的年龄,就有秋扇见捐的事实,看起来反倒是非情理之常了。但是在事隔不久之后,郭氏就成了曹丕的新宠,言听计从,遇事都有好主意提出来,得蒙曹丕之采纳,最后甚至连储位之决定都出于郭氏之计谋,可以想见郭氏在曹丕心目中的地位已日见重要。在甄、郭二人的爱憎消长之间,固然可以看出她们的地位升降变化,然而这也并不就能直接证明甄夫人此时真的已经失宠。真正造成甄夫人失宠的原因,事实上还是由于甄夫人因遭曹丕疏远而生的怨恨;而这种有意安排的疏远,却不一定是由于真正的感情变化。《三国志·魏书·文昭甄皇后传》说,曹丕在篡汉之后,并未册立甄夫人为皇后,后宫有宠的妃嫔,则是郭贵嫔、李贵人和张贵人这几个。因此之故,"后愈失意,有怨言。帝大怒,二年六月,遣使赐死。"这段话中所用到的一个"愈"字,很值得注意;因为这表示甄夫人此时的"失意"状态,是由来已久,愈益加甚,而并非此时才有的反应状态。然则甄夫人在此以前的长久失意,岂不就明白显示出她早已被曹丕所疏远的事实么?身为曹丕所最垂爱的美人,又是事实上的正妻嫡室,曹丕应当没有理由要疏远她,以致甄夫人因痛于失宠之故而有伤心失意之感。这就是值得研究推敲的问题所在。然而因为此事直接与郭后之得宠及曹丕之得立为太子有其关联,就不能不使人怀疑这里面一定有政治因素掺杂其中,否则就很难得到合理的解释了。

甄夫人因遭曹丕之疏远而生怨言,如果再有逸言构间于其中,当然可以使曹丕因而发怒,并且因此而促成甄夫人的死亡。此一逸言构间的人,《三国志·魏书·文德郭皇后传》已经明白说出，就是这个后来代替甄夫人成为曹丕皇后的郭氏，至于其详细经过究竟如何？则因文献缺略之故，已经无可稽考，现在只能根据两种野史的记载，约略窥见其大概情形如次：

《汉晋春秋》：

初，甄后之诛，由郭后之宠。及殡，令被发覆面，以糠塞口，遂立郭后，使养明帝。帝知之，心常怀念，数泣问甄后死状。郭后曰："先帝自杀，何以责问我？且汝为人子，可追雠死父，为前母枉杀后母邪？"明帝怒，遂逼杀之，勑殡者使如甄后故事。

又，《魏略》云：

明帝既嗣立，追痛甄后之薨，故太后以忧暴崩。甄后临没，以帝属李夫人。及太后崩，李夫人乃说甄后见谮之祸，死不获大敛，被发覆面。帝哀恨流涕，命殡葬太后皆如甄后故事。

"被发覆面"与"以糠塞口"的意义是什么？现在已经无法完全明了；推测其用意，大概是希望避免甄夫人死后不致化为厉鬼，来向仇家报怨。果属如此，则甄夫人之死，确实是由于郭后之谮，当无可疑。甄夫人久被疏远，早已形同放废，即使确曾口出怨言，亦没有理由需要将她置于死地。前引"明悼毛皇后"传中曾说，明帝的元配妻子虞氏未能被立为皇后，痛骂曹操、曹丕、曹叡祖孙三代都是"自好立贱，未有能以义举"之人，假如郭氏亦曾以诸如此类的毒骂告之曹丕，并说这些都是甄夫人听说的话，曹丕怎能不信，怎能不恨？这些话更能引发他当年的隐痛，自惭昔日之"纳甄"一事实为最不名誉的玷污。于是，甄夫人不免因曹丕之新仇旧恨并发于一时而遭到不幸，亦是事理之所必至的了。容华绝代的甄夫人,其命运坎坷多舛如此,实在值得后人之同情。然而事实上却还有更不幸的遭遇在后面,那就是她在冤死之后,还被莫名其妙的文人横加以莫须有的谤言,诬说她与夫弟曹植之间,有过不明不白的私恋之说。这种说法,后来被编为诗词戏曲之类广为流传,那就是大多数读者都熟悉的《洛神赋》故事。

唐人李善为《文选》作注,首先说到这件故事:云:

魏东阿王,汉末求甄逸女,既不遂,太祖回与五官中郎将,植殊不平,昼思夜想,废寝忘食。黄初中入朝,帝示植甄后玉镂金带枕,植见不觉泣下。时已为郭后谮死,帝意亦寻悟,因令太子留饮宴,仍以枕赉植。植还渡辕辕少许,时将息洛水上,思甄后,忽见女来,自云:"我本托心君王,其心不遂。此枕是我在家时从嫁,前与五官中郎将,今与君王。遂用荐枕席,欢情交集,岂常辞能具?我为郭后以糠塞口,今被发,羞将此形貌重睹君王尔。"言讫,遂不复见所在。遣人献珠于王,王答以玉佩,悲喜不能自胜,遂作《感甄赋》。后明帝见之,改为《洛神赋》。

曹植的许多封号中,有一个是"东阿王",所以"东阿王"与"陈思王"、"临淄侯"等等封爵之名,所代表的都是曹植;"黄初",则是曹丕为帝时所用的年号。曹植在《洛神赋》前面曾说:"黄初三年,余朝京师,还济洛川。古人有言:'斯水之神,名曰宓妃'。感宋玉对楚王说神女之事,遂作斯赋。"这证明了李善注文中所说,曹植在黄初中入朝,还渡洛水之时撰成此赋,是有根据的说法。但是他以为《洛神赋》的原名是《感甄赋》,其写作动机是为感念甄后之旧情而作,就是太偏重于臆测的无根之言了。清人何焯曾经撰文驳斥这种说法的荒谬可笑，其言极有见地，抄两段作为参考，何文说：

> 示枕，赉枕，里巷之人所不为。况帝方猜忌诸弟，留宴从容，正不可得，感甄名赋，其为不恭，夫岂特醉后悖慢，劫胁使者之可比耶？

曹植在黄初二年由临淄侯贬爵为安乡侯，据《三国志·魏书·陈思王植传》所记，是由于监国谒者灌均希文帝之意旨，奏陈曹植曾有"醉酗悖慢，劫胁使者"之事。有司请依律治罪，曹丕因太后干涉之故而不得不从轻发落，只处以"贬爵"了事，如其不然，其后果一定很严重。"醉酒悖慢，劫胁使者"所得到的处分已经如此可怕，对死去的皇帝夫人表示爱恋之情，又岂是曹植所敢于轻易尝试的事？何焯以此驳斥李善的说法荒唐无稽，当然十分有理。其后更说：

> 《离骚》云："吾令丰隆乘云兮，求宓妃之所在。"植既不得于君，因济洛川而作为此赋，托辞宓妃，以寄心文帝，其亦屈子之志也。自好事者造为"感甄"无稽之说，萧统未辨，遂分类入于情赋，于是植几为名教所弃。

照何焯的看法，曹植作《洛神赋》，其真正的动机是希望借此表示他对于曹丕的依恋之忠，与"感甄"之说毫无关系。这种说法是否能够成立，固然仍有商榷之余地，但是他之绝对不相信曹植的《洛神赋》是由"感甄"而作，倒是确切不移之论。同时，由曹植与甄夫人的年龄差距，更可证明此说之荒谬离奇。

曹植卒于魏明帝的太和六年（232），得年四十一岁。以此上推其出生之年，应是汉献帝的初平三年（192），下距建安九年

(204)曹操破袁绍于冀州,只有十三年而已。由这一事实可以知道,当建安九年八月曹操克冀州,曹丕在袁尚的邸第中掠得袁熙之妻甄氏据为己有之时,曹植不过只有十三岁。甄氏被掠时已二十三岁,距离她之嫁与袁熙为妻,当然已有好几年。据此推算,则在甄氏作新嫁娘之时,曹植应该只是七、八岁左右的小孩子。七、八岁左右的孩子怎有可能去求娶当时有名的美女?更在求娶不遂之后"昼思夜想,废寝忘食",即使曹植是有名的才子,亦不可能早熟到此地步!这种明显不过的证据,尽足以粉碎一切"感甄"之类的谬说。所以,到今天如果仍要迷恋于旧时文人的荒诞谬说,以为曹植与甄夫人的叔嫂之间,曾经有过什么恋情之类,那就是太不负责任的谎言了。

四　孝女木兰振古奇

唧唧复唧唧，木兰当户织；
不闻机杼声，唯闻女叹息。
问女何所思？问女何所忆？
女亦无所思，女亦无所忆。
昨夜见军帖，可汗大点兵，
军书十二卷，卷卷有爷名。
　………

木兰从军的故事，家喻户晓，上面的这首《木兰辞》，多数读者亦都耳熟能详。可是，就这个家喻户晓而耳熟能详的故事，流传到了今天，还是无法弄清楚木兰究竟是那一时代的人？以及她姓什么，籍贯何处？等等。一个流传了千百年之久而且家喻户晓的故事，对于这些关键性的重要内容，竟然众说纷纭而难衷一是，说起来岂不是笑谈？然而这便是民间故事难以避免的缺点，即它原来的故事结构太简单了。后世之人，在原本简单的故事结构上加枝添叶，固然可使故事显得完整，无奈却使原来的故事减低了真实性，这就不是可称赞的了。迄今为止，对于木兰从军故事的传述情况，我们应有此认识，而不可轻信后人所附加的各种故事情节，因为那是经不起考验的。

最早著录这首《木兰辞》的书，现在所能见到的，自以宋人郭茂倩之《乐府诗集》为最早。此书中说："歌辞有木兰一曲，不知起于何代。"郭茂倩之说，当然有其于本。《乐府诗集》所录《木兰辞》之前，附有郭茂倩所加之解题，说："《古今乐录》云：木兰不知名。"由此可知，早在郭茂倩将《木兰辞》收入《乐府诗集》之时，对于木兰其人的姓氏、贯里、生存时代等等，已经无人知道了。但渐到后来，这些不能知道的细节内容，却有了后人的补充。据《倘湖樵书》所说，木兰是隋时的亳州谯县人，姓魏。时方征辽募兵，木兰因父老弟幼而代父从军，历时一十八年，人不知其为女子。及战胜凯旋，论功行赏，木兰可以得官为尚书郎。但木兰不愿为官，只愿回家侍奉父母。回抵故乡之后，脱战衣而复着旧时之女装，随行之伙伴方知木兰本是女子，云云。类此的记载，亦见于《大清一统志》及《江南通志》，《太平寰宇记》等书，但以《倘湖樵书》之记载最详。其他书籍亦有称木兰不姓魏而姓朱、姓花，其籍贯亦有说是湖北黄冈、河北顺平县、河南商丘等地的。凡此自不免使人发生困惑——这些纷歧错杂的传说，究以那一种记载为可信？要弄清这一疑问，不妨将陈寅恪先生论述莺莺史迹问题的意见提出来作一参考，因为这里面也很有相似之处的。

崔莺莺，是《西厢记》中的女主角。《西厢记》的故事，源出于唐人元微之所撰的传奇小说《莺莺传》，要知道崔莺莺是否真有其人，元微之是很重要的关系人物。照陈寅恪先生写在《读莺莺传》中的意见，元微之所撰《莺莺传》中的张生与莺莺遇合故事，如以唐朝的社会风气及人物心理加以推敲，极可能便是元微之自己的真实恋爱故事。但元微之既已将他自己改名为张生，则女主角崔莺莺之名，当然亦是假托，不可因元微之在《莺莺传》中写了崔莺莺之名，便相信故事中的女主角真的便叫崔莺莺。故事的女主角既不是真的名叫崔莺莺，后世之人从所谓崔氏家谱及郑恒墓志中发现崔莺莺的有关资料之说，便显然只是无聊之伪作了。陈寅恪先生之所以作此主张，当然有其理由；据他写在《读莺莺传》中听说的话，其理由盖如此：

　　其所谓张生，即微之之化名，此固无可疑。但崔非真姓，而其所以假托为崔者，盖由崔氏为北朝隋唐之第一高门，故崔娘之称，实与其他文学作品所谓萧娘者相同，不过一属江左高门，一是山东甲族，南北之地域虽殊，其为社会上贵妇人之泛称，则无少异也。杨巨源咏元微之会真诗云："清润潘郎玉不如，中庭蕙草雪消初。风流才子多春思，肠断萧娘一纸书。"杨诗之所谓"萧娘"，即指元传之崔女，两者俱是使用典故也。倘泥执元传之崔姓，而穿凿搜寻一崔姓之妇人以实之，则与拘持杨诗之萧姓，以为真出于兰陵之贵女者，岂非同一可笑之事耶？…然则世人搜求崔氏家谱以求合，伪造郑恒墓志以证妄，不仅痴人说梦为可怜，抑且好事欺人为可恶矣。

　　世人为了穿凿附会崔莺莺确有其人而多方搜求荒诞不实的证据，以为欺世惑人之计，这种情形，与《倘湖樵书》之类的书籍造作木兰故事为人所不能详悉的部分，大概都属于同一种心理状态，其动机既不纯正，所述自不足采信。何以知《倘湖樵书》之类书籍中的木兰故事系出于穿凿附会？这在郭茂倩的《乐府诗集》中就留有证据，只是作伪者未曾留心查考，致贻人作伪之证耳。

按，郭茂倩为《木兰辞》所作的解题中曾说："《古今乐录》云，木兰不知名。"《古今乐录》是郭茂倩编乐府诗集时的参考书，《木兰辞》可能即由《古今乐录》中传录而来。《古今乐录》原书久佚，但史籍仍著录其书名。如《隋书·经籍志》云："《古今乐录》十二卷，陈沙门智匠撰。"又《宋史·艺文志》："陈释智匠《古今乐录》十二卷。"这两条资料显示出一项事实——郭茂倩所引录的《古今乐录》一书，乃南北朝时陈沙门智匠所撰。既然撰此书的智匠和尚乃是南北朝时的陈朝人，那么，收录在此书中的木兰从军故事，岂有发生在陈朝以后的可能？这是一个非常重要的关键，一方面可以使我们知道《倘湖樵书》等书所记的木兰事迹出于伪造，二方面可以使我们了解木兰所生存的时代应在陈朝的和尚智匠编集《古今乐录》一书之前。后一点所提示的时间指标尤其重要，由此可以使我们确信木兰绝非隋唐时代之人。而《木兰辞》既是北歌之一，当然表示她不可能是南方中国之人。中国在南北朝对立的时代里，南方的朝代递嬗频仍，北方却始终只有一个北魏。细考木兰辞中的有关情节，当可使我们了解，木兰究是何时之人。

从前徐中舒撰《木兰歌再考》，曾经根据南北风俗之不同，推定木兰之所以能以一介女流而代父从军，正因为木兰乃是居住北方的异民族之故。他说：

> 木兰以女子从军，必属万不得已之事，使其时非府兵制，或有可以避免此行者，则木兰从军或无从发生。又我国女子束缚于几千年礼教之下，自甘卑弱，不但不能与闻阃外之事，即男女授受，亦干厉禁，安得忽有如此奇女子出于其间，至与士卒同伙互十二年之久？其乃难能，程大昌疑为寓言，不为无见。虽然，自其反面言之，木兰之所以能代父从军者，正以其为中原之异族。虽其乡里有城郭街市，其居处有东阁西床，其妆饰则"当窗理云鬓，对镜贴花黄"，又自能当户织，弟能杀猪羊，生活已完全同化于汉人，又受中国礼教相当之涵养，能孝其亲，能不失其贞操，而其先世所遗留之习性，终非礼教所能全部征服。故木兰易装从军，无所屈挠，此又木兰为中原异族之证。

对于木兰生存时代之说，徐中舒本来亦是主张"非隋即唐"的。所以他虽然由木兰诗中的特殊背景及不同民族性等等因素，看出木兰不可能是汉族女子，甚至极可能是鲜卑族人，亦因拘于他自己所认定的"非隋即唐"之说故，只能勉强糅合两种几乎不能并存的说法，认定木兰乃是生存在唐代时之鲜卑遗族，虽住居中原而不脱其本民族之刚毅尚武遗风，故虽长时间浸润于汉文化之陶冶，仍未完全为汉民族之礼教生活所同化，故能以女子而代父从军。就事论事，徐中舒的说法，有一半是说对了，其另一半当然是错误的。因为《木兰辞》既然在陈朝时代就被释智匠收进了他所编集的《古今乐录》中去了，木兰从军的故事，当然不可能会发生在释智匠所生存的陈朝之后；所谓"非隋即唐"之说，即此已证其不确。徐中舒如果能及早了解这其中的关系，他就不必要作"削足就履"式的考证，勉强将他那种极有价值的高明见解，与完全不可信的"非隋即唐"之说相牵混，从而贬低了他自己的考证成果。不过，不管徐中舒所犯的错误如何，他能够从《木兰辞》的特殊背景及不同民族性的因素，看出木兰极可能是位居中国北方而久受汉文化浸润的鲜卑族女子，其识见殊为正确。这不但可从《木兰辞》中所显示的矫捷勇武风格看出它不可能是柔靡荏弱的南方文学所能比拟，由诗中所透露出来的从军情形、从军地点等等证据，也可以确定木兰是生活在中国北方的鲜卑女子。至于其从军出征的时间，则大致是在北魏孝文帝在位时的太和年间，下文的论述，就可以证明这一点。

《木兰辞》：

阿爷无大儿，木兰无长兄，

愿为市鞍马，从此替爷征。

东市买骏马，西市买鞍鞯，

南市买辔头，北市买长鞭。

………

上面这些诗句，说明了木兰虽代父从军，但需在出征之前自备鞍马武器，以供征战之用，其情形显与唐代所行之府兵制不同。《新唐书·兵志》："其介胄戎具藏于库，有所征行，则视其人而出给之。"可知在府兵制度下服行兵役的军兵，其兵器及战马悉由公家供给，并不需要由私人自行购置。又，自北周武帝时所创始的府兵之法，籍全国丁壮悉为兵士，自十八以上成丁，至六十而免，规定每人每年服兵役的时间为一个月，周而复始，轮番替代，其办法具见于《隋书·食货志》、《资治通鉴》胡注及陈寅恪著《隋唐制度渊源略论稿》等书。而木兰从军故事中的木兰从军时间，或云十八年，或云十二年，不但其性质完全不同于府兵制度之轮番替代，周而复始，而且因父老而由木兰代服兵役，在府兵制中亦无此项规定。由这些地方可以知道，木兰之代父从军，并非基于府兵制度中之兵役义务，而系另一种特殊情形。至于其实际情形究属如何？当然与木兰之为鲜卑族有关了。

钱穆先生所撰的《国史大纲》引《北史》云："高欢据边镇为变，每语鲜卑，犹谓汉民是汝奴，夫为汝耕，妻为汝织，输汝粟帛，令汝温饱，奈何陵之？其语华人则曰：鲜卑是汝作客，得汝一斛粟、一疋绢，为汝击贼，奈何疾之？"北魏与北周、北齐，俱是鲜卑族所建立的国家，汉人是被征服者。鲜卑民族处于征服者的地位，靠武力来维持他们的政权，亦以从军为其专利。所以，在北魏建国于中国北方的时间内，鲜卑族虽散居于中国北方各地，却只有他们享有从军的权利，汉人永无从军的资格。陈寅恪先生撰《隋唐制度渊源略论稿》，亦说，北魏时代的军事制度，"为大体兵农分离制，为部酋分属制，为特殊贵族制。"其后魏分东、西，互相攻战，宇文泰所控制的西魏政权因人口远少于东魏之故，创行府兵制度，直接以西魏控制地区的汉人编入军队，以对抗东魏的优势人力；东魏亦广征汉人中的骁勇者参加军队，以从事大规模的战争。至此，原本由鲜卑民族所包办的北魏军队，才出现了"是后，夏人半为兵矣"（《隋书·食货志》)的情况。不过那已是北魏既乱之后的事，在木兰从军的时代尚未如此。木兰从军的时代是何情形？那就还是陈寅恪先生所说的那几句话："为大体兵农分离制，为部酋分属制，为特殊贵族制。"

所谓"兵农分离制",当然是兵自兵而农自农,各不牵混。当时只有鲜卑民族才有从军的权利,而汉人则为农奴,所以木兰不可能是汉人。何谓"部酋分属制"与"特殊贵族制"?则以北魏在中国北方建国之后,虽然亦如南方中国之行郡县制,在若干地方,亦仍保留其旧有之酋长制度,各部族分部而居,其酋长称为"大人",世袭其位。《八琼室金石补》收有北魏咸阳太守刘玉的墓志铭一篇,其中述及北魏早期的酋长制度情形,说:

> 大魏开建,拓定恒代。以曾祖初万头大族之胄,宜颐名宦,从驾之众,理须督率,依地置官,为何浑地汗。尔时此班,例亚州牧。

率领部落而因地置汗,盖即北魏早年分部而治的遗制。发展到后来,就成了北魏地方政治制度中的一项显著特色——州郡制度与部落制度同时并存,不过当时的部落"大人"在后来改称为领民酋长,依领地大小分为三等,其官秩自从三品递降至从五品,低于上州刺史之正三品,中州刺史之从三品,下州刺史之正四品各一二阶不等,亦即是刘玉墓志铭中所说的"尔时此班,例亚州牧"。领民酋长都是鲜卑贵族,所统领的都是入居内地的鲜卑人,虽其生活日渐汉化,却仍保存其部族制度及从军出征之专利,甚至还沿用旧时部落称呼其酋长的名称——汗;如上文所引用的"何浑地汗",即是其例。从前人研究《木兰辞》中的称呼,每以为"汗"与"天子"的名称不当同时并存,而以既称可汗又称天子为前后不一致的矛盾。由上文所述北魏时代所特有的领民酋长制度来看,就可了然其中的真正原因所在。

北魏自建国中国北方以来,其原来所居住的蒙古高原便为另一个新兴的民族所占据。这个新兴民族与鲜卑同出于东胡族的系统而别为一支,其名曰"柔然",《魏书》称之为"蠕蠕"。蠕蠕之名,极为不雅,而且明显地含有鄙视之意。据《魏书·蠕蠕传》所说,蠕蠕之得名,是由于魏世祖憎恶柔然之屡次侵扰北魏边境,"以其无知,状类于虫,故改其号为蠕蠕。"这说明了柔然使北魏大感困扰的事实情况。而由《魏书·蠕蠕传》见之,柔然之成为北魏之边患,确实如汉时的匈奴,隋唐时的突厥,与明朝时的鞑靼一样,不但经常入塞寇掠,有时候甚至还会对当时的北魏政府造成极大的威胁。为了这一缘故,北魏之对付柔然,也如汉之对匈奴,隋唐之对突厥,及明朝之对付鞑靼一样,在国力强盛时固可以大举出塞,以为犁庭扫穴之举;如果国势不振而多患难,就只好凭坚自守,以求阻遏其入寇之一法了。北魏亦为北方民族所建立的国家,其民族性尚武而长于战争,自太祖道武帝建国以来,频年用兵,东征西讨,其国势鼎盛,故而对于柔然之寇边,一贯以绝漠远征之法相对付。历太宗而至世祖,屡次发大兵远征柔然的王庭,频获胜捷。自世祖太武帝传至高祖孝文帝,北魏的都城由平城迁至洛阳,逐渐汉化。虽柔然之为患犹昔,北魏亦仍有能力应付。再降至北魏的肃宗孝明帝时,柔然屡生内乱。正光元年(520),其主阿那瓌来奔,北魏封之为朔方郡开国公蠕蠕王,食邑一千户,处之于长城塞内。自此以后,柔然余部渐次衰弱,虽亦屡次犯边,而其为患不深。孝昌以后,更遣使朝贡,日见驯顺,不足为患了。但其时间亦已到了北魏之末,距高洋、宇文觉之篡魏,为时无几。所以很可以这样说,柔然之为北魏边患,殆与北魏之历史相终始。木兰代父从军而北越黄河、黑山、燕然山等地，所担任的备御对象，自然便是北方的柔然。不但与地理情况相合，亦与历史事实相合。后人因主"非隋即唐"之说而以木兰从军为征辽或征突厥云云，显然是不明史实真相之故。

《木兰辞》中有"归来见天子，天子坐明堂"之句，考之《魏书·孝文帝本纪》，"太和十年九月辛丑，诏起明堂辟雍。""太和十五年十月，明堂太庙成。"有这一条具体的记录，可以知道，木兰从军十二年后归见天子，其时间决不会在太和十五年明堂建成之前。由此而至孝明帝时柔然因内乱衰弱而边患宁息，已经只有三四十年的时间了。根据这些情形来推测木兰代父从军的时间，应该就是这三、四十年间的事，虽其确切时间难以考定，大致总不会出此范围的。

流传于古代的传说，往往因内容过于简单之故，到了后世，已有无法考明其中细节之苦；比如木兰之姓名及其家乡何处，便存在着这种情形。由上文之所述，我们只能推测木兰是住居中国北方的某一鲜卑女子，其确切地点因文献无征之故，不能说明。至于其姓名究为姓"木"名"兰"还是另有其姓，亦无法考定。徐中舒以为鲜卑部落有"木兰"之复姓，与《魏书·官氏志》中的"仆兰"复姓并为一音之异写。清人俞正燮作《亳州志木兰篇书后》，举元人侯有造所作的《祠象辨正记》为证，亦以为"木兰"乃是古代的复姓。果如所说，则木兰故事中所谓之姓魏、姓朱、姓花等等异说，都显然只是后人之附会增饰，不足为训。一个流传极广的孝女从军故事，在经过澄清过滤之后只能得到这一点确实可信的结果，诚然很使人遗憾。但此正是民间故事的正常形态，事实上正无可如何。如果我们一定要像《倘湖樵书》之类书籍的作者一样，一定要为木兰增饰许多"必要"的故事情节以满足心理上的缺陷，那就不免要与崔莺莺故事那样地贻笑方家了。质之读者诸君，亦以鄙言为然否？

五　两朝太后李三娘

一　戏剧故事不可信

明人杂剧中有一本《白兔记》，叙述刘知远与李三娘的故事。这故事亦曾为京剧所取材，京剧中的《磨房产子》，即系撷取《白兔记》中的一出所改编。知道《白兔记》的人也许不很多，知道李三娘磨房产子故事的人，可就多了。但是，了解历史人物，决不可求之于小说或戏剧。因为它们有时候会错得很厉害。如《白兔记》者，即是其例。

根据《白兔记》的叙述，刘知远是徐州沛县的沙陀村人，父母早亡，贫苦无依，常赖其盟弟史隆远之赒济，稍免饥寒。时值马鸣王庙祭赛大典，村中富户李文奎为会首，盛设祭品。刘知远三日未食，难耐饥馁，躲入供桌之下偷食祭品，为庙祝发觉，几遭殴打。幸而李文奎将刘知远认作侄儿，方才得免。李文奎后将刘知远收留在家作工，又见其品貌不凡，多有异征，而将女儿三娘嫁之为妻，引起其子李洪一之不满。李洪一之妻生性狠毒，其妒恨刘知远李三娘夫妻，较李洪一尤甚。因此，在李文奎未死时，彼此尚能相安一时，一到老员外病故，李洪一接掌李家家业时，对刘知远夫妻的无理凌虐，就展开了。李洪一之目的，要将刘知远夫妻逐出家门。刘知远为了希望能使李三娘有安身之所，不得不接受李洪一所提出的条件——写下休书一纸，承认与李三娘脱离夫妻关系，从此不得再来干扰李家。李三娘因此而仍在娘家居住，刘知远则只好只身出外从军，远赴并州太原府，一去杳无音信。刘知远去时，李三娘已有身孕。但李洪一夫妇并不顾念兄妹之情，依旧百方凌虐，所以才有磨房产子之悲剧。所生之子，因无产婆接生，由李三娘自己咬断脐带，所以将其子取名为"咬脐郎"。李洪一之妻为了杜绝后患，意图将咬脐郎丢入花池溺死。幸喜老家人窦公仗义救援，将咬脐郎从水中救起，又衔三娘之命，将孩儿远道送往太原，寻访刘知远收留抚养。其时刘知远已被节度使岳勋收为赘婿，得有官职。窦公既寻至太原府，咬脐郎父子团聚，为岳氏夫人所收留，善为抚养成人。时光荏苒，转瞬一十八载，刘知远因战功得升为九州安抚使，咬脐郎亦已练成一身武艺，但却不知生身之母为谁。阳春三月，各衙舍人都去郊外打猎行围，咬脐郎亦带了家丁家将，出外行猎。来至沙陀村，赶出一只白兔，追逐到一水井边，忽然不见。在井边洗衣的妇人，就是李三娘。彼此言语攀谈，得知李三娘之夫名刘知远，恰与其父同名同姓，甚为奇怪。回家后将此情禀告刘知远，方知李三娘正是自己的亲生之母。由于这一层因缘凑合，刘知远李三娘与咬脐郎夫妻母子终获团聚,李三娘苦尽甘来,李洪一夫妇亦得到应得的报应。至于此一故事之所以取名为《白兔记》,则显然是由于因白兔而使夫妇团圆之故。

《白兔记》的故事如此冗长,整个剧本由第一出的"开宗"到最后一出的"团圆",共分三十二出,其情节不免散漫,唱词亦嫌拖沓,所以后来由全部之三十二出删存为《磨房产子》之一出,正是戏剧演变的自然结果,不足诧异。不过,不管是整部戏的《白兔记》,还是删节以后的《磨房产子》,所写虽是刘知远李三娘夫妇的悲欢离合故事,与真正的事实正复相去甚远。因为刘知远与其妻子李氏都是历史上的有名人物,稽之史册,历史上的刘知远与其妻子李氏,其一生事迹都与《白兔记》及《磨房产子》的故事不尽相合。戏剧与小说中的主角如系出自作者之虚构,其真实性当然可以置之不论;但如是历史上大为有名的人物,就不宜虚构情节,任意捏造全无凭据的荒诞故事。刘知远与李三娘如何即是历史上大为有名的人物?由史书可见,刘知远乃是五代史上的后汉皇朝开国之君,汉高祖"睿文圣武昭肃孝皇帝"刘暠,其本名原为刘知远,即帝位后改名刘暠。刘知远即位为帝,李氏被册为皇后。刘知远死后,其子隐帝继立,尊李氏为皇太后。郭威篡汉,是为后周太祖,即位后仍尊李太后为皇太后,并加上尊号,称之为"昭圣皇太后"。昭圣皇太后卒于周世宗之显德元年,两朝太后,首尾七年,在历史上居有举足轻重之地位,当然不会是无籍籍之名的普通人物。以此而言,出现在戏剧或小说中的李三娘,似乎不宜以《白兔记》或《磨房产子》之类的不实内容歪曲其形象。中国古代的戏剧与传奇故事,大多取材于历史人物，但其内容往往与真实历史相去甚远，说来实在使人慨叹。所以然之故，传述错误固属其原因之一，更大的原因，还是因为撰写这些戏剧故事的人，其本身对历史并无了解，所以才会经常出现任意捏合或者任意编撰的不实故事，这才是更可使人慨叹的地方。

二　正史有其记载

因为刘知远与他的李氏妻子后来成了后汉皇朝的开国帝后之故，有关他们的生平事迹，便可在历史中窥见其大致的轮廓。《五代史》有新旧二种，薛居正所纂的《旧五代史》，文字不佳而史料丰富，其内容较之欧阳修的《新五代史》更为详赡。但不管是新史旧史，关于刘知远与其妻李氏的历史，大致都不会有太多的瞻顾与讳饰。原因是薛居正与欧阳修都是宋朝人，与五代之人没有直接间接的政治恩怨，作史时不必有所顾忌。所成为问题的是，五代是中国历史上最为黑暗浑浊的乱世，社会动乱，政治黑暗，各种文献记载又都十分缺略，有关当时历史的许多事情都因记载不详而无法得知其究竟，刘知远与李三娘的历史亦不例外。所能够确定的几点是：（一）刘知远并非汉人，他之能够成为皇帝，正是由于唐朝末年以来，突厥族的沙陀部人在中国政坛上一直占有重要地位，刘知远适逢其会，因其沙陀部人的特殊身份而有机会接近政治显要，终于使他自己也能成为政治显要，并不是由于他具备过人的聪明才智。（二）李三娘的家境也许不错，但却不一定有个恶劣的兄嫂；因为以刘知远当时的军人地位而言，不大可能成为被欺侮的对象。而且据史籍所载,刘知远之妻李氏兄弟甚多,后来都依凭了裙带关系成为后汉皇朝的皇亲国戚,其中也看不出来曾有一个敢于欺凌刘知远夫妻的恶兄悍嫂。即此二点,已可知道《白兔记》的故事情节显然出于原作者的任意安排,与真正的历史大有距离。至于李三娘的其他事迹,不见于《白兔记》一书的,尚多。由此可以想见,《白兔记》所写的李三娘故事虽然充满了哀感顽艳的情节,却很可能并非李三娘当时的真正遭遇。当然,见之于戏剧扮演的古人故事,一定有其传说来源。如李三娘磨房产子的故事,就不一定全无所本。不过,磨房产子的故事,所意味的真正意义,应该是在表示,李三娘在刘知远出征之后,即使在怀孕待产期间,亦因家境艰难之故,而不得不继续在磨房中从事艰辛的工作,终于因此而在磨房中生下了儿子,其所以然的原因,并不一定由于悍兄恶嫂的虐待。李三娘是否曾有悍兄恶嫂,现在固然是无从详细了解的问题;但如以刘知远、李三娘的婚姻情形看,李三娘在嫁与刘知远之后,实在很少有可能在家,遭受悍兄恶嫂的虐待。这些问题,在研究了刘知远、李三娘的传记资料之后自能了解,暂时无须辞费。下面且先介绍刘知远的历史。

刘知远是突厥族的沙陀部人,并非《白兔记》所说的徐州沛县沙陀村人。这是否由于《白兔记》的作者顾及一般读者不懂得何谓沙陀人之故,而特别作此安排,不知。沙陀酋长李国昌、李克用父子受唐僖宗之命,率兵平定黄巢之乱,李克用因功被封晋王,镇守太原,自此开始了沙陀人入主中原的兴王之基。朱温篡唐,李克用则誓欲兴复唐室,终生与之为敌。李克用之子存勖终于灭了后梁，自建后唐皇朝，是即五代史上的唐庄宗。庄宗之死，由于克用之养子李嗣源篡位，是即唐明宗。李嗣源的女婿石敬瑭，在李嗣源死后起兵叛唐，并引契丹人为援，终于篡唐祚而代之，另建后晋皇朝，是即后晋高祖。石敬瑭篡唐，凡是他的太原旧部，都成了朝廷的新贵。刘知远本是石敬瑭部下的军校，石敬瑭作镇守太原的河东节度使时，刘知远已是相当于参谋长职务的"都押衙"，地位相当重要了。等到石敬瑭为帝，刘知远继承了他的河东节度使职务，戍守边疆，俨然北方之重镇。其后，石敬瑭病死，出帝石重贵继立，与契丹反目成仇，招致契丹之大举入寇，京城被陷，出帝被掳，而中原无主之时，刘知远借河东之兵力乘虚而入，就现成的坐上了皇帝的宝座，建国号为汉，是为汉高祖。由李存勖、李嗣源、石敬瑭、以至刘知远，一脉相传的都是沙陀人在做中国的皇帝，直到郭威以汉人而篡汉称帝，方才扭转了这种情势。论知能才识，郭威自然远胜刘知远，所以后周皇朝的国运也远较后汉为昌隆。不过，假如不是刘知远早死，郭威未必能取得帝位，沙陀人的政权亦未必会很快的转移到汉人手中。这虽然是题外话，却与历史的演变大有关系。其中关键，又与刘知远之长子承训不幸早死有关。在这种种牵连的关系中，刘知远的李氏妻子始终居有极重要的影响地位。这样的一个人物，岂是《白兔记》中的李三娘所能表达于万一的？笔者之所以要在《白兔记》之外，详细介绍两朝太后李三娘的真正事迹，原因在此。

三　刘知远出身军卒

石敬瑭与刘知远的关系，在有关石敬瑭与刘知远的记事中都有记述。《新五代史·汉本纪第一》：

高祖睿文圣武昭肃孝皇帝，姓刘氏，初名知远，其先沙陀部人也，其后世居于太原。知远弱不好弄，严重寡言，面紫色，目多白睛，凛如也。与晋高祖俱事明宗为偏将。明宗及梁人战德胜，晋高祖马甲断，梁兵几及。知远以所乘马授之，复取高祖马殿而还，高祖德之。……

《旧五代史·汉高祖本纪》中关于这方面的记述，与新史略同，只是在后面的一段与新史稍异，云：

晋高祖感而壮之。明宗践阼，晋高祖为北京留守，以帝前有护援之力，奏移麾下，署为牙门都校。

"都校"是地位高于一般列校的军官，石敬瑭因刘知远有救援之力而思有以报之，在自己做到北京留守时将刘知远从明宗属下奏调前来，更升之为都校，可见他在此前只是明宗部下的一名普通军校而已。德胜之战，据《旧五代史·明宗本纪》所载，其发生时间在天祐十八年。"天祐"，本是唐昭宗的年号；自朱温篡唐，昭宗被弑，天祐年号早已不存。只因河东李氏不肯臣事后梁，仍用唐朝年号，所以在唐亡之后仍有唐朝之纪年，而天祐十八年即是梁末帝之龙德元年（921）。再过两年，后梁为后唐所灭，其纪年称同光元年（923），也不用天祐年号了。

刘知远在梁末帝龙德元年时已为李嗣源麾下之军校，可知其从军时间必定较此时为早。依据这一事实来推测他与李三娘的成婚时间，必不致与事实相去太远。

照《旧五代史·汉高祖本纪》所说，刘知远出生于唐昭宗之乾宁二年乙卯，即公元895年。至梁末帝龙德元年时，刘知远二十七岁，位至军校，当然有能力可以结婚了；不过，刘知远的婚姻，却并不是循正常方式进行的，而且其时间也远早于此。《新五代史·汉皇后李氏传》云：

> 高祖皇后李氏，晋阳人也，其父为农。高祖少为军卒，牧马晋阳，夜入其家劫取之。

娶妻而必须出之于劫取的方式，主要的原因当然是由于经济困难。这与他后来军校的身份显然不合，而且《新五代史》也明白说到他在抢婚时的身份只是一名"军卒"，可见他此时的年龄很可能只有二十五岁还不到。刘知远共有三子，长子承训生于梁末帝之龙德二年（922），次子承祐生于唐明宗之长兴二年（931），长次二子相差九岁。以此一事实加以推测，刘知远很可能有一段颇长的时间并不与李三娘生活在一起，而其长子承训是否李三娘所生，因史无明文，亦难以了解。是不是刘知远在显达之后，果真如《白兔记》所说，在任上另娶一妻，置李三娘之生活于不顾，以致李三娘在家备受苦楚，已经不能知道。不过，即使《磨房产子》的故事真有其事，其原因是否出于兄嫂之凌虐，仍大有可疑。因为李三娘之嫁与刘知远为妻，本系出于刘知远之劫夺，似不可能在成婚之后仍送回母家居住，致启恶兄悍嫂之嫉恨。所以，《磨房产子》倘使真有其事，其真正的原因应该还是由于家贫。因为刘知远在升为军校之前不可能会有较多的收入，而一别数年的事实更足以看出这种情况也。至于李三娘是否确有恶兄悍嫂，如《白兔记》及《磨房产子》等戏中所描写的情形，则可以参看新旧五代史中的记述。

四　昆弟六七

关于李三娘的母家兄弟，《新五代史》说有七人，《旧五代史》说有六人，二说颇有牴牾，但亦未始不可调和。先看《新五代史》卷三十，《李业传》中的记载：

李业，高祖皇后之弟也。后昆弟七人，业最幼，故尤怜之。高祖时以为武德使。隐帝即位，业以皇太后故，益用事，无顾惮。

至于《旧五代史》的《李业传》，则于兄弟之数作如此之说：

业昆仲凡六人，业处其季，故太后尤怜之。高祖置之麾下，及即位，累迁武德使，出入禁中。业恃太后之亲，稍至骄纵。隐帝嗣位，尤深倚爱。……

如以"后昆弟七人"之句解释，李太后的兄弟人数应该是总计七人。但如以"业昆仲凡六人"一句看，亦未尝不可以解释为李业共有兄弟六人，加上李业，其总数亦为七人。这个问题，暂时可以不必管它，如以"后昆弟七人"一句为准，"昆"指兄长，则太后之有兄，似无疑问，所成为问题的，是不知其兄长之名。李太后的兄弟虽多，在史籍上可以考见姓名的只有四人，除最幼之弟李业之外，其余三人分别为李洪信、李洪义、李洪建，但洪建、洪义二人之行序不详。李洪建的传记见于《旧五代史·李业

传》之前,寥寥百余字而已,录之如下:

李洪建,太后母弟也。事高祖为牙将。高祖即位,累历军校,遥领防御使。史弘肇等被诛,以李洪建为权侍卫马步军都虞候。及邺兵南渡,命洪建诛王殷之族。洪建不即行之,但遣人监守其家,仍令给馔,竟免屠戮。周太祖入京城,洪建被执。王殷感洪建之恩,累祈周太祖乞免其死,不从,遂杀之。洪建弟业。

李洪建之外,洪信、洪义之传,见于《宋史》列传十一,略云:

李洪信,并州晋阳人,汉昭圣太后弟也。后弟六人,洪信居长,少善骑射。后唐明宗在藩时,隶帐下。及即位,爱将朱弘实总领捧圣军,弘实擢洪信为爪牙,渐迁小校……

李洪信在汉、周二朝已累官至节度使,加平章事,入宋朝,改为左骁卫将军,开宝五年(972)致仕家居,开宝八年卒,年七十四岁。《宋史本传》说他"无他才术,徒以外戚致位将相。敛财累巨万,而吝啬尤甚。"这本是五代时一般武人的共同本色,不足为怪,所奇怪的是他居然能在风云变幻的朝代更迭中保持不败,而且以老寿安死于家。至于他的弟弟洪义,据同书同卷所记,本名李洪威,避郭威之讳改名洪义。后汉隐帝时官至镇宁军节度使。后汉隐帝与近臣李业、聂文进等谋杀朝中握兵权之重臣史弘肇、杨邠,以密诏指示洪义,令杀害与洪义同驻邺都的枢密使郭威。洪义畏惧不敢,反将密诏内容泄露,郭威以此起兵叛汉,汉室亦以此而亡。李洪义在后周皇朝时官至节度使检校太师,入宋后再加至中书令,都由于这一功绩而来。宋太祖乾德五年(967)卒,享年五十九岁。以李洪信的年龄推算李太后的生年，约略可以得出一个大概的数目。

五　婚姻情况的推测

照《宋史·李洪信传》所说，洪信卒于宋太祖开宝八年，享年七十四岁。开宝八年即公元975年，以此推算洪信之生年，应该是唐昭宗之天复二年，亦即公元902年。刘知远生于唐昭宗乾宁二年，即公元895年，较洪信年长七岁。李洪信既是昭圣太后之长弟，姊弟二人的年龄应该不会相差太多，比较合理的推测是相差二岁至三岁，甚至也很可能只差一岁。如以相差二岁估算，则刘知远与妻子的年龄，大约只差五岁。古代的女子及笄而嫁，二十未嫁，已为失时。而所谓"及笄"，通常只有十五岁。以此而言，古代女子的一般结婚年龄大概是十五岁到十八岁，很少超过二十岁。李三娘刚刚到了结婚年龄，还来不及遣嫁，就被刘知远以抢婚的方式劫去成婚，当时她的年龄当然决不会超过二十岁。在梁末帝龙德元年（921）唐梁德胜之战时，刘知远已为李嗣源部下之小校，时年二十七岁。以他当时的小校身份，已远较当初之军卒身份为高，抢人之女为妻，当然也不会发生在此时；推算李三娘此时的年龄，亦已二十二岁。以这种种条件综合起来看，刘知远抢婚的可能发生时间，应该在他自己只有二十出头，而李三娘也不过只有十六、十七岁的时候。说得更具体一点，在朝代纪元上应该是梁末帝之贞明元年（915）或二年（916），亦即河东李氏称为唐昭宗天祐纪年之十二年或十三年。在那个战争不息的动乱时代里，李存勖已经在据有山西之外，攻占了河北境内的燕、赵、魏诸镇之地,建尚书令行台,骎骎然有灭梁之势了。李嗣源此时,正为李存勖部下之大将,转战各地,屡建大功;刘知远在这风云际会之时参与后唐的开国战争,自不难因战功而得获擢升。这大概就是他在抢婚之后仍需要从军远戍,不但妻子不能得到妥善照顾,即是怀孕待产,亦必须仍旧在磨房辛苦做工的原因所在了。这其间有没有兄嫂凌虐的情形,无从知道。但因李三娘之诸弟后来都由军人出身,不像是富厚人家的子弟,其家境显然不裕,其兄嫂似无加以凌虐的足够理由。至于刘知远的长子承训,也显然不是李三娘产于磨房之中的那一个儿子。因为当承训出生之时,刘知远的职务已升至军校,其收入已稍为充裕,不至于有磨房产子的苦况了。凡此种种,俱可由刘知远的生平事迹中推测而知,并非全无事实根据的想像之辞。谓予不信,不妨从史书的记载中加以覆按。

唐明宗即位于公元926年,石敬瑭就在这一年受任为北京留守,并以刘知远为牙门都校;这一年,刘知远三十二岁,其长子承训五岁。后唐建国,以洛阳为国都,而以太原为西京,真定为北京。石敬瑭为北京留守而刘知远为牙门都校,他们的驻节之处,自然就在河北之真定。真定距太原不远,搬眷并不困难。何况当时战事已告终止,刘知远也没有理由不把妻子儿女从太原搬取到真定去团聚。所以,对于他们夫妻之间此时何以并无儿女出生的疑问,实在也很难得出合理的答案。刘知远的次子承祐,出生于刘知远受任北京留守衙门都校之职后的第六年,据《五代史·汉隐帝本纪》所记,这个后来成为汉隐帝的刘知远次子承祐,即是皇后李氏所生。然则刘知远此时似乎并无其他妻妾。以此而言，他们夫妻间的感情此后就很正常了。不过，李三娘在做皇后以前的命运虽然一直都不错，一等到她被尊为皇太后之后，情势就显然转为不利。其原因由于刘知远长子承训早死，承祐年少愚黯，一旦做了皇帝，便因信任群小而致朝政紊乱，后汉皇朝的国运开始走上逆境，李三娘此后的遭遇正复陁逆颠连，虽贵为皇太后而实无可乐之处。这种情形，在《汉隐帝本纪》中记述甚明，试一覆按，便可知道这位皇太后当时的情况如何。

六　长子夭折

刘知远的三个儿子，结局都很不完满。长子承训不寿，只活到二十六岁就死了。次子承祐继立为帝，只过了三年，就因郭威称兵犯阙之故而在混乱中被弑，死时只有二十岁。三子承勋幼有羸疾，在承祐遇弑不久之后即死，后汉皇朝亦旋告覆灭。总计自刘知远称帝以至汉亡，前后只有四年。自古以来，朝代历年之短，无过于此。所以然之故，显然与承训之死有关。《旧五代史》卷一百五，《魏王承训传》记云：

承训，字德辉，高祖之长子也。少温厚，美姿仪，高祖尤钟爱。在晋，累官至检校司空。国初授左卫上将军。高祖将赴洛，命承训北京大内巡检。未几，诏赴阙，授开封尹，检校太尉，同平章事。以天福十二年十二月十一日死于府署，年二十六岁。高祖发哀于太平宫，哭之大恸，以至于不豫。是月，追封魏王，归葬于太原。

天福，是晋高祖石敬瑭的年号，实际只有八年，以后就是晋出帝石重贵的"开运"纪年，自一年至四年。后晋亡于开运四年（947）之正月，这年二月，出帝北狩，刘知远在太原称帝，废开运年号不用，仍用石敬瑭的天福年号，开运四年就又变成了天福十二年，所以天福十二年实际上是刘知远的年号。刘知远在天福十二年二月称帝，六月间由太原至开封接收后晋政权，国基甫立，长子承训便告死亡，这一突如其来的变故，对刘知远的打击实在太大了。事实非常明显，刘知远虽有三子，次子纨袴不学，三子羸疾难起，只有长子承训是堪以继承事业之人。如今帝业甫成而继承之人已死，一生辛苦，托付何人？思念及此，怎不令他悲从中来，伤心欲绝？《旧五代史·承训传》说，承训死而刘知远"哭之大恸"，卒致因此一病不起，正可看出承训之死对刘知远的打击之重。刘知远之死，在承训死后之第四十七天。父子相继正命，皇位归于次子承祐继承，后汉皇朝的命运，便出现了重大的危机。

七 承祐不肖

承训不知何人所出，承祐则是李三娘所生之子，一贤一不肖，而继承皇位者又恰恰是不肖之子，国运焉得不蹇，朝代焉得不亡？承祐之不肖，是由于他在即位之后，昵狎小人，日与其左右近习李业、郭允明、后赞、聂文进等嬉游无度；又欲收回将相权，而与李业等密谋诛戮顾命大臣史弘肇、杨邠、郭威等人，终于因此而引起政变，导致后汉皇朝之灭亡。关于这方面的情形，散见于《高祖皇后李氏传》、及皇太后之弟《李业传》中，摘录有关部分于后，以见其一斑。《新五代史·汉高祖皇后李氏传》：

高祖崩，隐帝册尊为皇太后。帝年少，数与小人郭允明、后赞、李业等游戏宫中，后数切责之。帝曰："国家之事，外有朝廷，非太后所宜言也。"太常卿张昭闻之，上疏谏帝，请亲近师傅，延问正人，以开聪明。帝益不省。其后帝卒与允明等谋议，遂至于亡。

又，同书《李业传》：

隐帝即位，业以皇太后故，益用事，无顾惮。时天下旱蝗，黄河决溢，京师大风拔木，坏城门，宫中数见怪物投瓦石撼门扉。隐帝召司天赵延义问禳除之法，延义对曰：臣职天象日时，禳除之事非所知。太后乃召尼诵佛书以禳之，而帝方与业及聂文进、后赞、郭允明等昵，多为廋语相诮戏，放纸鹞于宫中。太后数以灾异戒帝。不听。时宣徽使阙，业欲得之，太后亦遣人讽大臣。大臣杨邠、史弘肇等皆以为不可。业由此怨望，谋杀邠等。邠等已死，又遣供奉官孟业以诏书杀郭威于魏州，威举兵反。……

从这两段文字中可以知道，承祐之不肖，最初还不过是在即位之后狎近嬖幸小人，日日从事于无益的嬉游，又不好接近朝中的正人。其后便因宠信近幸之故，而开始与他们商议国事，打算杀尽专权用事的顾命大臣杨邠、史弘肇、郭威之后，集大权于皇帝之一身，以便赏罚予夺悉出己意，不致受制于掌权的朝中大臣。以国家大政谋及嬖幸，又不曾预先想到画虎不成以后的对策如何，便即贸贸然付之实施，自然会有引起政治风暴之可能。皇太后多历世变，知道决不可轻举妄动，并以此告诫皇帝。然而承祐对李业等人十分倚信，对皇太后的警告置之不理。《新五代史·汉高祖皇后李氏传》中，有关于此事的记载，说：

> 议已定，入白太后。太后曰："此大事也，当与宰相议之。"李业从旁对曰："先皇帝平生言，朝廷大事，勿问书生。"太后深以为不可。帝拂衣而去，曰："何必谋于闺门？"邠等死，周太祖起兵向京师，慕容彦超败于刘子陂，帝欲自出临兵。太后止之，曰："郭威本吾家人，非其危疑，何肯至此？今若按兵无动，以诏谕威，威必有说。则君臣之间，庶几尚全。"帝不从以出，遂及于难。

由这一段话更可知道，汉隐帝之死，及后汉之亡国，与隐帝承祐之冒昧鲁莽、操切从事，实有直接关系。假如承祐不是如此鲁莽灭裂，又能够接受李太后规劝的话，承祐不致被弑，后汉亦不致迅速亡国。由此一事，更可知道承训之生死，对于后汉的国运隆替，具有何等密切的关系。李太后对于承训之死亡固然无可奈何，但如她的第二个儿子能够像承训那样明理知义，恪尽职责，后汉的国势又何致至此？情势发展到此地步，后汉的存亡，已完全系于郭威的态度。事实究竟如何？且看有关史籍中的记载。

八　定策立嗣

隐帝承祐在战乱中遇弑之后，后汉皇朝对于郭威的抵抗已经瓦解。郭威振旅入京，朝中文武百官谒见如仪。此时的郭威如有自立之意，尽可示意朝臣推戴。然而他却没有这样做，所以然之故，注《通鉴》的胡三省有其独到之见，云：

> 《五代史阙文》："周祖入京师，百官谒之。周祖见冯道，犹设拜，意道便行推戴。道受拜如平时，徐曰：侍中此行不易！周

祖气沮,故禅代之谋稍缓。"按,周祖举兵,既克京城,所以不即为帝者,盖以汉之宗室崇在河东,信在许州,赟在徐州,若遽代汉,虑三镇举兵,以兴复为辞,则中外必有响应者,故阳称辅立宗子。信素庸愚,不足畏忌,赟乃崇子,故迎赟而立之,使两镇息谋。俟其离徐已远,去京稍近,然后并信除之,则三镇去其二矣,然后自立,则所与敌者,唯崇而已。此其谋也,岂冯道受拜所能沮乎?道之所以受拜如平时者,正欲示器宇凝重耳!

胡三省的这一段话,由当时的政治情势分析郭威的行为动机,虽然是事后的论断,却能正确地指出郭威此时的心理状态。证之后来的事实发展若合符节,更可相信他的说法大有道理。

刘崇,是刘知远的堂弟。刘知远由太原入汴京,做了现成的中国皇帝,太原方面的根据地,就交给了刘崇。此正是他的狡兔三窟之计,设想十分周到。此外则在许州的忠武节度使刘信,亦知远之堂弟,在徐州的武宁节度使刘赟,则是刘崇之子,刘知远之侄,与河东节度使刘崇互为犄角,有事足以彼此响应,所谓"三镇",即是指三人而言。刘知远在河东方面的势力极为深厚,立刘崇为帝,就可能弄假成真,所以只能选择刘信与刘赟。而刘信愚弱易制,如果除掉刘赟,刘崇就比较容易对付,刘信不足为患也。《资治通鉴》记当时之情形如此:

丁亥,郭威帅百官诣明德门起居太后,且奏称:"军国事殷,请早立嗣君。"太后诰称:"郭允明弑逆,神器不可无主。河东节度使崇、忠武节度使信,皆高祖之弟;武宁节度使赟、开封尹勋,高祖之子,其令百官议择所宜。"赟,崇之子也,高祖爱之,养视如子。郭威、王峻入见太后于万岁宫,请以勋为嗣。太后曰:"勋久羸疾,不能起。"威出谕诸将,诸将请见之。太后令左右以卧榻举之示诸将,诸将乃信。于是郭威与峻议立赟。己丑,郭威帅百官表请以赟承大统。太后诰所司择日,备法驾迎赟即皇位。郭威奏遣太师冯道及枢密直学士王度、秘书监赵上交诣徐州奉迎。……

郭威定议迎立刘赟为帝,这一着对在太原的刘崇有极大的安抚作用。《通鉴》中就如此说:

初,河东节度使兼中书令刘崇闻隐帝遇害,欲举兵南向,闻迎立湘阴公(按即刘赟),乃止,曰:"吾儿为帝,吾又何求?"太原少尹李骧阴说崇曰:"观郭公之心,终欲自取,公不如疾引兵逾太行,据孟津,俟徐州相公即位,然后还镇,则郭公不敢动矣;不然,且为所卖。"崇怒曰:"腐儒,欲离间吾父子!"命左右曳出斩之。

刘崇为郭威所愚,刘赟在行至河南归德府时,被郭威所派去的侍卫亲军所杀,胡三省"三镇去其二"的话果然应验,郭威就在无所顾忌的情况下取得了后汉皇朝的政权。由于他的这一番周折分明是出于假意的做作,所以欧阳修的《新五代史》直接以汉隐帝遇弑之日为汉亡之时,并不需要等到以后的百官拥戴郭威为帝之后。徐无党注《新五代史》论其事云:

自隐帝崩后四十二日,周太祖始即位,而断自帝崩,书汉亡者,见帝崩而汉亡矣,其太后临朝,湘阴公嗣立,皆周所假托,非诚实,所以破其奸。故书曰:汉亡,见周之立迟也。迟而难于自立,则犹有自愧之心焉。

徐无党以为郭威之篡汉自立为"有愧于心",事实诚然不错,这只要看他在取得帝位前后对待李太后的态度,便不难看出其中端倪。

九　两朝太后

《旧五代史》卷一百四,《汉高祖皇后李氏传》云:

> 周太祖入京,凡军国大事,皆请后发教令以行之。是岁,议立徐州节度使赟为帝,以迎奉未至,周太祖乃率群臣拜章,请后权临朝称制,后于是称诰焉。及周太祖为六军推戴,上章具述其事,且言愿事后为慈母。后下诰答曰:"侍中功烈崇高,德声昭著,翦定祸乱,安定乾坤,讴歌有归,历数攸属,所以军民拥戴,亿兆同欢。老身未终残年,属兹多难,唯以衰朽,托于始终。载省来笺,如母见待,感念深意,涕泗横流。"云。仍出戎衣、玉带以赐周太祖。周太祖即位,上尊号曰昭圣皇太后,居于太平宫。周显德元年春,薨。

郭威在乾祐三年(950)十二月奉命率大军北御契丹,行至澶州,六军呼噪,推郭威为天子。于是班师南还,徐州节度使刘赟被害,许州节度使刘信自杀,郭威安然无事的做了新朝的皇帝。但即使一切事情都如此顺利,郭威仍然十分明白,他之以后汉朝的顾命大臣而成为新朝的皇帝,其得位的方式与曹丕、司马炎并无二致,所谓取天下于孤儿寡妇之手,并不是光明磊落的大丈夫行径。所以他才会在不知不觉间流露出内心的歉疚。如即位后为后汉隐帝发丧,举哀七日,一切依故君之礼,又在上表皇太后之时表示愿以太后为慈母,其动机都在弥补咎戾,以求得内心之平安。以这一点来说,郭威的表现还算不错。不过,李太后虽然仍旧被这位新朝皇帝尊为慈母，她的内心一定还是充满了哀伤，并不能因为这种过分优崇的礼遇而得到慰藉。其原因十分明显，新朝皇帝的优礼不过只是一种形式，情感上的创伤来自夫死子丧、国破家亡的滔天巨变，这种空前祸难所造成的感情创伤，足以使任何人在伤心绝望之余，失去了对人生的乐趣，皇太后的名号虽尊，又何补于事？所以我们很可以这样猜想，在后汉隐帝被弑，后汉皇朝灭亡之后，逊居于太平宫中的"昭圣皇太后"李三娘，已经心如槁木死灰，了无人生之乐趣了。夫死子丧，国破家亡，又兼无儿无女，孑然一身，昔日的荣华富贵，都已如梦幻，这样的人生又有何意趣？由乾祐三年（950）十二月郭威篡汉，到显德元年（954）三月李太后病死，中间相隔三年有余，这位历经忧患而备极荣华富贵的两朝太后李三娘，终于在无声无息之中寂寞而死。如果她的出生比较其大弟洪信约早二年的话，则其生年约为公元900年，亦即唐昭宗之光化三年，下距周世宗之显德元年，凡五十四年。故而其可能的年寿，约为五十四岁。

历史上的两朝太后李三娘，事迹彰著，而且也颇有影响力量。但是，她之能够成为家喻户晓的人物，却是由于戏剧故事的流传。由此可知，"正史"所发生的传播力量，比之通俗性的戏剧故事之类，逊色多了。

六　花蕊夫人徐妃

一　传说混淆

中国历史上曾有一个美女,被称为花蕊夫人,其名称极为新鲜而别致。不过,传说中的花蕊夫人究竟是谁?传说却颇为混淆。一说是指五代时后蜀国主孟昶之妃费氏,一说是指前蜀高祖王建之妃徐氏。而即使是孟昶之妃,亦尚有姓费与姓徐之二说。在叙述之前,应该先加以研究考订一番,以免为不确实的传说所迷惑而致真伪不分,黑白不辨。

宋人吴曾所撰的《能改斋漫录》中,有一条说:

伪蜀主孟昶纳徐匡璋女,号花蕊夫人,意花不足拟其色,似花蕊翾轻也。又升号慧妃,言其性也。王师下蜀,太祖闻其名,命别护送,途中作词自解曰:"初离蜀道心将碎,离恨绵绵。春日如年,马上时时闻杜鹃。三千宫女皆花貌,妾最婵娟。此去朝天，只恐君王宠爱偏。"陈无己以夫人姓费，误也。

这一则记事以花蕊夫人为蜀主孟昶之妃，姓徐，又以为姓费之说是错误的。但另一种记述以花蕊夫人为蜀主孟昶之妃费氏，亦似凿凿有据。说见宋人陈履常所撰的《后山诗话》云：

> 费氏，蜀之青城人，以才色入后宫。蜀主嬖之，号花蕊夫人，效王建作宫词百首。国亡，入备后宫。太祖召使陈诗，诵其国亡诗云："君王城上竖降旗，妾在深宫那得知？十四万人齐解甲，更无一个是男儿。"太祖悦。盖蜀兵十四万而王师数万尔。

陶宗仪撰《辍耕录》，主《能改斋漫录》之说，以为孟昶时的花蕊夫人实为徐匡璋之女，并不姓费。这已经是一场牵扯不清的是非了；而宋人蔡绦所撰的《铁围山丛谈》，则又另提一说，以为被称为花蕊夫人的蜀国王妃有二，一为前蜀高祖王建之妾，一为孟昶之妃，其说如此：

> 花蕊夫人，蜀王建妾也，后号小徐妃者。大徐妃生王衍，而小徐妃其女弟。在王衍时，二徐坐游宴淫乱亡其国。庄宗平蜀后，二徐随王衍归中国，半途遭害焉。及孟氏再有蜀，传至其子昶，则又有一花蕊夫人，作宫词者是也。

此说虽以为花蕊夫人前后有二人，但却未指出孟昶之花蕊夫人是姓徐还是姓费。至明人毛晋作《三家宫词跋》，则竭力主张蜀主孟昶时的花蕊夫人姓费，而不以为前蜀王建之妃亦有花蕊夫人之号。到了清人吴任臣撰《十国春秋》，就接受了这种说法，直以为有花蕊夫人称号的是后蜀孟昶之妃，而不将此名归之于前蜀王建之妃徐氏。这些错综复杂的记载极为混乱，而且都各是其是，却又都举不出充分的证据来证实自己的说法。由此可知，在没有经过严格的审查考订之前，这些说法虽各以为是，却暂时无法采信。

二　宫词为证

花蕊夫人究竟是谁？最重要的一项证据，是传世的《花蕊夫人宫词》一书。此书在宋神宗时为秘阁校理王安国所发现，不久就被好事者刻印问世，历两宋而至明清，流行甚广，脍炙人口。此书既名为《花蕊夫人宫词》，可知为著名的花蕊夫人所作；从诗中的有关故事加以考订，就可以进一步发现，此撰作宫词的花蕊夫人究竟是谁？《花蕊夫人宫词》共计百首，第七十六首云：

法云寺里中元节，又是官家降诞辰。满殿香花争供养，内园先占得铺陈。

中国自六朝隋唐以来，称皇帝为"官家"。五代之世，十国亦僭号称帝，所以无论是王衍或孟昶，都可被他们的臣下称为"官家"。此诗指出，中元节是当时蜀国皇帝之圣诞令节，如果我们能确定王衍或孟昶的生日是在那一天，当可以进一步确定，撰此宫词的花蕊夫人，究是王衍之母，还是孟昶之妃了。关于这一个问题，史书中颇有记载可查。《旧五代史》卷一百三十六《孟昶传》云：

昶，知祥第三子也。母李氏，本庄宗侍御，以赐知祥。唐天祐十六年岁在己卯十一月十四日，生昶于太原。

又，《宋史》卷四百七十九，《孟昶传》的记述，与此相同，云：

昶母李氏，本庄宗嫔御，以赐知祥。天祐十六年己卯十一月，生昶于太原。

既然孟昶的生日是阴历十一月十四日，那么，诞辰在七月中元节的那一位"大蜀皇帝"，当然不是孟昶。至于王衍的生日是否便在七月中元？则可由下述史文中见之：

吴任臣《十国春秋》："乾德元年秋七月庚辰，应圣节。"

张唐英《蜀梼杌》："咸康元年七月丙午，衍应圣节。"

"乾德"与"咸康"，都是王衍为蜀后主时所用的年号，乾德元年即后梁末帝之贞明五年（919），咸康元年即后唐庄宗之同光三年（925）；所谓"应圣节"，则是因王衍"圣诞"而定的节日。考之史日长历，贞明五年七月丙寅朔，庚辰为十五日中元；同光三年七月壬辰朔，丙午亦为十五日中元。两书的记载并同，可以证明王衍的生日便是每年七月的中元节——十五日。这一条证据十分明显而有力，足以证明撰写《花蕊夫人宫词》的花蕊夫人，实在是前蜀王建之妃，而不可能是后蜀孟昶之妃。孟昶之妃费氏是否亦有花蕊夫人之号？此外没有更明显有力的证据可以证实；《花蕊夫人宫词》则证明了前蜀时的王建之妾，后来称为小徐妃的王衍之母，确实曾有花蕊夫人之称。这不但从王衍的生日资料上得到了直接的证据，由诗中所写特多宣华苑景色看来，亦充分足以证明此点。张唐英《蜀梼杌》：

乾德元年，以龙跃池为宣华池，即摩诃池也……三年五月，宣华苑成。延袤十里，有重光、太清、延昌、会真之殿，清和、迎仙之宫，降真、蓬莱、丹霞之亭，土木之功，穷极奢巧。衍数于其中为长夜之饮，嫔御杂坐，舄履交错。……

王建僭位称帝，前后历时十二年之久。他在名义上虽然自称为大蜀皇帝，即位之后，只是将所居住的节度使廨署改称为宫殿而已，并未另建新宫；所以居处简陋，并无帝王宫禁的奢华规制。等到王衍嗣位之后，在后苑龙跃池周围大事建设，又复穷奢极侈，务极华丽工巧，于是乎所谓大蜀皇帝者，方才有了配称其皇帝身份的宫殿园苑。当时，在宣华苑中有名的宫殿亭台，在《花蕊夫人宫词》中都曾出现。如第二首中的"会真广殿约宫墙，楼阁相扶倚太阳。"第五首中的"殿名新立号重光，岛上亭台尽更张。"第十三首中的"展得绿波宽似海，水心宫殿胜蓬莱。"第五十七首中的"丹霞亭浸池心冷，曲沼门含水脚清。"第三首中的"龙池九曲远相通，杨柳丝牵两岸风。"第四十六首中的"每日内庭闻教队，乐声飞出醒龙池。"其中的会真殿、重光殿、蓬莱亭、丹霞亭等，俱见于《蜀梼杌》所列举的宣华苑宫殿亭阁名称，而跃龙池与龙池更明显地是宣华苑所在之处。这些资料更证明了《花蕊夫人宫词》的写作时间便在宣华苑落成之后，所谓花蕊夫人，更非王建之妃莫属。只是，花蕊夫人之名，出于王建在位之时；到了王衍嗣立之后，花蕊已是母后的身份，如何仍可沿袭旧称？这就是很难解释的疑窦。推想其中原因，似乎在宫词流布于世之后，前蜀已亡于后唐，民间仍沿旧时的习惯，称之为花蕊夫人宫词，于是方有这种看似不合情理的疑窦存在。事实真相如何，亦仍有待推敲研究。

三　美艳多娇

王建宫中的小徐妃，在当时曾有花蕊夫人之号，前引蔡绦《铁围山丛谈》中已曾有记述；加以《花蕊夫人宫词》中的背景显示，可以知道其说确有所本。所谓"花蕊"，依《能改斋漫录》中的记述，是因为其人"似花蕊翾轻"之故。"翾"字在字典中的解释是"小飞"之貌。蔡邕在《篆势》一文中用到这字，曰："若行若飞，蚑蚑翾翾。"潘岳《笙赋》中亦有此字，曰："如鸟斯企，翾翾蚑蚑。"《文选》注引《字林》解释"翾"字，说是："初起也。"可见得这个字的意义是鸟将飞而振翼初起时的形状；"翾翾"，就是描写行走或跳舞的姿态极为轻捷美妙，唯花蕊之纤巧方足以曲尽其态的意思了。由这些地方看来，所谓花蕊夫人，应该是既美艳而娇弱的可爱女人。娇弱的部分，可以由"花蕊夫人"的名号中得到证明；美艳的部分，则由下面的记述中可以看得出来。宋张唐英《蜀梼杌》卷上：

徐氏，父名耕，成都人，生二女皆有国色，耕教为诗，有藻思。耕家甚贫，有相者谓之曰："公非久贫，当大富贵。"耕因使相其二女。相者曰："青城山有王气，每夜彻天者一纪矣，不十年后，有真人乘运。此二子皆妃后。君之贵，由二女致也。"及王建入城，闻有姿色，纳于后房，姊生彭王，妹生衍。建即位，姊为淑妃，妹为贵妃，耕为骠骑大将军。衍即位，册贵妃为顺圣太后，淑妃为翊圣太妃；兄延琼，弟延珪，皆致位太师、侍中。衍既荒于酒色，而徐氏姊妹亦各有幸臣，不能相规正，至于失国，皆其致也。

此云花蕊夫人之父名徐耕，所生二女并皆"国色"，足见这两位后来成为顺圣太后与翊圣太妃的徐氏姊妹，都是姿色极艳的美人。徐耕两女并皆"国色"，这已经很不简单的了；可怪的是，徐耕一家，似乎专出美女，因为除了两徐妃之外，徐耕的孙女亦是一个大美人。吴任臣《十国春秋》卷三十七，王衍之妃韦氏传云：

> 元妃韦氏，故徐耕女孙也，有殊色。后主适徐氏，见而悦之，太后因纳之宫中。后主不欲娶于母族，托言韦昭度孙。初为婕妤，累封至元妃。

徐氏一门多美女，依照遗传学的观点看，应是禀赋有异。由此当亦可以确认，花蕊夫人必是绝色。《十国春秋》说："贤妃与淑妃皆以色进，专房用事。"可证此说不虚。古语说："以色事人者，色衰则爱弛。"花蕊夫人在王建年老时犹能有专房之宠，可以证明她此时尚非已老之徐娘，然则她之成为王建宠姬的时间，必定不会太早，至少不会在王建入蜀之初。

王建的出身，只是一个屠牛偷驴的盗贼，诨号人称"贼王八"。其名虽然不雅，其人却"隆眉广颡"，富于机智勇略。唐朝末年，天下大乱，正是英雄得时之秋。王建崛起军旅，初为忠武军节度使麾下的一名小校，逐渐因战功而得为四川壁州的刺史。凭借了这一点小小的基业，他乘机招纳亡命，扩充兵力，终于逐去了西川节度使陈敬瑄而据有其地。由司马光《资治通鉴》考之，王建逐陈敬瑄而据有成都，是唐昭宗大顺二年（891）的事。那一年，王建四十五岁，下距他僭位称帝之后因老病而死，中间尚有二十七年。如果王建在得成都的那一年纳花蕊夫人，又假定花蕊夫人在那一年是十六岁的话，则在相隔二十七年之后，花蕊夫人年已四十有三，徐娘已老，不可能再有当年的花容月貌，专房之宠，似乎应当属之他人的了。根据这一推想，王建之纳花蕊夫人，在时间上可能要比他入成都之时为迟。大概他在初入成都之时，先纳花蕊夫人之姊大徐妃，而花蕊夫人的年龄可能与大徐妃相差五、六岁，在相隔五、六年后后再纳小徐妃，上述的矛盾现象便不致存在了。不过，不管是属于那一种情形，两徐妃之以色事人，以及她们之怙宠而多有轨外之行，无论于国于家，都不会是好事。这一点，对于后主王衍之终于不免因酒色荒淫而致失国，都有直接间接的影响，不能漠然视之。

四　有才而不贤

王建之立王衍为太子，可说是生平最大的错误；而造成王建犯此错误的最重要之人，便是王建的宠妃，王衍的生母，花蕊夫人小徐妃。《十国春秋》卷三十一，前蜀宰相张格传中，有关于此事的记载，说：

太子元膺之变起，时后主封郑王，年最幼，而顺圣太后为贤妃，有宠，阴令飞龙使唐文扆以金百镒贻格，讽格请立郑王为皇太子。格心动，以为是可以术取也。乃夜为表，示功臣王宗侃等，诈言受密旨。众皆署名，而后主遂得立。是时文扆居中用事，格附比于外，与司徒毛文锡等争权势，若水火。会高祖闻太子喧呼声，心恶格，而未有以发，以贤妃内为之主，竟不能去也。

又同书卷四十六，宦官唐文扆传云：

唐文扆，高祖时，以宦者为内飞龙使，与宰相张格比。后主之得为太子也，文扆实挟顺圣太后之宠，讽格赞成其事。由是顺圣太后内德之，而格亦附会为奸，逐毛文锡，左迁庾传素，又扆力居多。是时高祖年老昏耄，文扆典禁兵，参与机密，事无大小，皆取决于手。……

上文所说的"高祖"，即王建，顺圣太后即是花蕊夫人。花蕊夫人因为希望自己的儿子能够继位，从而运用不正当的手段使王建立之为太子，其目的虽然达到，所造成的后果却非常不好。因为王衍并非守成之令子，而王建与花蕊夫人又不曾善为教督，以纨袴少年而为一国之主，视统治国家纯粹只为满足他个人的权利欲望，于是国事大坏，而蜀国以亡。关于这方面的情形，可以看《新五代史·前蜀世家》中的大概记述，以略见其一斑。《新五代史》卷六十三：

建卒，衍立，因尊其母徐氏为皇太后，后妹（姊）淑妃为皇太妃。太后太妃以教令卖官，自刺史以下，每一官阙，必数人并争，而入钱多者得之。通都大邑，起邸店以夺民利。衍年少荒淫，委其政于宦者宋光嗣、光葆、景润澄、王承休、欧阳晃、田鲁俦等，而以韩昭、潘在迎、顾在珣、严旭等为狎客，起宣华苑，作怡神亭，与诸狎客妇人日夜酣饮其中。好戴大帽，每微服出游民间，民间以大帽识之，因令国中皆戴大帽。又好裹尖巾，其状如锥。而后宫皆戴金莲花冠，衣道士服，酒酣免冠，其髻鬟然。更施朱粉，号"醉妆"，国中之人皆效之。尝与太后太妃游青城山，宫人衣服皆画云霞飘然，望之若仙。衍自作《甘州曲》，述其仙状。上下山谷，衍常自歌，而使宫人皆和之。……

《新五代史》关于这方面的记述殊为简略，若以《蜀梼杌》及《十国春秋》中的有关记载相比较，可以知道王衍的酒色荒淫之事还有许多，限于篇幅，不能赘述。所值得注意的，是王衍所自作的一首宫词，其内容如此：

辉辉赫赫浮玉云，宣华池上月华新。月华如水浸宫殿，有酒不醉真痴人。

从这首宫词中，不难看出王衍继立以后的前蜀宫廷，君臣上下日夜从事于宴饮盘游的光景，也可以看出纨袴少年王衍奢侈放荡、颓靡逸乐的人生观。王衍在当时只有二十上下的年纪，居然便有了这种享乐颓废的思想，可以想见其来源必定与父母之教育有关。王建起家贫贱，僭号称帝之后也没有放荡邪僻的失德之行，然则王衍的荒淫放纵，必定与他的母教有关了。《新五代史·前蜀世家》说，两徐妃在成为太后太妃之后，互相以教令卖官鬻爵，入钱多者可得美官。妇人干政，为乱政之阶，花蕊夫人姊妹，在这些地方似乎难辞失德之咎。至于《蜀梼杌》说她们"各有幸臣"而不能相互规正，不知道这所指的"幸臣"只是用事的太监唐文扆之流，还是别有其人？因为事涉宫闱，而另外没有具体明白的证据可以参考，殊难明白其中的真相。不过，花蕊夫人姊妹在成为太后太妃之后，犹复引导后主王衍从事荒唐放纵的槃游逸乐之行，无论如何总是很使人失望的。所以，《花蕊夫人宫词》的文字虽美，所给予后人的观感殊为不佳。蜀人何光远撰《鉴诫录》，对此曾有极严厉的批评，说：

顷者，姊妹以巡游圣境为名，恣风月烟花之性，驾辎軿于绿野，拥金翠于青山，倍役生灵，颇销经费。凡经过之所，宴寝之宫，悉有篇章，刊于玉石，自秦汉以来，妃后省巡，未有富贵如兹之盛者也。议者以翰墨文章之能，非妇人女子之事，所以谢女无长城之志，空振才名，班姬有团扇之词，亦彰淫思。今徐氏逞乎妖志，饰自幸臣，假以风骚，庇其游侠，取女史一时之美，为游人旷代之嗤。及唐朝兴吊伐之师,遇蜀国有荒淫之主,三军不战,束手而降,良由子母盘游,君臣凌替之所致也。……

这一段话的批评虽然苛刻严厉,所举出来的"子母盘游"与"君臣凌替"两点,实在是造成王衍失国的主要原因。因此,我们对于王衍亡国之后,母子俱遭杀戮之事,也就感到咎由自取,无足惋惜了。需要在此附带一说的,乃是陈履常《后山诗话》中曾经提到的花蕊夫人所撰亡国诗,云:"君王城上竖降旗,妾在深宫那得知?十四万人齐解甲,更无一个是男儿。"以花蕊夫人的身份与地位而言,如何可能有如此之诗?这一疑窦,若由何光远所撰的《鉴诫录》考之,可知此诗实由唐人诗中抄袭而来,只是稍变其文句,又托名为花蕊夫人所作,以资欺惑世人而已。《鉴诫录》中的原来记述如下:

故兴圣太子随军王承旨有咏后主出降诗云:"蜀国昏主出降时,衔璧牵羊倒系旗。二十万军齐拱手,更无一个是男儿。"又,蜀僧远公有伤废国诗曰:"乐极悲来数有涯,歌声才歇便兴嗟。牵羊废主寻倾国,指鹿奸臣尽丧家。丹禁夜凉空锁月,后庭春老谩开花。两朝帝业都成梦,陵树苍苍噪暮鸦。"

后唐灭蜀,领军的主帅是皇子继岌,亦即是上文所称的"兴圣太子"。以王承旨所撰的诗与前引花蕊夫人亡国诗相比,感慨相同而文字略异,可知其彼此互有抄袭。但何光远曾仕后蜀孟昶为善州军事判官,而《后山诗话》的作者陈履常是南宋人,可以知道只有陈履常抄袭何光远,何光远绝不可能抄袭陈履常。辨清了这一点之后,所谓"花蕊夫人亡国诗"者,当然就与真正的花蕊夫人没有关系了。

七　被"狸猫换太子"故事骂苦了的刘皇后

宋朝历史上有一个"章献明肃刘皇后",她是宋真宗的第二个皇后,真宗崩驾后以皇太后身份临朝称制,在历史上颇著声名。不过,真正使她声名广被,在将近一千年之后还能够成为家喻户晓之人的原因,还是因为一部流传极广的通俗小说——《七侠五义》。

《七侠五义》以包公故事为经纬,穿插了许多侠义人物除暴安良,伸张正义的故事情节,使得此书在社会上流传极广,也极受欢迎。京剧取材于此书之剧目不少,而"狸猫换太子"的故事最富于号召力。从前京沪杭各地剧院上演包公剧,每以"全本狸猫换太子"的名义贴出海报,演出之日,座无虚席,可见其普受欢迎的程度。按,所谓狸猫换太子者,本是一个传奇色彩极浓的虚构故事。故事开始时,叙述真宗之妃李氏、刘氏二人同时有娠,刘妃觊觎皇后名分,意存陷害李妃之计。当李妃诞生太子之际,就由太监郭槐预先买嘱稳婆,以一只剥皮的狸猫换出太子,使宫女寇珠弃之御河中。幸遇忠心的太监陈琳搭救,偷出太子,送至八贤王宫中抚养,其后仍入宫中继承帝位,是为仁宗。至于不幸的李妃,则以诞生妖物之罪被打入冷宫,从此不见天日。其后宫中失火,李妃乘乱逃出,流落陈州,居于破窑之中,又因伤心过度而致双目失明。幸遇包公放粮陈州,李妃至包公处告状,遂由包公审明其冤屈,李妃与仁宗亦得重为母子。这一故事极富于曲折离奇的变化,而且善恶分明,极易为中下层民众所接受。所以不但戏剧本身容易叫座,便是在说书场中讲述,也能吸引极多的听众。由于小说的描写与戏剧之传播,"刘妃"成了一个心肠歹毒的凶恶妇人。这当然是很大的不幸,然而却也不是全无理由的附会捏饰,因为这其中显然藏有一项极大的宫廷秘密,李妃亦含有极大的冤屈,所以故事之出现并非全无缘故。按,钱静方所撰《小说丛考》卷上《狸猫换主剧本考》一条说:

元人百种曲中,有以包公断立太后事谱为院本者,今已失传,所传者仅梨园中之剧本耳。

由此可知,旧剧中的狸猫换太子故事,在元朝时已经有其轮廓,其来源实有所本。但如考之史籍,仁宗之生母李妃固无流落陈州之事,她与刘妃之间的地位又极为悬殊,又何来夺后之事?所以,狸猫换太子的故事究竟由何而来,实在也很费推敲。不过,由于狸猫换太子的故事流传,对于故事中的主角人物刘妃,似乎也很值得研究了解。

狸猫换太子故事中的刘妃与李妃,在《宋史·后妃传》中俱有传记,但其关系并非如《七侠五义》所写之平等地位,二人均为宋真宗的妃嫔。这只要看《宋史·后妃传》中的《李宸妃传》，便可知道。《李宸妃传》中的记载如此：

> 李宸妃，杭州人也。祖延嗣，仕钱氏为金华县主簿。父仁德，终左班殿直。初入宫，为章献太后侍儿，庄重寡言，真宗以为司寝。既有娠，从帝临砌台，玉钗坠，妃恶之。帝心卜钗完当为男子。左右取以进，钗果不毁，帝甚喜。已而生仁宗，封崇阳县君。……

"章献太后"即是"章献明肃刘皇后"的简称，亦即是狸猫换太子故事中的刘妃，仁宗即位后尊为皇太后；侍儿，则妃嫔宫中之给使宫女之类。李宸妃初为刘妃之侍儿，其后方被真宗选为"司寝"，其地位虽较一般宫女为高，但仍不能视之为妃嫔，只不过是具有名号的皇帝后宫人选之一而已。李宸妃在孕育仁宗时既然只不过是一个低级的"司寝"，《七侠五义》第一回，宋真宗对刘、李二妃所说："朕虽乏嗣，且喜二妃俱各有孕，不知将来谁先谁后？是男是女？"以及"二妃子如有生太子者，立为正宫"云云，显然没有成立的可能；既然李宸妃的地位此时根本不能与刘妃等量齐观，所谓狸猫换太子的故事，当然也就失去了出现的动机。宋仁宗生于公元 1010 年，亦即宋真宗之大中祥符三年。这一年，章献的名义还只是一名"修仪"，要到两年之后方才进位为德妃，又半年而被立为皇后。章献之能被立为皇后，当然是因为她有很多优点；至于她之所以不能很快地就由修仪进位为后妃，则又与她的家世有关。

古代的皇后作配天子，向来都注重其家世出身。例如宋仁宗的皇后曹氏，乃是宋朝的开国功臣曹彬之孙女，阀阅名第，累世公卿显宦。英宗的皇后高氏，乃高琼之曾孙女，高继勋之孙女，有功王室，两世官至节度使。神宗的皇后向氏，则是宰相向敏中的曾孙女。除此之外的历朝后妃，选择的标准也兼重家世出身，极少有寒微之女能被立为后妃的。在这种情形之下，章献刘后应是很少数的例外情形之一。她的家世出身不但极为寒微，而且她在入宫之前还曾经结过一次婚。以再醮妇人之身，而居然能成为作配天子的皇后，在宋朝历史上更是绝无仅有之事。

《宋史·后妃传》中的《章献明肃刘皇后传》，不曾提到她在入宫之前曾经结过一次婚。这显然是出于有意的隐饰，目的在不愿意彰显其丑。事实上则中国在汉朝以前并不讳饰妇人再婚，而且皇帝也不以再醮妇人为嫌。例如汉武帝之母王皇后，先嫁为金王孙之妻，其母臧儿听从卜者之言，以为此女后当大贵，乃从金家夺归，纳入景帝宫中，生男，即汉武帝。景帝即位，立王夫人为皇后，武帝时为皇太后。又汉武帝之皇后卫子夫，本平阳公主家之歌女，已有夫。武帝至平阳公主家，见而悦之，遂入后宫，生子据，武帝立之为皇后。先后两朝的皇后均出身微贱，而且都是再婚之妇，但汉景帝与汉武帝都不以为嫌，可知在汉代时对此并无顾忌，到了后世时方才注重这些问题。章献刘后生在这样的时代而没有显赫的家世，又且是再嫁之身，她到后来居然也能做到皇后与皇太后，则与她的才识与能力大有关系。若非如此，她就不可能以一个微贱出身的再醮妇人，得邀皇帝之特别赏识，并且力排众议，成为正位中宫的皇后了。

章献刘皇后的出身如何？《宋史·后妃传》虽然对此颇有讳饰，在宋朝人所撰的杂史中似乎还能看出其真相。宋人杨仲良编写过一部《通鉴长编纪事本末》,所根据的多是当时流传于世的官私载籍,其可信程度甚高。此书卷二十七,《章献垂帘》一章,有关于章献刘后的出身记载,说:

景德元年正月乙未,以后宫刘氏为美人,杨氏为才人。刘氏,华阳人;杨氏,郫人也。上初为襄王,一日,谓左右曰:"蜀妇人多才艺,吾欲求之。"刘氏始嫁蜀人龚美,美携以入京。既而家贫,欲更嫁之。张旻时给事王宫,言于王,得召入,遂有宠。王乳母秦国夫人性严整,不悦,固令王斥去。王不得已,出置旻家。旻避嫌不敢下直,乃以银五百两与旻,使别筑馆而居之。其后请于秦国夫人,得复召入,于是与杨氏俱幸。美因改姓刘,为美人兄云。

以这一段记载与《宋史·后妃传》中的《章献明肃刘皇后传》相比,可知《宋史·刘后传》中所说的,只是关于刘后的家世部分,而对于她的出身及早年事迹,则含糊不详。史传的本来文字如次:

章献明肃刘皇后,其先家太原,后徙益州,为华阳人。祖延庆,在晋汉间为右骁卫大将军。父通,虎捷都指挥使、嘉州刺史,从征太原,道卒。后,通第二女也。初,母庞梦月入怀,已而有娠,遂生后。后在襁褓而孤,鞠于外氏,善播鼗。蜀人龚美者,以锻银为业,携之入京师。后年十五入襄邸。王乳母秦国夫人性严整,因为太宗言之,令斥去。王不得已,置之王宫指使张耆家。太宗崩,真宗即位,入为美人。以其无宗族,乃更以美为兄弟,改姓刘。……

照中国历史上一般所见的情形,一个普通人在贵显了以后,就需要找一些比较有名的人物攀附为上代的祖先，以资光耀家世。所以章献刘后的祖父和父亲究竟是不是晋汉间的武官，曾经官至骁卫大将军与虎捷都指挥使之类的官职，都无从稽考，亦无关重要，所值得注意的只是当事人本身当时所处的地位情况。章献幼而丧父，从小养育于外家，到后来至于需要以前夫为母家的兄弟，足证其家族凋零，而其母亦已在夫死之后另嫁。由于童年生活极为贫苦而又无父母照顾，所以她大概在十三、四岁时便已结婚，嫁的就是这个后来改称为兄又改姓为刘的前任丈夫龚美。龚美家贫，闻说襄府有意购买四川籍的少女，竟把刘氏妻子鬻入襄府为姬妾，亦由此而为章献带来后半生的天家富贵，这实在是很意想不到的发展。推想章献刘后与这位前任丈夫龚美间的感情一定很好，她后来不仅不怨恨他的中道离异，并且还很感谢他为自己所造就的一生富贵。为了感恩图报，她不但认之为母家之兄，并且多方为他制造爵禄与财富，所以龚美在后来也成了极有地位的高官显要。这在章献而言，固然无可厚非，然而听起来总是很觉得稀奇的。

章献十五岁入襄邸，不久即被乳母秦国夫人所逐，迫得只好寄居于王府指挥使张旻（或张耆）之家，而另一个同时取入的杨氏则并未遭遇同一命运，这其中的区别所在，大概便是由于章献系再醮之身，而杨氏则是小姑初嫁之故了。汉朝人所不重视的妇人名节，在此时大概已被人认为是择配的重要条件之一，如其不然，个性严整的秦国夫人有何理由向宋太宗禀告，必定要将章献逐出襄邸而后已？这时候的宋真宗大概一定很痛苦，他一方面极爱章献之婉丽柔顺，一方面又被秦国夫人奉父命所压迫，不得不将章献遣送出府，其难以割舍的情形，使秦国夫人也感到不忍。所以在经过了一段时间之后，还是在征得秦国夫人的同意之下，重新取入邸中。又过了若干年之后，太宗宾天，真宗即位，章献的命运也从此步入泰境。景德元年，被册立为有名号的后宫嫔御之一——美人。三年之后，皇后郭氏病死，美人刘氏升为修仪——修仪的品级是从一品，仅次于妃一等。等到由修仪进位为德妃之后，她已经很有希望被立为皇后了。其中原因，则由于她在入宫以后所表现出来的才能，使皇帝觉得她是一个有能力且可资信赖的贤内助之故。关于这一点，《通鉴长编》卷二十七，《章献垂帘》一章中就有明白的记载，说：

  大中祥符五年十二月丁亥，立德妃刘氏为皇后。后性警悟，晓书史，闻朝廷事能记本末。帝每巡幸必以从，衣不纤靡，与诸宫人无少异。凡处置宫闱间事，多援引故实，无不适当者。帝朝退，阅天下封奏多至中夜，后皆预闻之。周谨恭密，益为帝所倚信焉。

  专制制度下的皇帝，日理万机。一个人的精力总有其限度，因此他必须有几个可以参与机密的亲近人物共同商讨谋议，借以减轻他的精神负担。宦官、外戚、权臣之所以能够乘机窃柄揽权，都是由于皇帝对他们有借助必要之故。与太监、外戚、及大臣相比，后妃与皇帝有夫妻关系，当然更可信赖。武则天之所以能够代替唐高宗行使政权，即是由于此一原因。章献刘后在真宗朝所处的地位，与当年的武则天颇为相似。这因为宋真宗也像唐高宗一样，不是一个很英明刚断的皇帝，有时不免倚赖自己的床头人；而章献刘后也恰像当年的武则天，不但对实际政治极有兴趣，并且肯随时随地学习。以她们的聪敏资质，加上皇帝丈夫乐意让她们过问政事，久而久之，自能以耳濡目染之便利，熟习处理国家政事的学问，不但在平时可以为皇帝分忧代劳，一旦遇有大故，还可以帮助年轻的嗣皇帝维持政权的巩固。因此之故，宋真宗朝的章献刘后，到后来也与唐朝的武则天一样，具备了行使政权的能力。所不同的是，武则天野心极大，一心一意要以女人而自作皇帝；章献皇后的才力远为不逮，亦无此野心，所以宋朝的历史上才不致出现另一个武则天。至于另一项相似的因素，则是章献刘后也与当年的武则天一样，因为出身微贱之故，在册立时曾遭到颇大的阻力。

章献刘后被宋真宗册立为皇后，是大中祥符五年（1012）十二月间的事。这时，距离章献之初入襄邸已有二十九年，距离宋真宗之即位亦已有十五年，她的年龄是四十四岁。宋真宗以将近三十年的共同生活与十多年来的观察训练，当然知道章献具备统御六宫的能力，而且是自己的一个有力帮手，有资格立为皇后。可是，就因为她是再醮之妇而且出身寒微，竟连当制的翰林学士都认为她不配母仪天下，不肯奉旨撰拟册立之诏书。《通鉴长编纪事本末》记此云：

> 初议册皇后，上欲得杨亿草制，使丁谓谕旨。亿难之，因请三代。谓曰："大年，勉为此！不忧不富贵。"亿曰："如此富贵，亦非所愿也。"乃命它学士草制。

杨亿即杨大年，乃是当时的文章名手，为西昆体的领袖人物，所撰制诰，以辞藻富丽著称。宋真宗使宰相丁谓谕意，欲令杨亿草制，其目的无非希望这一篇册后诏书能够写得堂皇典丽，有光史册。然而杨亿却以为"如此富贵，亦非所愿"，纵使皇帝许他极大的报酬，亦仍然不愿奉旨。这当然表示他不屑为此有污笔墨的制词，也间接表示了他反对刘氏为后的态度。杨亿在当时只是一个翰林学士，位居文学侍从之职，对册立皇后这样的大事，起不了反对的作用。但由杨亿的态度，不难看出当时朝中士大夫的态度，颇不乏有与杨亿持同样意见之人。在这种情形之下，皇帝仍能坚持其主张，不顾舆论清议的反对，一定要册立德妃刘氏为皇后，确实也很不容易。真宗死了以后，章献刘后以皇太后的身份临朝称制，翼赞幼君，政事俱臻妥适，奸佞亦无由篡窃国柄。以这方面的具体表现看来，宋真宗此时一定要以刘氏为皇后的坚决主张，似乎还是很不错的。

宋真宗末年，得了一种怔忡恍惚之疾，常有昏瞀不省人事的情形。吏部尚书、参知政事丁谓觊觎首相地位，遂与皇帝身旁的亲信太监雷允恭潜相交结，随时进谗破坏首相寇准的作为，务欲排而去之。恰值入内都知周怀政阴谋废立，而寇准亦建议以皇太子监国，丁谓与雷允恭遂以此为罪名，指寇准与周怀政企图逼迫皇帝交出政权，传位太子而废皇后。这一来使皇帝与章献刘后都相信了丁谓、雷允恭所捏造的指控，于是寇准被逐而丁谓代相。这是宋真宗天禧四年（1020）七月间的事。此时，宋真宗的怔忡恍惚情形已经相当严重，往往不能省忆自己所曾做过的事。丁谓利用皇帝的病态上下其手，乘机将皇帝所吩咐的谕旨加重语气甚或改变原意，传旨令翰林学士草拟诏敕，于是寇准更在被斥逐之后一再贬降，至于将有性命之忧。幸好这种情形没有继续很久，真宗于两年后病死，仁宗继立，章献刘后遵奉真宗遗旨，以皇太后的身份权宜处分国事,政柄独操,丁谓就没有太多的机会再施展他过去的伎俩。四个月之后,雷允恭因为擅自做主改易真宗陵寝的"皇堂"位置之故,被诛,丁谓失掉了倚为内主的重要帮手,宰相中的王曾、冯拯等人又乘机将丁、雷勾结擅权的内幕奏闻太后,于是太后发怒,而丁谓亦被逐。《通鉴长编纪事本末》卷二十四,记此事之大概情形说:

初,丁谓与雷允恭协比专恣,内挟太后,同列无如之何。允恭既下狱,王曾欲因山陵事并去谓,而未得间。一日,语同列曰:"曾无子,将以弟之子为后,明日朝退,将留白此。"谓不疑曾有异志也。曾独对,具言谓包藏祸心,故令允恭擅易皇堂于绝地,太后始大惊。谓徐闻之,力辨于帘前未退。内侍忽卷帘曰:"相公谁与语?驾起久矣。"谓惶恐不知所为,以笏叩头而去。癸亥,辅臣入对承明殿,太后谕冯拯等曰:"丁谓身为宰相,乃与雷允恭交通。"因出谓尝托允恭令后苑匠所造金酒器等示之,又出允恭尝干谓求管勾皇城司及三司衙门状示之。因曰:"谓前附允恭奏事,皆言已与卿等议定,故皆可其奏,近方识其矫诬。且营奉先帝陵寝,所宜尽心,而擅有迁易,几误大事。"拯等奏曰:"自先帝登遐,政事皆谓与允恭同议,称得旨禁中,臣等莫辨虚实。赖圣神察其奸,此宗社之福也。"太后怒甚,欲诛谓。拯进曰:"谓固有罪,然帝新即位,亟诛大臣,骇天下耳目。且谓岂有逆谋哉?第失奏山陵事耳。"太后少解,乃责谓为太子少保,分司西京。

宋朝的制度,大臣得罪,照例只是左迁其官,以示贬斥之意,除非情罪重大而且严命屡颁,很少一降再降,远贬至边徼荒恶之地，终身不得生还的。但因丁谓从前借事中伤寇准，将他从右仆射兼中书侍郎平章事的宰相职位上降授太常卿知相州之后，犹复屡次加重其罪，至于远贬至位居末秩的雷州司户，屈辱达于极点。到了此时，他人亦以丁谓对待寇准的办法还治其身。于是，丁谓亦在降授太子少保分司西京之后，一贬再贬，至于远贬至距雷州更远的海南岛，去做琼州府的司户参军。同为微官末秩，丁谓所得到的待遇较寇准更惨，亦可谓之报应不爽矣。这虽然是丁谓之咎由自取，亦应归功于皇太后之当机立断，不务姑息。举此一端，便不难看出章献刘后虽是一介女流，其处事之有决断，殊不让于须眉男子。

章献刘后在真宗死后以皇太后的身份临朝称制，前后历时有十一年之久；直到宋仁宗明道二年（1033）十二月皇太后驾崩，仁宗自亲大政为止，在这十一年之中，宋朝的统治权实际操于章献皇太后的手中。当时她的年龄，是从五十四岁到六十五岁。章献皇太后以一个出身寒微的贫家女子，在执掌政柄之后，竟然能将国家大事处理得有条不紊，而且宫闱严肃，朝政清明，治绩卓然可观，其成就殊不平凡。所以能够达到此一地步的缘故，一方面固然得力于长时期以来的陶冶训练，一方面还得归功于她自己的聪明与勤恳。

关于章献刘后之聪明警悟，《通鉴长编纪事本末》已经有过这方面的称誉；另外则宋人笔记中更有一条具体的记载可资参考。王铚《默记》：

章献太后智聪过人，其垂帘时，一日泣语大臣曰："国家多难，向非宰执同心协力，何以至此？今山陵事毕，卿等可具子孙内外亲族姓名来，当例外一一尽数推恩。"宰执不悟，于是尽具三族亲戚姓名以上。明肃得之，各画成图，黏之寝壁，每有进拟，必先观图，非两府亲戚，方除之。

宋朝的官吏任用制度，文职官由宰相，武职官由枢密使拟具适当人选的除授名单，奏呈皇帝核准后任用之。宰相所在的中书堂称为东府，枢密使所在的枢密院称为西府。合之则称为"两府"。两府宰执大臣奏拟文武官员，难免没有徇私偏袒宗亲戚属及同乡好友之类关系人物的情形，却不料已被章献用欺骗手法先期取得了宰执大臣们的戚属名单，凡有进拟，单上有名之人一概不在核准之列，于是宰执无法市恩戚属，而仕途收澄清之效。这种手法虽然不很高明，却可证明章献是善于玩弄小聪明的机智妇人，非等闲所能欺骗。但是她本人虽然严防宰执大臣之徇私弄权，对于她自己的娘家亲戚，却又多方为之设法广开幸进之门，以便利他们的玩法营私，黩货求财。这在《通鉴长编纪事本末》卷三十四，《外戚骄横》一章中有甚多事实记载，随便摘录数条，即可见其一斑。

天禧四年六月，宰臣寇准请治皇后宗人横于蜀，夺民盐井。上以皇后故，欲舍其罪。准必请行法，重失皇后意。监察御史章频尝受诏鞫印州盐井事，刘美依倚后家，受托使人市其狱。频请捕系。上以后故不问，出频知宣州。

按，天禧是宋真宗的年号，其时真宗尚在位，章献只是皇后的身份，其假兄刘美即已依倚其势力，在四川原籍包揽词讼，皇帝则因章献之故，释而不问。其后真宗驾崩，章献以皇太后身份临朝听政，这种情形就更加表面化了。同书记云：

乾兴元年二月戊午，仁宗即位，皇太后垂帘听政。四月壬寅，以光禄寺丞马季良召试馆职。太后遣内侍赐食，促令早了，主试者分为作之。季良家本茶商，刘美女婿也。

天圣五年三月，王蒙正为荆南驻泊都监，挟太后姻横肆。知府李若谷绳以法，议事多异同。转运使王硕具奏，颇右蒙正。戊申，徙若谷知潭州。蒙正女，刘从德妻也。（按，刘从德乃刘美之子）

天圣八年四月甲午，徙京西转运使工部郎中王彬为河北转运使。部吏马崇正，太后姻家，猖横不法。彬发其赃罪，下吏，忤太后意，复徙京东。

天圣八年九月，刘美家婢出入禁中，大招权利，枢密直学士刑部侍郎赵稹厚结之。己巳，擢稹为枢密副使。

天圣九年十一月。初，蔡州团练使知相州刘从德卒，年四十二，赠保宁节度使，封荣国公，谥康怀。太后悲怜之尤甚，录内外姻戚门人及僮仆几八十人。从德姊婿龙图阁直学士马季良、母越国夫人钱氏兄惟演、子集贤校理暧、及妻父王蒙正，皆以遗奏各迁两官。

由上面这些记载可以知道，当章献太后临朝称制的十一年当中，她所给予刘美一家及其姻亲马季良、王蒙正、钱惟演等人的特别利益，实在太多。在这些人之中，得利最多的当然是刘美；他在生前已经官至侍中，天圣二年（1025）病死，更追赠为中书令，妻钱氏亦封越国太夫人。章献太后对宰执大臣则多方防杜其擅权徇私，对刘美一家则不惜滥施封赏，大开恩泽之门，显然不能示人以大公至正的无私态度。最可笑的是，刘美其实乃是章献的前夫，除了这一层婚姻关系之外，与刘家不沾亲故；而章献太后竟然不恤人言，以国家名器作为她酬恩私人的工具，未免浅薄无识。这当然是因为章献太后自小不曾读圣贤之书，不懂得纲常名教的大道理，虽能以小聪明玩弄权术来达到其驾驭笼络之目的，其实则不学有术，充其量只能是一个善于随机应变的女人，干济有余，英明不足。像她这样的才具，如果能有适当的教育，懂得经国济世、泽被苍生的大道理，一定可以有更伟大的成就。然而不能者，当然还是为才具及器识所限，难以达到更高一层境界的缘故。

说到章献太后由于其才具及器识所限，不能达到更高一层境界的具体事实，无过于她与宋仁宗之间的母子关系一事，最使宋仁宗抱终天之恨，即是我们现在看来，也要为仁宗的生母代鸣不平。人性中的亲子之爱，最纯洁也最高贵；章献太后只为了她个人利益的缘故，竟不惜破坏李宸妃与宋仁宗的母子关系，坐视李宸妃含悲忍痛，终其生不能一伸亲子之爱，而毫没有一点同情悯恻之心，这一份冷酷挚狠的心肠，就足够资格被描写成狸猫换太子故事中的主角刘妃了。关于这一件事情的始末经过，狸猫换太子的故事当然没有参考的价值。但因《宋史·后妃传》中对此的记述过分简略，亦不足以使人充分了解其中的真相。在这里加以研究探讨一番，一方面可以廓清狸猫换太子故事的荒唐外貌，另一方面亦可以进一步了解章献太后的内在性格，对于历史研究或者不无裨益。

据《宋史·后妃传》所记，李宸妃卒于宋仁宗之明道元年（1032），得年四十六岁。依此推算，李宸妃在诞生仁宗时应为二十四岁,那一年,章献刘后的年龄则是四十二岁。宋仁宗生于大中祥符三年(1010),假如宋真宗果曾在二妃怀娠之时许下诺言,何人诞生太子,即立何人为皇后,则应是大中祥符二年中的事,其时李宸妃二十三岁,章献则四十一岁。李宸妃的年龄比章献小十八岁,应该占有很大的便宜。因为四十一岁的中年妇人必定难与二十三岁的少妇争宠,这是十分明显的道理,更何况章献自十五岁入襄邸,至今已历二十六年,始终未曾得孕,此时又如何能以四十一岁的将衰之年忽然有娠?这又是一个十分明显的矛盾。由此可知,狸猫换太子故事中的这一个故事缘起,便编造得十分不合情理。至于李宸妃得孕的经过,则王明清的《挥麈后录》中曾有记载,云:

> 章懿李后初在侧微,事章献明肃。章圣偶过阁内,欲盥手,后捧洗而前。上悦其肤色玉耀,与之言。后奏:"昨夕忽梦一羽衣之士跣足从空下云,来为汝子。"时上未有嗣,闻之大喜,曰:"当为汝成之。"是夕召幸,有娠,明年诞昭陵。……

李宸妃在后来被仁宗追尊为章懿皇太后,此所云"章懿李后",即指李宸妃而言;"章圣"则是宋真宗,"昭陵"指仁宗。李宸妃在大中祥符二年得幸而有娠,其时她还只是章献宫中的一名给事宫女,因侍应皇帝洗涤用水而被皇帝看中她的肤色玉润可爱,恰好她又有天降贵子的梦兆,于是乃因缘时会,一索而得男。由此亦不难知道,李宸妃虽曾诞育仁宗,她本人却生得不漂亮,而章献刘后却是以美貌得皇帝之宠的。由于李宸妃并不漂亮,又且地位卑微,即使为皇帝生下了宝贝儿子,其命运并没有显著的改善。其中原因,应当与章献之阴谋篡夺有关。由于她自己没有儿子，章献在一开始就对李蓄意压制，既不给予应得的名号，更将李宸妃所生之子据为己有，于是李宸妃更没有理由可以被晋封为较上一等的嫔御，除了坐视自己的儿子被章献所夺之外，毫无反抗之余地。在这一事件之中，最可怪的是真宗的态度。他为什么不能在此时为李宸妃争取其应得的权利？又默许章献强占李宸妃所生之子？推想其中原因，或者与章献之力能左右皇帝之意向有关。这是因为章献素来是皇帝所最宠爱的妃嫔，其本人又善于以狐媚取悦之道博取皇帝的欢心。久而久之，积爱成畏，章献对皇帝就有了控制驾驭的能力，使得皇帝对她的意见不愿或者不敢有所违逆。章献终生不育，所最需要的就是希望有个儿子，以便将来能以皇太后的身份得皇帝儿子的孝养，终生富贵不尽。现在她看到自己的宫女在被皇帝召幸之后居然有子，显然就对自己的地位构成了威胁。为了巩固自己的地位及报复李宸妃与皇帝之间的轨外行动，她以夺子的方式为惩罚的手段，这使得李宸妃不敢反抗，而皇帝亦不敢有异言。于是，这一幕夺子的阴谋，就在当时的宋朝宫廷中演出了。在章献刘后的一手安排之下，李宸妃所生的仁宗交给了杨淑妃去保护看视，李宸妃在一开始就与初生的婴儿隔绝，后来亦一直不能有接近儿子的机会。至于这个儿子的生身之母究竟是谁，则章献刘后的态度十分明显，她是要将这个李宸妃所生的儿子据为己有，从此不准宫中之人说出此一秘密。从此直到真宗驾崩，仁宗继立，仁宗赵祯始终以为章献就是他的生身之母，承顺孝养，无违颜色。《宋史·后妃传》中的《李宸妃传》记此，云：

仁宗即位，妃嘿处先朝嫔御中，未尝自异。人畏太后，亦无敢言。终太后世，仁宗不自知为妃所出也。

由这段话中可以知道，章献当时在宫中所建立的权威，是绝对崇高的。李宸妃处于积威之下，根本不敢萌生反抗之意图，旁人自然更不敢泄漏此一最高机密。于是，章献太后的地位稳固无比，而李宸妃则永远没有出头的机会。表面上看起来，章献太后的夺子阴谋是彻头彻尾的成功了，事实上则殊不尽然。因为公道自在人心，世上之人知道了章献太后的这一夺子阴谋，无不对她的行为感到深恶痛绝，认为是灭绝人性的不人道行为。他们对章献太后的这种作为固然没有反对的力量，却可以口诛笔伐的形式施以道德上的惩罚。于是出现了狸猫换太子这样的故事。借着故事的结构，章献刘后被刻画成一个生性狠毒的歹恶女人，而李宸妃则是无辜的受害者。基于天道循环，善恶到头终有报的道理，李宸妃所受的冤抑，到后来由包龙图为之伸理得直，而刘太后则得到了惨酷的报应。这虽然只是一个纯出虚构的故事，但因其故事内容如此地为李宸妃设计美满理想的结局，可以相信它必定是出于有心人的结撰，其动机纯为李宸妃抱不平而起。这一可能性，虽然只是笔者个人的推想，但亦未必没有存在的理由。因为即使是在李宸妃身死之后，章献太后对她的压制手段似乎还没有完结的意思。这只要看《通鉴长编纪事本末》中的有关记述，便可知道。此书卷三十三，《追尊章懿太后》一章记云：

明道元年二月丁卯，以真宗顺容李氏为宸妃。是日，宸妃薨。妃始生子，皇太后即以为己子，使皇太妃保视之。帝即位逾十年，宸妃默处先朝嫔御中，未尝自异。人畏太后，亦无敢言。终太后世，帝不自知宸妃所出也。疾革，乃进位，遽薨，年四十六。三宫发哀，成服苑中，攒涂于嘉庆院，葬于洪福院之西北隅。始，宫中未治丧。宰相吕夷简朝奏事，因曰："闻有宫嫔亡者。"太后瞿然曰："宰相亦预宫中事耶？"引帝偕起。有顷独出，曰："卿何间我母子也？"夷简曰："太后它日不欲全刘氏乎？"太后意稍解。有司希太后旨，言岁月未利。夷简黜其说，请发哀成服，备宫仗葬之。时有诏欲凿宫城垣以出丧，夷简遽求对。太后揣知其意，遣内侍罗崇勋问何事？夷简言：凿垣非礼，丧宜自西华门出。太后复遣崇勋谓夷简曰："岂意卿亦如此也。"夷简曰："臣备位宰相，朝廷大事，理当廷争，太后不许，臣终不退。"崇勋三反，太后犹不许。夷简正色谓崇勋曰："宸妃诞育圣躬，而丧不成礼，异日必有受其罪者，莫谓夷简今日不言也。"崇勋惧，驰告太后，乃许之。

这一段记事的后面几句话，非常有警惕性。所谓"宸妃诞育圣躬，而丧不成礼，异日必有受其罪者，莫谓夷简今日不言也。"这几句话分明是在点醒章献，不要以为章献太后所用的移花接木之计外面无人知道；一旦太后谢世而皇帝知其生母为谁，这一项"丧不成礼"之罪恐怕不是刘氏子孙所能承担得起！未来之祸如此可怕，这才使章献太后明白了其中潜伏的内在危机。于是不但宸妃的丧礼从厚，而且在盛殓之后还用水银养护其尸体，以便将来有朝一日东窗事发之时，章献太后可以脱身于事外。果然，在章献太后第二年崩驾之后不久，就有人将这一宫闱秘密泄露给了皇帝。皇帝号恸累日，追恨当年不能对自己的生身之母有所崇报，痛悔无及，而吕夷简当年所顾虑的事情也果真发作。因为有人向皇帝讦奏，说宸妃之死因不明而丧不成礼，其中或有隐情，应该启棺查验。于是乃有易棺检视之事。关于这一段事实，苏辙《龙川别志》及邵伯温《闻见录》都有记载，但彼此的说法不一致。今据《宋史·后妃传》转录于次：

后章献太后崩，燕王为仁宗言，陛下乃李宸妃所生，妃死以非命。仁宗号恸顿毁，不视朝累日，下哀痛之诏自责，尊宸妃为皇太后，谥庄懿。幸洪福寺祭告，易梓宫，亲哭视之。妃玉色如生，冠服如皇太后，以水银养之，故不坏。仁宗叹曰："人言其可信哉！"遇刘氏加厚。

所谓"燕王"，在狸猫换太子的故事中亦有其人，就是耿耿忠心，一心翼护陈琳所偷出来的皇子，后来又入宫成为真宗之子，终于保全皇裔一脉的"八贤王"者是。小说中塑造了这么一个忠心耿耿的贤王，是因为非得如此一位贤王无法安排陈琳所偷出来的皇子。事实上则皇子既未偷运出宫，燕王亦非贤王一流的人物。另据王铚《默记》所说，则为仁宗揭发此一秘密之人，乃是自幼为皇帝保母之杨淑妃，当时已被尊为皇太妃。以情理推测，杨淑妃与章献太后的交情极厚，平时既为其一力包瞒，此时亦涉嫌为通同作弊之人，如何肯冒此大不韪，敢为出卖死友之事？所以比较以燕王之说为能合事实。《宋史·后妃传》之作此叙述，必定亦曾经过一番研究考虑。不过，当时既有李宸妃死于非命之说，关于李宸妃的死因，便不无可疑之处。章献太后在棺殓宸妃之时，命人以水银养护其尸体，借以显示其死时容颜如生，其目的无非在澄清外间的流言，为自己作全身远害之计。究竟李宸妃是否死于非命，这一个宫闱秘密，恐怕已永远无法寻得答案。狸猫换太子的故事，大概便是在这重重叠叠的怀疑揣测之中编织出来，而章献太后严酷鸷忍的性格，恰好又符合故事人物的性格条件，于是就使宫闱中的夺子故事衍变成了怪诞离奇的面貌。追探其中事实，虽应说是"查无实据"，毕竟还是"事出有因"。

章献皇太后在中国历史上并不是十分重要的人物，她的生平事迹，若非狸猫换太子的故事蓄意歪曲其形象，恐怕也不会有人注意。由此亦不难使人得到若干启发性的教训：手握权势的帝王将相们虽然地位显赫而气焰熏天，假使他们或她们的作为只是在逞一时之快而不顾及千秋万世的舆论，那就有可能被编写故事的人歪曲其形象。如章献皇太后之变成狸猫换太子故事中的刘妃，即是其实际的例子。当章献太后一心一意要保持她与仁宗间的假母子关系时，她决不会想到，后来竟会被人写成狸猫换太子故事中的恶毒妇人的吧！

八　旷代女词人李清照

古时的中国社会，有所谓"女子无才便是德"的话，此所谓"才"，乃是指文字写作方面的才能。在这种道德规范的约束之下，仕宦人家的闺秀们，充其量只能诵读一些《女诫》、《闺范》、《列女传》之类的书，教导她们长大成人之后如何孝顺翁姑，敬事丈夫，克尽勤俭持家的职责，并不希望她们从书本中学得更多的东西。在这种封建落后的思想熏陶之下，小说书固然被视为导引淫邪的左道旁门之物，即是作诗填词，也一样被视为是浪费精力的无益之事。所以中国历史上的女诗人实在太少，女词人更罕得一见。为的是她们即使富有文学创作的才华，也都被时代意识所扼杀，无从得而表现。唯一例外地有异常成就的，应推北宋末年的女词人李清照。

宋朝是词的黄金时代。这种脱胎于诗而逐渐成为新体文学创作的长短句歌诗，创始于唐末而盛行于五代，到了宋朝以后，更得到了新的发扬光大，蔚为文学创作的巨流。文学史家论宋代的词，将它们区分为北宋与南宋两大时期，而北宋词的演变又可分为三个阶段。在这种递嬗演变的过程中，词坛上的名家先后迭出；但当以宋徽宗时的周邦彦的词，摹写物态，无不曲尽其妙，更难得的是遣字用韵皆合于词律的法度，同时无人能及，故而可称为词中之李、杜。李清照虽是闺秀词人，在这些地方当然不能与周邦彦一样地被尊为北宋时代最伟大的词家，却也不能不把这一时期中最为有名的女词人头衔，归之于李清照。在"女子无才便是德"的封建时代里，李清照能以她的绮丽笔触写下许多首传诵千古的好词，又能在文学史上得此盛誉，她的成就，实在太不寻常了。

照《宋史·文苑传》中的记述，李清照是山东济南人，宋哲宗元符二年（1099）十八岁时，嫁与当时在国子监读书的太学生、山东诸城人赵明诚为妻。以此推算，李清照应当出生在宋神宗的元丰五年，即公元1082年。但如照她自己写在《金石录后序》中的说法，她嫁与赵明诚的那一年是宋徽宗的建中靖国元年（1101），在元符二年之后两年；那么，她的生年似乎又应较此为晚，应是公元1084年。这两种说法究以何者为正确，目前已难断定。不过，一般研究李清照生平历史的史家，多以元符二年嫁赵明诚之说为准，自亦当暂从此说。依照此一说法，则当宋高宗建炎三年（1129）赵明诚病死之时，李清照应是四十七岁，绍兴四年（1134）李清照撰《金石录后序》时，应是五十二岁。在此以后，宋高宗绍兴十一年谢伋撰《四六谈麈》之自序时，还在序文中提到李清照，称之为"赵令人李"，那时的李清照应该是五十九岁。再以后就看不到李清照的有关记录，因此不能确定她死于何年，享寿几何？她生平所撰的词，共有六卷；不过到现在已经只剩下寥寥数十首的《漱玉词》一卷，其余皆已亡佚。作为北宋第一女词人的李清照，有关她生平历史与著作流传的情形缺略如此，当然不免使人感到失望。然而另外还有较此更为令人失望的事实存在，那就是当时人对她寡居时期所加的名节侮辱，居然到了造谣破坏的地步，简直使人不敢相信。由此而言，李清照的词，虽然在文学史上得到崇高的评价，她当时的遭遇，却是很值得同情的。

李清照的父亲名李格非，官至礼部员外郎，母亲则是状元王拱辰的孙女。因为父母均工于文章之故，李清照自幼便在耳濡目染之下，习惯于读书作文的生活。加以她的天资聪明而富于才藻，在结婚之后，居然在诗词的写作上胜过她的丈夫赵明诚甚多。于是，在文学史上便留下了许多有关他们夫妇间唱随吟咏的有趣故事，十分为后人所歆羡。

赵明诚的父亲名挺之，号正夫，在宋徽宗时曾经官至宰相，卒谥"清献"。赵李两家因同乡而兼有戚谊，最后终于结为姻亲。赵明诚与李清照，以少年夫妻同有才学，自然感情很好。只是当赵明诚与李清照结婚时，赵明诚还只是国子监中的一名太学生，必须到京中去读书，自无法不使新婚燕尔的李清照平添无限离情别绪，为离别而愁，为相思而苦。《漱玉词》中有好几首专写相思情怀与离别意绪的词，据说便是此时所作。其中一首名《一剪梅》，清丽婉约，精秀卓绝，读来令人击节称赏。词云：

红藕香残玉簟秋，轻解罗裳，独上兰舟。云中谁寄锦书来？雁字回时，月满西楼。　花自飘零水自流，一种相思，两处闲愁。此情无计可消除,才下眉头,却上心头。

又一首《念奴娇》,据说也是此一时期的作品。词云:

萧条庭院,又斜风细雨,重门须闭。宠柳娇花寒食近,种种恼人天气。险韵诗成,扶头酒醒,别是闲滋味。征鸿过尽,万千心事难寄。楼上几日春寒,帘垂四面,玉阑干慵倚。被冷香消新梦觉,不许愁人不起。清露晨流,新桐初引,多少游春意。日高烟敛,更看今日晴未?

这些词写出了闺中思妇的寂寞慵懒之心,其情思之细密与意境之高妙,读之使人低徊不尽。其中更为人所传诵的,则是那一首著名的《醉花阴》,词云:

薄雾浓云愁永昼,瑞脑消金兽。佳节又重阳,玉枕纱橱,半夜凉初透。　东篱把酒黄昏后,有暗香盈袖。莫道不消魂,帘卷西风,人比黄花瘦。

这首词之所以有名,是因为有这么一个故事在内:据说李清照在赵明诚留京读书期间寄了许多抒写相思离情的词给丈夫,赵明诚一一细读之后,觉得李清照的词实在写得太好,自己在这方面远为不如,心中十分不舒服。为了也希望能够和她唱和一番而不致太输给她,因此就闭门谢客,把自己关在房间里苦心从事吟咏。在废寝忘食地搞了三日三夜,共写成了五十多首词,还把李清照所作的这首《醉花阴》也夹杂在里面,先送给同学好友陆德夫品评,看他所写的这些词能否与李清照的词一比高下?陆德夫玩诵再三,最后终于说:"我看来看去,觉得这里面只有三句最好,值得提出来大书特书。"赵明诚问他是那三句最好?陆德夫脱口吟道:"莫道不消魂,帘卷西风,人比黄花瘦!"原来说了半天还是李清照的词最好！赵明诚至此方才认输。而这首有名的词，也因为这一有趣故事而流传至今。足见女词人名下不虚，在当时已早有定评了。

《漱玉词》中所收的词，无一首不佳妙。除了上述三词之外，其《渔家傲》一首，亦极有名。词云：

天接云涛连晓雾，星河欲转千帆舞。仿佛梦魂归帝所，闻天语，殷勤问我归何处？　我报路长嗟日暮，学诗谩有惊人句。九万里风鹏正举，风休住，蓬舟吹取三山去。

此词的意境极为奇妙——视太虚如河海，缩宇宙为世界，词评家因此推许它直有"姑射仙人饮露吸风之致"。至于最有名的那一首《声声慢》，说起来就更为大家所熟悉的了。词云：

寻寻觅觅，冷冷清清，凄凄惨惨戚戚。乍暖还寒时候，最难将息。三杯两盏淡酒，怎敌他晚来风急？雁过也，正伤心，却是旧时相识。　满地黄花堆积。憔悴损，如今有谁堪摘？守着窗儿，独自怎生得黑？梧桐更兼细雨，到黄昏，点点滴滴。这次第，怎一个愁字了得？

李清照在这首词中所表示的惨痛凄苦之情，真有苏东坡写在《赤壁赋》中所谓"舞幽壑之潜蛟，泣孤舟之嫠妇"之感。但其意境虽极悲楚，其全词音调之美与用叠字之新奇，则又远非古今词家所能企及。据说这一首词乃是李清照丧夫之后寡居避难时期之所作，因为她当时的境遇十分艰困而心绪极为恶劣，触景生情，倍感酸楚，所以才能写出这一首荡气回肠而复绝千古的好词来。由这些实例中可以知道，李清照之所以能在宋词中得享崇高的赞誉，绝非偶然；称之为古今词家中最为杰出的女词人，亦绝非虚誉。

清人李渔尝论作词之难,说:

句之长短,字之多寡,声之上平去入,韵之清浊阴阳,皆有一定不移之格。长者短一线不能,少者增一字不得。又复忽长忽短,时少时多,令人把握不定。当平者平,用一仄字不得;当阴者阴,换一阳字不能。调得平仄成文,又虑阴阳反复;分得阴阳清楚,又与声韵乖张。

由于有这许多格律规制方面的限制,一首好词,不仅要调平仄而转音律,还得要文字优美,情感真挚,方能达到真善美的最高艺术境界。元明清以后的词,已经与歌唱的关系脱节,在这些方面所受的限制已经宽松得多了;而在宋代,一方面既是词的黄金时代,二方面又有其歌唱的实际用途,一首词如果不能唱或是唱起来不中听,便不免要流为笑柄了。李清照当然是极有研究的,在她以严格的格律尺度衡量之下,当代的有名词家,居然有很多人不中绳墨,说起来实在难以相信。然而照宋人胡仔收录在《苕溪渔隐丛话》中的文字记录,李清照在当时确实有过这种批评,原书中之文字如此:

五代干戈,四海瓜分豆剖,斯文道熄,独江南李氏君臣尚文雅,故有"小楼吹彻玉笙寒","吹皱一池春水"之词,语虽奇甚,所谓"亡国之音哀以思"也。逮至本朝,礼乐文章大备,又涵养百余年,始有柳屯田永者,爱旧声,作新声,出《乐章集》,大得声称于世。虽协音律,而辞语尘下。又有张子野、宋子京兄弟,沈唐、元绛、晁次膺辈继出,虽时时有妙语,而破碎何足名家!至晏元献相、欧阳永叔、苏子瞻学际天人,作为小歌词,直如酌蠡水于大海,然皆句读不葺之诗尔,又往往不协音律者,何邪?盖诗文分平仄,而歌词分五音,又分六律,又分清浊轻重。且如近世所谓声声慢、雨中花,喜迁莺,既押平声韵,又押入声韵;玉楼春本押平声韵,又押上去声,又押入声。本押仄声韵,如押上声,则协,如押入声,则不可歌矣。王介甫、曾子固文章似西汉,若作一小歌词,则人必绝倒,不可读也。乃知别是一家,知之者少。后晏叔原、贺方回、秦少游、黄鲁直出,始能知之。而晏苦无铺叙,贺苦少典重;秦即专主情致,而少故实,譬如贫家美女,虽极妍丽丰逸,而终乏富贵态。黄即尚故实而多疵病,譬如良玉有瑕,价自减半矣。

《苕溪渔隐丛话》中所著录的这一段评词之言,一方面历叙词之流变,一方面也历举北宋以来的有名词家而一一给予客观的批评,虽出语有伤忠厚,但毕竟有其独到之见。不过因为晏殊(同叔)、欧阳修(永叔)、苏轼(子瞻)、王安石(介甫)、曾巩(子固)、晏几道(叔原)、贺铸(方回)、黄庭坚(鲁直)、秦观(少游)等人都是与李清照相去极近的词坛前辈,他们的门生弟子遍布天下,李清照如此直言无忌的老实批评,便难免招来人们反感。加以她在宋高宗绍兴二年(1132)时,还曾因新科状元张九成的对策中有"桂子飘香"之句,作诗讥诮,以"桂子飘香张九成"与"露花倒影柳三变"相对偶,使张九成和他的朋友们感到十分难堪,于是乎乃有后来的架诬再嫁之说。虽然这些人的行为动机十分可鄙,在李清照自己,却也不免有轻薄招尤之咎,不能完全诿过于他人的。

李清照与她的丈夫赵明诚结婚之后两年,赵明诚就以太学卒业的资格出仕了。其后历官山东青州、莱州二府的知府，颇有余赀从事书籍字画及金石彝器的收藏及考证。居青州府署时，所积聚的书籍文物已多至三十余屋，可惜在靖康之乱中只能携带了一部分迁来南方，其余悉为金兵所焚毁。建炎南渡，赵明诚曾经做过一任建康府的知府，其地即是今日的南京，当时称为江宁，南渡后改名建康。据野史所载，李清照随夫官江宁时，"每值天大雪，即顶笠披簑，循城远览，得句必邀赓和，明诚每苦之。"平心而论，李清照是富有浪漫气质的文人性格，而赵明诚则只是勤于吏职的标准公务员而已，两人的趣味，只有在摩娑古物及校勘书籍方面能够得到一致性的和谐，若是寻章觅句及诗词酬唱，赵明诚不但无此兴趣，亦苦于诗肠枯涩，无法奉陪，实在感到十分为难。为此之故，到了宋高宗建炎三年（1129）赵明诚因暑疾病卒于建康以后，李清照追念他们夫妇间昔日的唱随之乐，只有当年在山东做官时期的那一段收购文物，校勘图籍的生活趣味最值得永远怀念。因此她将剩余仅存的文物及所拓存的文物图片辑为一书，名为《金石录》，以作为她永怀亡夫的纪念物。此书后来在金石学方面建立了极高的地位，赵明诚因此而得不朽，李清照、赵明诚伉俪的亲爱感情，也因李清照写在此书序文中的描叙而得到永远的流传。以他们夫妻的感情来观察，李清照应当不可能有再嫁之事。然而在当时却居然有人编造事实，写为文字，来刻意为之罗织架诬，实在是太卑劣的恶意毁谤。

李清照再嫁之说，最早见于《苕溪渔隐丛话》中的记述，其后又由赵彦卫所撰的《云麓漫钞》，李心传所编的《建炎以来系年要录》为之附会增益，就俨然确有其事地广泛流传起来了。照这些书的说法，赵明诚未死时，翰林学士张飞卿曾带了一个玉壶去看他，所语诡秘，被人怀疑为有通谋敌国之嫌。因此李清照被勒令改嫁，其后夫即是当时的右承奉郎张汝舟。其后李清照首告张汝舟妄增举数入官，有司审结此案，以张汝舟为有罪，有诏除名编管，李清照因此得以解除她与张汝舟的婚姻关系。为了证实此说，李心传甚至在李清照写给綦崇礼的信中加入了自叙此事始末的情节，以证实其事的真实性。其实则李清照写给綦崇礼的信是经过改造的，其内容并不可信。原信中曾有如下一段话：

素习义方，粗明诗礼，近因疾病，欲至膏肓。牛蚁不分，灰钉已具，岂期末事，乃得上闻，取自宸衷，付之廷尉。序欲投进家器，日抵雀捐金，利将安往？……

这封信中所谈的，完全是赵明诚被诬而感谢綦崇礼为之辩雪，与再嫁之说毫无干涉。然而在经过一番改窜变造之后，中间加入了自承改嫁的情节，就成了再嫁一事之佐证了。被改造之后的书信，在上下之间多了如下一些的文字：

牛蚁不分，灰钉已具。尝药虽存弱弟，应门唯有老兵。既尔苍黄，因成造次。信彼如簧之说，惑彼似锦之言。弟既可欺，持官文书来辄信；身既欲死，非玉镜架亦安知。僶俛难言，优柔莫决。呻吟未定，强以同归，猥以桑榆之末影，配兹驵侩之下才。……视听才分，实难共处，身既怀臭之可嫌，惟求脱去，彼素抱璧之将往，决欲杀之，遂肆欺凌，日加殴击。……外援难求，自陈何害。岂期末事，乃得上闻，取自宸衷，付之廷尉。……

清人俞正燮撰《李清照事辑》，论述李心传《建炎以来系年要录》中所收的这一信件，谓其"文章劣下"而中间"杂有佳语","定是窜改之本"。而所谓"殴击"、"欺凌"云云,"是又闺房鄙论,竟达阙廷,帝察隐私,诏之离异。夫南渡仓皇,海山奔窜,乃舟车戎马相接之时,为一驵侩之妇,从容再降玉音,宋之不君,未应若此!"再加上前面已曾引叙到的李清照五十以后事迹,俱足以证明俞正燮的论证极为正确而有力。由此可知,再嫁之说,确为恶意谤诬者之捏造中伤,在李清照实无其事。这是我们应该体认的事实。

清人朱彝尊撰《词综》三十四卷,书中曾引宋朝朱文公所说的话,说是:"本朝妇人能文章者,曾相布妻魏,及李易安二人而已。"李清照自号易安居士,所以李易安即是李清照。李清照在宋朝被推为数一数二的女文学家,所作的词又能在女词人中居为魁首,然而却不免因自恃才学而招来如许之毁谤,然则古语所云"女子无才便是德"也者,亦未尝不是无所见而云然的话了。

九　张太后自贻伊戚

专制时代的中国皇帝，后宫姬妾极多。除了皇后限于一人外，所谓妃、嫔、婕妤、才人、昭仪、美人、夫人等，林林总总，名目甚多。即使各朝的制度不尽相同，其要点不外乎皇帝可以拥有甚多女性的陪侍，虽然这些女性的职名不一，总是周代旧制"三夫人、九嫔、二十七世妇、八十一御妻"的精神遗留，虽然万变而不离其宗。由于皇帝的后宫太盛，其得宠与否，就得靠美貌或媚术来决定。皇后为六宫之长，身份最为高贵，当然不能用狐媚手段与妃嫔妾侍争宠；所以在皇帝面前最不能得宠的女人，可能就是地位最尊贵的皇后了。在这里面当然也有例外，如隋文帝的皇后独孤氏，就是在皇帝跟前唯一得宠的女人；隋文帝为了表示爱她，甚至向她保证，决不移情别恋。直到独孤皇后先皇帝而去世，隋文帝才另纳宣华夫人陈氏等美女；即使如此，隋文帝也总算很对得起未做皇帝以前的糟糠之妻，真正做到"贫贱之交不可忘，糟糠之妻不下堂"的古训，十分难得。至于比隋文帝更进一步，终其身只爱自己的皇后而不好其他女色的皇帝，看来应推明朝的孝宗弘治皇帝为第一。他的皇后，就是在武宗、世宗两朝被尊为"昭圣慈寿皇太后"的张皇后。身为皇帝而不好女色，终其身与皇后伉俪甚笃，这在现代的一般富贵人家犹且难以办到，何况古代的皇帝富有四海，任何东西都可以照自己的意旨予取予求，何致于在千千万万的美丽女性中只爱一个皇后？实在很使人不敢相信。不过这毕竟是千真万确的事实，史书的记载昭然明白，使人无从怀疑。只是，这位张皇后得之于皇帝的爱情虽称专一，她的后来遭遇却十分不幸，说起来诚然很使人感到遗憾。

张后在《明史·后妃列传》中有传，抄一段开头部分如下，借以了解她的家世出身：

> 孝宗孝康皇后张氏，兴济（今河北沧县境）人，父峦，以乡贡入太学。母金氏，梦月入怀而生后。成化二十三年选为太子妃，是年孝宗即位，册立为后。帝颇优礼外家，追封峦昌国公，封后弟鹤龄寿宁侯，延龄建昌伯。为后立家庙于兴济，工作壮丽，数年始毕，鹤龄延龄并注籍宫禁，纵家人为奸利。……

看《明史·外戚传》，女为皇后而外家得邀恩眷的情形并不一致，有的可以封爵，有的只能加升普通官职。张皇后的父亲追封公爵，两个弟弟一封侯而一封伯，足见孝宗皇帝对待他的岳家甚为宽厚。明孝宗是明朝历史上罕见的好皇帝之一，他对待岳家宽厚是由于对皇后的恩爱而来，他对待皇后的恩爱又是生平别无二色，从这些地方都可以看出这个皇帝诚笃仁厚之一斑。但是明朝的外戚有个极坏的风气，如果女儿是皇帝得宠的妃嫔，她的娘家人往往就极为恣肆大胆，婪赃贪黩，鱼肉乡里，无所不为，《明史·外戚传》中记有这样的事实极多。张皇后虽然贵为国母，理应不同于一般恃宠妄行的妃嫔之家，但因张家的本来出身并不很高尚之故，她的两个兄弟，也就沾染了当时的这种陋习，而且变本加厉，十分不堪。这在《明史·后妃列传》的《张皇后传》中就有记载，说：

鹤龄延龄并注籍宫禁，纵家人为奸利。中外诸臣多以为言，帝以后故，不问。

所谓"注籍宫禁"，就是持有出入宫门的特别通行证，可以随时出入宫中之意。张鹤龄、张延龄"注籍宫禁"的最大便利之处，就是遇有御史给事中弹劾他们恃势妄为，横行不法的时候，可以随时向皇后通报消息，要求皇后先在皇帝面前告枕头状，皇帝有了先入之见，言官的弹劾就一切无用了。至于其他的关说请托等项，也需要有这种随时出入宫禁的便利，才可以随时与皇后取得密切联系，适时发挥其功效。明朝野史中有一本名为《九朝谈纂》的书，其中就记有这一类的故事。其中一则说，御史吴一贯因事与张家的族人发生争辩，打折了那个族人的牙齿，因此被张侯所控告，有劳皇帝亲自临御午门，审理此一公案。正在诘问之时，忽然宫中传出皇后懿旨，吩咐锦衣卫官校立刻将吴一贯笞杀。锦衣卫官校将皇后懿旨呈送皇帝，皇帝当然知道没有这种道理，所以吴一贯幸免一死。当时若非皇帝在场，锦衣卫官校必定奉行皇后懿旨，吴一贯的性命就难保了。另一则故事说，当太监李广贪污婪赃的事件爆发之后，在宫中搜得李广的一本账簿，详细登载京中某些官员向李广献纳金银的数目。御史们听得有此证物，奏请皇帝将账簿发交理刑衙门查问，以便按律科罪。当时，列名在账簿上的有关人员都慌了手脚，连夜去走寿宁侯家的门路，由寿宁侯代向皇后请求说情，果然把这件事情压了下去，但寿宁侯家因此而得到的好处，也就不少。诸如此类的事情，可以证明皇后与她的娘家兄弟之间，往来极为频繁，消息极为灵通，凡欲有所请托，走寿宁侯家的路子，既稳捷又可靠，十分管用。于是，寿宁侯张鹤龄与建昌伯张延龄成了朝中炙手可热的红人，一切蝇营狗苟的门径都群趋于此，他们兄弟再恃势妄行，就更加无法无天了。照《明史·外戚传》中的张氏兄弟列传看来，这两个人在当时的所作所为，无一不是伤天害理，唯利是图的违法乱纪之行。受害者向官府控告，官府不敢得罪皇帝的"国舅"，一切冤枉都无从平反，所以张氏兄弟的胆子愈来愈大，所作的恶事也愈来愈无忌惮。旧式的章回小说常常描写恶霸强梁如何借势放印子钱盘剥小民，以及小民无法偿还债务时，如何被抢去老婆和女儿抵偿债务，其中最为人所熟悉的，就是"国老"、"国舅"一类的"皇亲"，如《七侠五义》、《彭公案》中所写的这类故事，就很多。宋朝是不是有这种恃势横行的"皇亲"？有待进一步的查证研究。清代的"皇亲"都是满人；满人欺压汉人，又是另一种形态。所以我们很可以这样假设：凡是明清时人所写的"公案小说"，出现在其中的凶恶皇亲，其实都是明代人物。张鹤龄、张延龄固是其中之尤，明宪宗朝的万贵妃家，明神宗朝的郑贵妃家，以及明崇祯时的皇后之父周皇亲家，莫不皆是如此。不过，皇亲们不管如何胡作非为，决没有张鹤龄、张延龄兄弟之肆无忌惮。这其中的道理很简单：皇帝因皇后之故而特别宽容张氏兄弟，张皇后又特别好为他的两个宝贝兄弟护短，这两个人明知有所仗恃，岂有不胆大包天，而无所不为的？《明史·外戚传》中的张氏兄弟传，叙述这类事迹的文字简括笼统，不容易使人得到具体明白的印象，倒不如《皇明泳化类编》这本书中的叙述来得清楚，抄录一段如下，借以觇见其一斑。

《皇明泳化类编》卷四十三，《外戚》：

张峦，字来瞻，兴济人，孝康张皇后父也。成化中，皇后为东宫妃，授峦鸿胪卿。弘治三年，加荣禄大夫，中军都督府都督同知。是年冬，封"推诚宣力武臣"，荣禄大夫、柱国、寿宁伯，食禄千石，与世券。五年，立东宫，进侯，加号"翊运"，阶加特进荣禄大夫，加禄二百石，仍与世券。是秋卒，赠太保、昌国公，谥庄肃。峦子鹤龄嗣侯。十六年秋，太监李荣传旨，加太保，增岁禄。正德中，进太傅。嘉靖二年三月，加太师，又加禄三百石。是秋，以定策功进昌国公。张延龄即鹤龄弟也，初以恩授都督同知，弘治八年封建昌伯，食禄千石，与世券。十六年，进侯，禄六百石。嘉靖初，加太傅，禄一百石。尝观郑端简公（郑晓）曰：自古外戚贵盛，莫如西汉，惨祸亦莫如西汉。我朝孝慈马后有贤德，兵乱，外家无存者，父马公，追封徐王，岁时祀。仁孝徐后，中山王长女，本功臣家，无封爵。其余官止都督。至称舅氏，有封爵，外戚封不俟继世，实始于泰陵。泰陵时，二张甚横，夺民田庐，讲宫寺舍。又豪奴姻亲，凌官府，篡狱囚，莫敢诘，金玉积如山不厌。市津垄断，往往皆二张人。扬州府同知叶元尝辱张仆人。元至京，群仆入吏部扑元，尚书马文升护元得免。时言官论劾，朝廷亦不问。近世外戚，莫横于二张。至正德时稍稍辑敛，嘉靖以来，又加戢且谨。……

明孝宗年号弘治，殁葬泰陵；上文所说的"泰陵"，指的就是孝宗。至于正德和嘉靖，一个是孝宗之子武宗，一个是因武宗无子而以旁支入继的世宗。明孝宗在世的时候，因敬爱皇后之故而宽纵外家，竟到了放纵不问的程度，以致造成张皇亲家横暴不法的积恶之名，实在是他的盛德之累。中国古语说："积善之家，必有余庆。积不善之家，必有余殃。"张鹤龄、延龄兄弟和他家的一干豪奴恶仆，以及仗恃了皇亲势力在外胡作非为的张家亲戚，这些人所造下的罪孽，最后必然会要由身为罪魁祸首的张家兄弟来承担祸殃。张皇后虽然并未直接参与她娘家兄弟的滔天罪恶，但因为她毕竟是庇纵张鹤龄兄弟二人最有力的后台，这一份账，终必也会使她受到连累之祸的。看后来的事实发展，竟然便是如此，实在不能不令人叹息张家兄弟之无知妄行，与张皇后之姑息养奸。所谓"爱之适足以害之"者，对张皇后与她母家兄弟的关系而言，确是很适当的定评。

根据《明史·外戚传》的张氏兄弟传，明孝宗生前对张家兄弟的约束告诫，顶多只有一次而已。《明史·外戚传》所记如此：

峦起诸生，虽贵盛能敬礼士大夫。鹤龄兄弟并骄肆，纵家奴夺民田庐，篡狱囚，数犯法。帝遣侍郎屠勋、太监萧敬按得实，坐奴如律。敬复命，皇后怒，帝亦佯怒。已而召敬曰："汝言是也。"赐之金。给事中吴世忠、主事李梦阳，皆以劾延龄，几得罪。他日，帝游南宫，鹤龄兄弟入侍。酒半，皇后、皇太子、及鹤龄母金夫人起更衣，因出游览。帝独召鹤龄语，左右莫得闻，遥见鹤龄免冠，首触地。自是稍敛迹。……

看史文所述的前后内容，料想这一次孝宗对张鹤龄的训诫，必定与侍郎屠勋、太监萧敬所勘回的张家兄弟豪横劣迹有关。亦正因为按验的罪证明确，孝宗以此责问，张鹤龄无可抵赖，所以只好免冠碰头，叩求皇帝开恩饶恕。再不然，就是张鹤龄自知罪孽深重，对于皇帝之一再开恩，自觉负疚太深，此番再经皇帝明白告诫，顿时良心发现，因感激过甚而不觉叩头如捣蒜，亦不无可能。不过，不管是那一种情况，皇帝的告诫能使张家兄弟知所敛迹，至少可以证明一件事实——假如皇帝在一开始便能以公正无私的态度约束张家兄弟的作为，他们决不敢胆大妄为到如此程度。只可惜明孝宗对张家兄弟的管教行动来得太晚，而他自己又死得太早，以致张家兄弟所造下的罪孽到后来爆发成一大政治事件时，他已经无法对张家兄弟给予需要的照顾。到了这个时候，不但张家兄弟要倒大霉，即是他所最爱的皇后张氏，又何能置身事外？

明孝宗生于宪宗成化六年（1470），至成化二十三年（1487）宪宗崩，孝宗继位，时年十八岁。他一共只做了十八年皇帝，在弘治十八年（1505）五月间，因伤寒症不治身死，年只三十六岁。由于他一生别无妃嫔，所以两个儿子都是正宫张皇后所生。长子厚照，就是后来的明武宗，出生于弘治四年（1491），次子厚炜，生三岁殇，不详其出生年份。皇帝早死而胤裔单弱，如果这个仅有的儿子再出意外，皇室的继统问题就会发生麻烦。张皇后后来所面临的局面，就是这种情况。

明武宗朱厚照年号正德，这个皇帝是中国历史上数一数二的大纨袴。打从他做皇太子时开始，就不喜欢读书而好骑马射箭。

举凡斗鸡走狗、放鹰打猎等等游猎之事，无一不会，吹弹唱拍，角觝歌舞之戏，又无一不爱好，足以看出他从小就是特号的大顽童。明孝宗只此一子，何以不知选择良师，好好培养他德行学业方面的基础，反而放纵他荒废学业，日与佞幸小人为伍，以致德业日远而顽劣日甚，实在使人弄不懂这位皇帝何以对皇太子的教育问题如此漠视？至于皇后，则由她母亲金夫人的事例可以想像得到，她对于皇太子的管教原则，大概也与金夫人教育张鹤龄兄弟一样，除了纵容溺爱之外，再无其他。平心而论，一般富贵人家对独生儿子哪有不过分溺爱的？明武宗朱厚照不但是张皇后的独生儿子，也是皇帝的独生儿子，基于过分疼爱的原因而致他日后成为特号纨袴，原本是十分合理的事。只是，这个特号纨袴非比一般富贵人家的纨袴子弟。富贵人家的子弟纨袴不学，顶多败尽了祖先的产业；而这个特号纨袴日后必定要做大明朝的皇帝，如果也像一般纨袴子弟那样放荡败坏，势必要将大明江山断送在他手上，这又岂是身为国家元首之人所不该预先顾虑到的问题？只因武宗纨袴不学而孝宗帝后不知豫教之重要，所以明武宗一朝的政治最为阢陧动荡，其所以不致亡国覆宗者，一方面由于孝宗在位时多年培养的元气深厚，一方面也因为朱厚照只活到三十一岁就死了，没有太多的时间可以让他继续胡作非为之故。然而，明武宗的早死固然挽救了明朝政府之免于灭亡，对他的母亲张皇后来说，却是最大噩运的开始。因为这表示孝宗一系的继统已绝，由另一支入继的新皇帝将会造成另一种不同的政治局面，而这种不同的政治局面将会是何情况？则无人可以预料。这就表示张皇后的命运此时已走完平坦的康庄大道，未来的前途是安是危,多少带有几分无法预料的危险性了。

当武宗还在东宫作皇太子的时候,陪侍在他左右的太监,就是后来极为著名的人物——"八虎":刘瑾、马永成、高凤、罗祥、魏彬、邱聚、谷大用、张永。这几个凶神恶煞一般的豪奴恶仆,在武宗登基之后都得到了大用的机会;刘瑾做了司礼监的掌印太监,等于是宫廷里的内秘书长;马永和谷大用掌握皇帝的两大特务机构,东厂与西厂;张永提督神机营,魏彬提督三千营,分别掌握了一定的军权。内阁大学士刘健、谢迁等要求罢黜刘瑾,结果反被刘瑾所中伤,落职归里。从此朝中的用人行政大权悉入刘瑾之手,援引私党,擅作威福,钳束言路,声威赫奕。至于他们所用来笼络皇帝的手段,则完全是唐朝太监对付"门生天子"的那一套:日日导引皇帝从事声色狗马的游戏之事,使得皇帝再没有充分的时间与精力可以过问实际政事,他们就有机会窃持人君的生杀大权,视皇帝如傀儡了。所不同的是,明朝的皇帝君权不曾旁落,刘瑾之流虽能狐假虎威,恣为威福,毕竟所假借的仍是皇帝之威权。一旦皇帝赫然震怒,下令将刘瑾革职下狱,刘瑾还是没有反抗的力量。即便如此,这个顽劣无比的正德皇帝,还是在他的十五年皇帝生涯中,作尽了荒唐无聊的有伤帝德之事:巡游无度,沉湎酒色,任意掠夺民间妇女,又复崇尚佛教,自称"大庆法王"等等。抄一段明代野史中的记载,以见其荒唐行径之一斑。曹春林《滇南杂志》卷十二,有一条说:

武宗尝在道中见一村妇,即命后车载之以归。因赋一词曰:"出得门来三五,偶逢村妇讴歌,红裙高露足,挑水上南坡。俺这里停銮住辔,他那里俊眼偷睃。纵然不及俺宫娥,野花偏艳目,村酒醉人多。"

身为皇帝,而如此佻僅放纵,到处留情,无怪乎民间故事中会有梅龙镇与李凤姐这类的风流故事出现。然而,明武宗虽然体格健壮而征逐无厌,他的后宫妃嫔,包括他的正宫皇后在内,却没有人替他生过一个儿子。身为皇帝之母的昭圣慈寿皇太后看在眼里,急在心里。却苦于自幼骄纵已惯,此时再也无法施以管教,只好怀着焦急惶恐的心情,祈祷老天爷保佑她的皇帝儿子千万不要发生意外,再祝祷皇帝的后妃嫔御们早日替她生个孙儿,以便承嗣有人,皇图永固。只可惜她空自焦劳惶恐,她所日夕祈祷的希望终于不曾实现,所不希望出现的意外变化,倒竟然出现了。到了这个时候,顽劣不驯的武宗固然后悔已迟,皇帝的生母昭圣皇太后更加惶惧忧伤;因为孝宗别无他子,帝统至此而断,未来的隐忧,就太可虑了。

明武宗正德十四年(1519)六月丙子,封藩在江西南昌的宁王宸濠举兵造反,声称武宗朱厚照乃是张太后抱养来的儿子,异姓乱宗,为天地鬼神所不容,因此要举兵声讨,以息神人之愤。这当然是编造出来的谎言,其真正目的无非是窥伺朝政浊乱,想乘机篡夺帝位。消息传至京师,皇帝下诏亲征。八月癸未,车驾甫离京城,南赣巡抚王守仁剿平宸濠的捷报便已传到。明武宗御驾亲征,本来就是要借此题目到江南去巡幸,虽然宸濠之乱已平,他怎肯就此折回京师?所以依旧率领了大批亲军和一干佞幸,浩浩荡荡地沿运河乘船南下,直到南京。一路所经过的地方,都有锦衣卫的官校四出骚扰,矫旨征索鹰犬玩好及金银宝物,民间的漂亮妇女更加遭殃。依皇帝的意思,既到南京,当然还要到江西，如此方能名副其实的完成"亲征"之目的。无奈王守仁此时已将宸濠由江西解至杭州，即日要到南京献俘了。事势昭然如此，皇帝没法子再掩耳盗铃，便只好在南京住下来，等献过了俘，算是亲征擒获元凶，于是下诏班师，依旧沿运河水路浩浩荡荡地回转京师。即便如此，皇帝还是要在所经之处任意流连，紧一阵慢一阵地一路玩着回去。这样子沿途蹭蹬，终于在路上发生了问题。

运河由扬州北上的沿岸大镇，是淮安府与清江浦。清江浦驻有监仓太监张杨，所住的邸第极为宽敞华丽，皇帝御驾经临，具有奴仆身份的太监张杨当然要恭请皇帝临幸，以便少伸孝敬。皇帝对张杨的孝心十分欣慰，在张杨家一住三日，有空就驾小船出游。在第三天的一次划船钓鱼活动中，他亲自所划的小船忽然翻覆，皇帝跌入湖中。在岸旁随扈保驾的太监及锦衣卫官校等赶紧入水将皇帝捞救起来，已经灌了不少水，兼之落水受寒，当天就发热生病。在此以前，酒色无度的正德皇帝早已被淘空了身体，现在又忽然溺水受寒，病势来得就很不轻。皇帝这才知道事情麻烦，下令赶紧专程回京，然而已经于事无补，回到京城，在郊祀行礼中忽然呕血不支，就此睡倒床上，再也无法起来。拖到正德十六年（1521）二月十四日丙寅，竟在他最喜爱的"豹房"中崩驾，年止三十一岁。孝宗只此一子，而武宗在位十六年中，并未生子，大明皇朝的帝统至此中断，必须要从近支亲王中选择一个适当的人物来作为继承之人，方能延续垂绝的帝统。在这个重要的关键性时刻里，身为皇帝生母的昭圣慈寿皇太后，她的决定如何，便足以对此后的政局推演，发生极深远的影响。叙述至此，似乎应该先引叙一段发生在汉代的类似故事，以见昭圣太后此时所作的决定，是正确还是错误？

汉高祖刘邦是汉朝的开国皇帝，继刘邦之位的是皇后吕氏之子惠帝。惠帝立七年而崩，无子，吕后阴取后宫美人之子立为皇帝，是为少帝。少帝年幼，吕后临朝称制。四年之后，吕后又以皇太后名义颁诏废少帝，另立恒山王弘为帝。再过了四年，吕后崩，其族属吕产、吕禄等谋篡汉祚。太尉周勃、丞相陈平、朱虚侯刘章等共起兵讨灭产、禄，吕氏家族无男女少长皆斩。乱事既定，周勃、陈平等人议立代王恒为帝，是为汉文帝。据《史记·吕太后本纪》中的记述，文帝之能够被立为帝，与他的母亲薄姬大有关系。抄一段《吕后本纪》中的原文于后，以见当时之真实状况：

诸大臣相与阴谋曰："少帝及梁、淮阳、常山王，皆非真孝惠子也。吕后以计诈名他人子，杀其母，养后宫，令孝惠子之，立以为后，及诸王，以强吕氏。今皆已夷灭诸吕，而置所立，即长用事，吾属无类矣。不如视诸王最贤者立之。"或言："齐悼惠王高帝长子，今其嫡子为齐王，推本言之，高帝嫡长孙，可立也。"大臣皆曰："吕氏以外家恶而几危宗庙，乱功臣。今齐王母家驷，驷钧，恶人也，即立齐王，则复为吕氏。"欲立淮南王，以为少，母家又恶。乃曰："代王方今高帝见子最长，仁孝宽厚，太后家薄氏谨良。且立长故顺，以仁孝闻于天下，便。"乃相与共阴使人召代王。代王使人辞谢。再反，然后乘六乘传至长安，舍代邸。大臣皆往谒，奉天子玺上代王，共尊立为天子。

由这一段史文中可以知道，文帝之所以得立，是因为与会大臣认为他的母亲薄姬仁善而外家"谨良",远胜于齐王、淮南王两王的母家之故。藩王的外家强横,入嗣帝位后有可能再变成吕氏第二。有此前车之鉴,所以齐王与淮南王都被摒除于候选人之外,而外家谨良的代王入选为嗣皇帝。若以资格而论,代王虽是刘邦"现存"诸子之中年龄最长的一个,而立嗣向以嫡长为重。刘邦的嫡子惠帝已死而无子,庶长子齐悼惠王现有子嗣,以继嗣的伦序而言,自应以齐悼惠王的长子刘襄最有继承资格。现在因为齐王母家有恶人驷钧之故而越次另立代王,可见得以长幼为序的入继次序,也是可以视情况需要而变更的。明武宗崩驾之后,因为并无儿子可以继嗣,昭圣皇太后与大学士杨廷和等定议迎立兴献王之子朱厚熜为嗣皇帝,这就是后来的世宗嘉靖帝。嘉靖之入继资格如何,可以看《明史纪事本末》中的记载,原文如下:

帝,兴献王子,宪宗纯皇帝孙也。宪宗生十皇子,长子孝宗敬皇帝,次兴献王。弘治七年甲寅,兴献王之国安陆州。正德二年秋八月,帝生于兴邸。已而献王薨,帝受敕嗣理国事,至是,年十有五矣。……

嘉靖的生父朱祐杬,是宪宗朱见深的庶二子。宪宗无嫡出之子,庶长子即孝宗朱祐樘,生二子,次子厚炜三岁殇,长子即武宗厚照,继立十五年而无子,既薨,以宪宗之庶二子朱祐杬一支伦序最近,援兄终弟及之义而以祐杬之子厚熜入继,自然很合理。但成为问题的是,兴献王朱祐杬虽然已死,兴世子朱厚熜却还有一个极能干而厉害的母亲在;以朱厚熜入继为皇帝,他的生母势必也要变成皇太后,将来是否能与昭圣皇太后和平相处,非常值得考虑。旁支入继的嗣皇帝,其生母与原有的皇太后难以相处，这类事情在历史不乏前例。如汉哀帝本系汉成帝之侄，成帝无子而以哀帝继之，哀帝的生母傅昭仪也成了傅太后。当时，成帝的生母皇太后王氏尚在，尊称为太皇太后。这位太皇太后虽非哀帝的亲生祖母，在家族关系上仍是傅昭仪的婆母。而傅昭仪在做了皇太后之后，居然不把这位太皇太后放在眼里。《汉书·傅昭仪传》中，就有如下一段话可为证明：

> 傅太后既尊后，尤骄，与成帝母语，至谓之妪。

贵为太皇太后而又是傅昭仪婆婆的成帝生母，傅昭仪居然以'妪'相称，可见她自恃其子为帝的骄倨高傲情形为如何。假如朱厚熜的生母也是这样的一个人物，宫闱之间，势必会增加很多的摩擦，而昭圣太后与厚熜既无亲子关系，将来也势必要吃亏，这都是极明显的事。然则昭圣太后与大学士杨廷和定策择立嗣君的时候，为何都不曾把这种因素列入考虑范围，而只以伦序为重，就是很可注意的问题了。

由《明史纪事本末》的《大礼议》、《李福达之狱》、《严嵩用事》等卷中可以看出，明世宗朱厚熜实在是一个天性忮刻、私心极重，而其聪明才智又足以济其私欲的人。古语说："有其母必有其子。"既然儿子的美恶诸德俱与母亲相似，则反过来亦未尝不可以说："有其子必有其母。"明世宗之刻薄寡恩如此，其生母的品行德性，理应与此相近。而证之史籍，实际上的情形果然如此。由此看来，昭圣皇太后与大学士杨廷和之定策迎立兴世子，确实是失策之至！至少，他们应该先调查清楚，厚熜的生母是何等样之人？厚熜自己的个性又如何？如果这些条件都不便使厚熜入继为帝，则在宪宗子孙繁多的情形之下，他们尽可以考虑其他更为合适之人。如今一切置之不顾,而只以伦序居先的理由,贸贸然地决定以厚熜入继,实在是不智之甚的大错误!

明世宗朱厚熜的生母蒋氏,后来被尊称为"章圣皇太后",其传记附见于《明史》世宗生父兴献帝朱祐杬的传记中。明世宗即位以后,为了推尊其所生父母的问题,使皇帝与朝臣之间爆发了一场极大的争执,是即历史上很有名的"大礼议"。在争论开始的时候,朝中大臣的言论,几乎一致认定,世宗之入继,应该是孝宗嗣子的身份,所以只能称孝宗帝后为父母,于其本生父母则应改称为皇叔父、皇叔母。这种论点当然不正确。可是由于世宗即位之初只是孑然一身,并无臣僚可以作为自己的帮手,所以世宗暂时屈居下风。及至进士张璁上书主张应称兴献王为父,而主事霍韬、桂萼,给事中熊浃等从而附和之,世宗发现他在朝中仍有可为助力之人。于是先后拔擢张璁、桂萼、霍韬、席书等人,在数年之中,都由新进小臣骤升至大学士、尚书之类的高级职位,然后再由他们来策划有关大礼之争的适当措施,终于使世宗如其心愿地达成了他的愿望。在大礼之争刚刚开始的阶段,世宗的生母蒋太后也是参与者之一,由于她的坚持,所以世宗的态度也特别坚定。由此可见蒋太后决不是泛泛之人。为了对她有所了解起见,需要引述见于《明史》中的传记,以详见其始末。《明史·睿宗献皇帝传》:

> 皇后蒋氏,世宗母也。父敩,大兴人,追封玉田伯。弘治五年册为兴王妃。世宗入承大统,即位三日,遣使诣安陆奉迎,而令群臣议推尊礼。咸谓宜考孝宗,而称兴王为皇叔父,妃为皇叔母,议三上未决。时妃至通州,闻考孝宗,恚曰:"安得以吾子

为他人子?"留不进。帝涕泣,愿避位。群臣以慈寿太后命,改称兴献后,乃入。以太后仪谒奉先、奉慈二殿,不庙见。元年,改称兴国太后。三年,乃上尊号曰:"本生章圣皇太后"。是年秋,用张璁等言,尊为"圣母章圣皇太后"。

世宗的生母蒋妃,在到达通州时,听说朝中的意见是要以世宗入嗣孝宗,而以本生父母为叔父母,即刻表示其反对态度,并在通州停留不进;这分明是在指示世宗不得听从朝臣的意见,更不得以孝宗帝后为父母。这在世宗来说,当然应该听从。不过,她的这种迹近要挟的态度,可以施之于世宗,在立场不同的另一方面之人看来,就似乎是无理要挟。他不具论,以昭圣皇太后传记中所见的资料来看,这位皇太后在当时似乎便有此情形。《明史·昭圣皇太后传》云:

武帝之崩也,江彬等怀不轨,赖后与大学士杨廷和定策禁中,迎立世宗。而世宗事后,顾日益薄。元年大婚,初传昭圣懿旨,既复改寿安太后。寿安者,宪宗妃,兴献帝生母也;廷和争之,乃止。三年,兴国太后诞节,敕命妇朝贺,燕赉倍常。及后诞日,敕免贺。修撰舒芬疏谏,夺俸。御史朱淛、马明衡、陈逅、季本、员外郎林惟聪等先后言,皆得罪,竟罢朝贺。初,兴国太后以藩妃入,太后犹以故事遇之,帝颇不悦。及帝朝太后,待之又倨。……

世宗的生母由安陆迎取入宫,明显的已是另一个皇太后了;然而昭圣太后却不能察见这种即将到来的新形势,"犹以故事遇之。"所谓"犹以故事遇之",当然就是世宗未曾入继之前,昭圣太后以皇太后的身份接见藩国王妃的礼节了。藩国王妃谒见皇太后，须行叩拜之礼，昭圣太后当时曾否勒令世宗之母行此大礼，已不可知，而由上文的语气中可以看出，当时的会见场面，气氛必定甚为恶劣，而世宗生母必定甚受委屈。世宗生母尊称章圣皇太后，是嘉靖三年之事；章圣太后在入宫之初既然尚未得此尊称，昭圣太后以不平等的态度对待她，当然是可以想像得到的事。何况在世宗朝见昭圣的时候，昭圣的态度又是如此倨傲！综合这些情况可以知道，在昭圣太后的立场，以为世宗的帝位乃出于她的授予，她由皇后而至太后，章圣尚是藩妃，上下尊卑之分早定，此时即使贵为天子之母，无论如何也不能与母仪天下业已三十余年的自己相比拟！至于后来世宗不肯以孝宗为父，而改称孝宗为皇伯父，称昭圣为皇伯母，在昭圣心中，无疑会有鸠巢鹊占的感觉，在对待世宗母子时，更不容易有好的态度了。纵观汉唐以来的我国历史，皇太后定策迎立外藩的事实，史不绝书。由于新皇帝的皇位出于皇太后所授予，不但皇太后的权威永远存在，而且历史上还一再出现过皇太后废一君立一君的事实，足见皇太后的崇高地位是不容被藐视的。昭圣太后亲手援立世宗，而世宗在得位之后居然便不肯以嗣子身份事奉太后，在制定其生母地位之时，又竟然要以两太后并尊，如此藐视凌侮，在昭圣太后看来，何异又是"是可忍孰不可忍"？有这种种复杂的因素存在，双方面的立场又不能彼此调和适应，后来的麻烦当然很多。由于当前的情况业已发生根本变化，昭圣太后既然没有丈夫儿子可为后盾，在她与世宗母子发生感情冲突时，显然会处于失败的一方。何况世宗母子都具有刻薄寡恩的天性，在采取报复手段时一定不会手下留情。因此我们对于昭圣太后此后的处境，实在不能乐观。他的娘家兄弟从前作恶多端，在孝宗、武宗两朝迄未曾得应有的制裁。如今时移势迁，新皇帝恰好利用他们来作为泄愤报复的工具。于是，昭圣太后开始尝到了她亲手种下的苦果。

明世宗母子不满昭圣太后的高傲敌视态度，而由世宗出面报复的事实，在《明史·外戚传》的张氏兄弟传记中有详细记述，可以参看。其大致内容，无非是世宗心衔昭圣太后之压抑其母蒋太后而怀恨张氏，多方假借张氏兄弟之罪名，必欲置之于死地而后已。终于张鹤龄瘐死狱中，张延龄在昭圣太后死后五年处斩，张氏兄弟二人俱尽。以张氏兄弟的罪恶而言，鹤龄瘐死而延龄斩首，可谓罪有应得，死不蔽辜。只是，明世宗为了报复泄愤的目的而对他们清算旧账，必欲捃撡其过失而置之于死地，以重伤昭圣皇太后之心，而他所捃撡拾摭的罪过又都是前朝旧事，这种作法是否为身为皇帝之人所应为？就大大值得推敲。明世宗在这件事情中的心态，《明史·昭圣皇太后传》中的记述最为清楚。引述如下，以资参看：

会太后弟延龄为人所告，帝坐延龄谋逆，论死。太后窘迫无所出。哀冲太子生，请入贺，帝谢不见；使人请，不许。大学士张孚敬亦为延龄请，帝手敕曰："天下者，高皇帝之天下，孝宗皇帝守高皇帝法，卿虑伤伯母心，岂不虑伤高、孝二庙心耶？"孚敬复奏曰："陛下嗣位时，用臣言称伯母皇太后，朝臣归过陛下，至今未已。兹者大小臣工默无一言，诚幸太后不得令终，重陛下过耳！夫谋逆之罪，狱成当坐族诛，昭圣独非张氏乎？陛下何以处此？"冬月虑囚，帝又欲杀延龄，复以孚敬言而止。亡何，奸人刘东山者告变，并逮鹤龄下诏狱，太后至衣敝缊席藁为请，亦不听。久之，鹤龄瘐死。及太后崩，帝竟杀延龄。

看了上面的记述，对于明世宗借张氏兄弟之狱以对昭圣太后泄愤报复的心理状态，可谓洞如观火。就事论事，张氏兄弟在孝宗朝所造的罪孽最多，至武宗时已稍敛戢，到此时几乎已销声匿迹。这是因为他们自知平生作恶太多，而昭圣太后此时已是不足凭仗的木偶刍灵，没有胆量再为非作歹了。明世宗为了要报复昭圣太后，追究张氏兄弟在孝、武两朝所作的罪恶，奸人揣摩皇帝的心理，纷纷捏饰莫须有之事诬讦，世宗居然不问青红皂白，务必要将张氏兄弟置之死地，这种作法，不但不能服延龄兄弟之心，更难免后世之讥议。昭圣太后受不了明世宗的精神迫害，至于席藁衣敝向世宗请命，无异已承认投降，而明世宗居然置之不理，其人之刻薄寡恩，当可想见。在这些事件中，世宗之生母章圣太后是否也曾从中推波助澜，虽然无从知道，但若以世宗母子天性相近的情形看，事实正大有可能。因此我们实在难以想像，昭圣太后在世宗继立之后的二十年中，她的生活是在何种状态之下度过的？夫丧子逝而自己却老寿不死，到最后还得尝受人生苦果中最惨痛的破家灭门之祸，昭圣太后的后半生，真是何其不幸？

昭圣太后死于嘉靖二十年（1541），死后有何尊崇，因史文无载，不详，很可能是没有。至于世宗的生母，则在昭圣死前三年逝世，由《明史·睿宗献皇帝传》中可以看到，其灵柩后来运回湖北安陆府，与兴献王朱祐杬合葬于"显陵"。既称为"陵"，当然其规制比照皇帝，其宏伟可想。其尊谥则是"慈孝贞顺仁敬诚一安天诞圣献皇后"。很显然的，世宗对他生母章圣皇太后的孝养敬奉，一定远胜于昭圣太后很多很多。

古语有云："不孝有三，无后为大。"在宗法时代的社会里，这两句话的含义极深，如明武宗朱厚照即是实例。由于明武宗不知自爱其身，生前又不知早为嗣续之计，以致在他死了之后不得不以世宗入继宗祧，不但嗣续中断，并且祸延老母，以哀痛终其余年，实在可说是不孝之至。如果他有一个儿子可以承继帝位，昭圣太后的后来遭遇，何至如此！明孝宗地下有知，此时想必也会痛骂儿子不孝的吧！

十　巾帼英雌秦良玉

中国历史上善于用兵的"名将"极多，但是女性极少。比较为人所熟知的有二人，一是南北朝时开拓岭南的冼夫人，一是明朝末年的石柱土司秦良玉。冼夫人的历史，容当另文介绍，这里且先谈谈秦良玉的生平事迹。

《明史》卷二百七十，明末诸武将传中，有《秦良玉传》，全文不足二千字，叙次秦良玉之战功虽然颇为简明扼要，但于她的生卒年寿及一般事迹均略而不提，殊不足以充分了解她不平凡的一生。凡此种种，都需要参考地方志乘及家传谱记等有关材料为之补充，方才能构成一篇比较完整的秦良玉传记。

《明史·秦良玉传》的开头部分说：

秦良玉，忠州人，嫁石柱宣抚使马千乘。万历二十七年，千乘以三千人从征播州，良玉别统精卒五百，裹粮自随，与副将周国柱扼贼邓坎。明年正月二日，贼乘官军宴夜袭，良玉夫妇首击败之。追入贼境，连破金筑等七寨。已偕酉阳诸军直取桑木关，大败贼众，为南路战功第一。贼平，良玉不言功。其后千乘为部民所讼，瘐死云阳狱，良玉代领其职。

这一段话，一开始便将秦良玉初次随夫出征就能建立赫赫战功的非凡事迹表扬出来，足以显示她此后之叠建大功，乃是其来有自。这种叙述的方法虽然鲜明而突出，但于不了解秦良玉生平之人，看了之后，殊有难以索解之苦。比如说，秦良玉以一介女流，假如她不是在早年习有武艺及深谙韬钤兵机之学，如何能在嫁与石柱宣抚使马千乘之后，就能别统精兵五百人随夫出征，又能迅即在金筑寨、桑木关等处的战役中建立首功？再则"宣抚使"是何官职？"播州"又在何处？凡此都需要对明代末年的边疆土司制度稍有了解，方能一目了然。所以，《明史》的文笔虽然简洁明白，读起来仍然并不轻松，很有必要再用较为浅近的文字另写一传，以便利历史之大众化。如秦良玉之传记，亦是很显明的一个事例。

忠州，即是现在的重庆忠县，地当重庆市之东境，位于长江之北岸；与之隔江相对的，是现在的重庆市石柱县，在明代则是石柱宣抚司的辖境。明代的土司，以官品区分其地位之高下。宣慰使三品，宣抚使四品，安抚使五品，招讨使亦五品，长官司的长官六品，副长官七品。四川的石柱与四川贵州之间的播州，都是当时的土司；石柱土司称为宣抚使，播州土司称为宣慰使，论品级虽然只差一阶，论势力可是差得远了。因为石柱土司所管辖的不过只是现代的石柱一县之地，播州土司则地连川黔二省，下辖安抚司二，长官司六，其辖境相当于清代的遵义、平越二府全境，幅员广袤，兵力强大，远胜其北邻的石柱土司。播州土司由杨姓世袭，石柱土司则由马姓世袭。秦良玉所嫁的石柱土司马千乘,其始祖是宋高宗时征服五溪峒蛮有功授为安抚使世职的马定虎,据说乃是汉朝的伏波将军马援之后。历元至明,马氏世袭石柱土司之职,惟其世次不详。明太祖定天下,石柱土司马克用从征有功,加授为四品官阶的宣抚使。自此世代相传,由马克用至马千乘为第十一世。在世次承袭及辈行姓名方面,《明史·土司传》中的记载,与石柱土司马家的谱牒记载颇有不同,究竟以那一方面的记载为可信,颇难以认定。

据《明史》卷三百一十二《石柱土司传》云:

万历二十二年,石柱女土官覃氏行宣抚事。土吏马朝聘谋夺其印,与其党马斗斛、斗霖等集众数千围覃氏,纵火焚公私庐舍八十余所,杀掠一空。覃氏上书,请比先年楚金洞舍覃碧谋篡事,与朝聘同就吏。二十三年,命四川抚按谳其狱。事未决,会杨应龙反播州,覃与应龙为姻,而斗斛亦结应龙,两家观望,狱遂解。覃氏有智计,性淫,故与应龙通。长子千乘失爱,暱次子千驷,谓应龙可恃,因聘其女为千驷妻。千驷入播同应龙反,千乘袭马氏爵,应调同征应龙。应龙败,千驷伏诛,而千乘为宣抚如故。千乘卒,妻秦良玉以功封夫人,自有传。

这一段文字,以明神宗万历初年的石柱土司为"代行宣抚事"的女土官覃氏,马千乘乃覃氏之子,与覃氏处于敌对地位的土豪则是马朝聘与马斗斛。但如以石柱土司马氏宗谱所载的世次姓名考之,马斗斛乃马千乘之父,袭职六年,因开矿事亏欠国帑,部议革职充军。时其子千乘尚幼,依照土司的承袭规定,应袭的土司子弟如因年幼无法承袭,得由土司之妻暂掌印信,俟其子成年后交还其子承袭。斗斛之妻覃氏乃忠路土司之女,斗斛革职时,其子千乘年方十岁,依例由覃氏掌印。马千乘生于明穆宗隆庆六年(1572),死于明神宗万历四十一年(1593),得年四十二岁。以此而论,其父马斗斛因案遣戍之事,应该发生在明神宗万历九年,至万历二十年马千乘袭土司之职,覃氏交还印信已久,又何致发生夺印攻杀之事?所以,若以石柱土司的谱牒记载与《明史·土司传》相比较,二者之间的差异太大。但若以《明史·土司传》的记载为可信,那就表示石柱土司的谱牒记载为不可信,然则有关马千乘与秦良玉部分的记载又从何取信?由于《明史·土司传》中的记叙过分简略,在这方面,不得不取材于记载较为详细的石柱土司谱牒记载,即使其内容与《明史·土司传》互相矛盾,亦难以兼顾。究竟其中是否有误,则有赖于进一步的研究考证。

看《明史·秦良玉传》的记载,秦良玉是一个畅晓兵机,深谙韬略,而长于武艺的巾帼英雄。中国的妇女,从唐宋以来就通行缠足,大家闺秀,都以三寸金莲为美,即使是穷乡僻壤的小家碧玉,亦没有不肯缠足的。女人一经缠足,就形同残废,如何还能习武?由这一观点推测,秦良玉应该是不缠足的少数例外。抗战期间,陪都重庆曾经举办过一次秦良玉遗物的展览会,据曾往参观过的人事后追记所说,陈列在展览会中的秦良玉战袍,长达七尺,足足有一个普通男人的身材高度。以此而言,秦良玉的身高,必定将近八尺了。一个身躯如此高大而又不缠足的汉族女子,在当时一定很难在汉人社会中寻得合适的对象,更何况她又是一个喜欢使刀弄枪而长于武艺之人?以这些条件来说,秦良玉之所以终于会嫁与土司为妻,大概也是形势所逼,不得不然。清人刘景伯曾撰《书明忠贞侯秦良玉传后》一文,据此文所说,秦良玉之父秦葵，是岁贡生。良玉字贞素，乃秦葵之长女，幼聪慧，为父所钟爱，教其经史文艺，能知大意。时当明神宗万历中叶，吏治贪黩，朝政不修，隐隐有山雨欲来之势。秦葵因见地方不靖，时局动荡，深感无实力不足以保家全身，因此延聘教师，命其诸子学习武艺及兵法；秦良玉虽系女流，亦与诸兄弟一同学习。久而久之，秦葵发现其诸子的成就皆不及良玉，因谓之曰："惜哉，笄而不冠，汝兄弟皆不及也。"其时马千乘已袭石柱宣抚使之职，闻秦良玉兼擅文武之才，遂娶之为妻。以忠州所处的地理环境来说，隔了一道长江，就是石柱、酉阳、播州等等的土司辖境。土司自古被视为是蛮夷不化之民，叛服不常，忠州地邻土司而民风习武，也许不必要等到天下将乱之时。所以，秦良玉家人之习尚武艺与秦良玉之幼不缠足，也许都是边鄙地方的风气使然。唯其如此，秦良玉才能习惯于土司地区的风俗而敢为土司之妻，也终于因为她具有武艺及军事方面的才能，而能在这方面有所建树。这些虽然都是小事，但于了解秦良玉的个性、才能等等方面，殊有帮助，且为《明史·秦良玉传》所不记，不可不加以补充。

秦良玉生于何时？享年几何？亦为《明史·秦良玉传》所不载。考之《石柱厅志·土司传》，秦良玉死于清顺治五年（1648）戊子，"寿七十五，或曰六十有五。"考之秦嵩年所编《忠州秦氏家乘》之《太保秦良玉别传》，则说："家居至戊子岁病卒，寿七十五。"此外，则石柱县太保祠中所供奉的秦良玉木主，亦明白书写秦良玉是出生于明神宗万历二年（1574）之正月初二，卒于清世祖顺治五年之五月二十日。以此而言，秦良玉生于万历二年而享寿七十五岁之说，应无疑问。再以马千乘生于隆庆六年

(1572)的纪录相比较,则马千乘的年龄,应该只比秦良玉大二岁。按照石柱土司谱牒的记载,马千乘于万历二十年袭宣抚使之职,时年二十二岁。谱牒又说,秦良玉以及笄之年归马千乘。所谓及笄,可以泛指十六岁至二十岁之间的任何一年。秦良玉在万历二十一年年满二十,而马千乘又是在万历二十年承袭土司世职,然则马千乘与秦良玉的结婚时间,很可能是在万历二十一年或二十年。石柱土司谱牒的十一世土司马千乘传后,附有《秦太保夫人传》,亦即秦良玉之传。据此传所记,秦良玉与马千乘结婚之初,二人间的感情似乎并不很好。传文之所说如此:

及笄归我千乘公。夫人幼通经史,仪度闲雅。好事者尝与之论治乱之由,谈兵机之要,虽擅韬略者不能过。嗣因英明苛察,尝以小过与我公反目,遂幽于拱江城,筑墙绝食,欲置之死。幸舍人马周夫妇潜削竹筒,越墙度食,从容几谏,才得如故。

秦良玉因"英明苛察"而与马千乘反目,马千乘的个性又是如何?由马氏谱牒中的《马千乘传》中见之,其情形似较秦良玉尤有过之。《马氏宗谱》十一世千乘公传云:

千乘公俊英严毅,刻制奸猾,人无遁情,整莅军伍,莫不股栗。但更张太骤,取怨颇多,奋武扬威,邻境多惮之。万历二十七年,播州杨应龙扰边,奉命往征讨,兵极精锐,所向无前,破金筑七寨,扼贼于海龙囤。是役也,八路兵将,唯石柱功独著,而督臣李化龙匿不以闻,我公亦不言功,回石柱兵,静候调用。自此性尤刚烈,不畏强御,内外悚然,凡把、目、丁朝谒,虽隆冬汗流浃背,莫敢仰视。幕友吴兴俦屡谏不听,遂至无端构衅,瘐死梁山狱中,年四十一,时万历四十一年八月初七日丑时。公死，子祥麟幼，夫人秦氏袭。

秦良玉诚然精明干练，明察秋毫，而马千乘则在此以外还加上秉性刚烈而不畏强御，不但邻境的土司畏石柱之强，即石柱土司所属的弁目兵丁，亦都严惮马千乘之刚正严毅。所以终于因开矿事积忤榷税太监邱乘云，部民乘机构怨，遂被逮下云阳县监狱，瘐死。云阳与梁山，不是同一个地方；云阳县隶属于夔州府，梁山县则隶属于忠州。《明史·秦良玉传》与《石柱厅志·土司传》都说，马千乘所瘐死之地是重庆云阳县，只有石柱土司谱牒中的马千乘传说是梁山县，这也是官书与私史显然歧异的地方，有待进一步的查证。不过，不论马千乘所瘐死的地方是云阳县监狱还是梁山县监狱，其为瘐死则一。马千乘既死，他和秦良玉所生的儿子祥麟尚幼，按照土司袭职的成例，应由秦良玉暂袭，俟祥麟成年时交还。秦良玉与马千乘结褵于万历二十年或二十一年，至此时已经有二十年之久，他们唯一的儿子祥麟居然尚因年幼而不能袭职，然则祥麟之出生，岂不是在他们结婚以后很久的事？这一件事看来也十分不合常情。如不是祥麟之晚出，便是马千乘秦良玉二人感情不睦所造成之结果。这个问题，现在当然也已无法明了，提出来聊供参考而已。如以秦良玉的出生时间推测，她之袭替夫职，出任石柱土司的女官那一年，应该是四十岁。但因马千乘在万历四十一年时应有四十二岁，而《马氏宗谱》的《马千乘传》却说他死年四十一岁，因此此传中所说的万历四十一年，又很可能是万历四十年之误，则秦良玉此时，又应该是三十九岁。秦良玉中年丧夫，在守寡以后的三十多年中，长时间奉明朝政府的檄调，出兵四出征讨，战功彪炳，因之石柱土兵的战绩传闻遐迩，这当然都应该归功于秦良玉的善于训练与统御有方。然而以一个身为寡妇的女人来说，这种辛劳备至的军旅生活，也实在太苦了。

秦良玉晓畅兵机，长于战阵，这在《明史·秦良玉传》开头部分的叙述中已可见其端倪。说得更具体一点，则石柱土司的部队，训练精良，而作战技能极为优越，秦良玉本人更是谙晓韬钤，故能临事镇静，洞烛机先，处处稳操胜算。《明史·秦良玉传》中关于这一部分的战功记述，不如《石柱厅志·土司传》所述之详尽，由《石柱厅志·土司传》中的叙述，更可以充分看出秦良玉善于料敌制胜之情形。不辞繁冗，将这一方面的有关文字引述一段如后，以略见其一斑。

《石柱厅志·土司传》：

千乘奉调征播，良玉别领精兵五百偕往。诸营抵邓坎度岁，俟三省奉调兵集进攻。万历二十八年正月初二日，置酒宴饮。良玉料敌夜袭，语千乘戒备，下令军中：解甲韬戈者斩。夜半，贼果至，诸营惊溃，良玉偕千乘独领本部兵三千五百人奋击，追入贼境，一昼夜破其金筑等七寨。黎明，抵桑木关，众军方招呼陆续集关下。桑木天险，督臣李化龙所遣将马孔英等叩关门，千乘、良玉暨良玉兄邦屏、弟民屏奋勇将白杆兵，分左右钩连上山，出关后破之。已会八路兵将刘綎等破山关，扼贼海龙囤剿之。是役也，良玉夫妇战功第一，督臣化龙匿不以闻。千乘死，良玉奉命领职，遂卸裙钗，晋冠裳。从戎侍女，皆改男装。……

万历二十八年平播之役，由《明史·李化龙传》及《刘綎传》见之，实以总兵官刘綎之功最多，刘綎且因此而由都督同知进官左都督，世袭卫指挥使。刘綎当时受总督李化龙之命，统率八路之兵会攻播州，而且始终担任主攻之责，论功行赏，自当以刘綎之功为第一。所谓"是役也，良玉夫妇战功第一，督臣李化龙匿不以闻"云云，似乎只是指攻克桑木关之战而言，并不能总括整个的平播之役。至于总督李化龙之没其战功，亦不是没有可能之事。因为在整个平播战役之中，总督李化龙所调集的兵员约有二十四万，其中十分之三为经制的官军，十分之七为土司兵。土司非流官之比，每每功多而赏薄，而历来的总督多倚经制官军为作战之主力，自更难免厚此而薄彼。这种情形，一直要到秦良玉奉调出征，转战于辽东山海之间以后，方才有所改善。其原因则是此时的满清已经成为明朝的东方大患，明朝政府叠次调集大军前往征讨，均先后败没，石柱土司兵在这些战役中所向有功。为了鼓励他们忠于王事，必须破格升赏，因此自秦良玉以次的石柱将弁，亦能与经制官军一样地得蒙赏赉，与政府军几同一体。关于这一方面的情形，后文另有叙述，这里先解释上文所说的"白杆兵"。

"白杆兵"之名，初见于《石柱厅志》的《土司传》，叙次于秦良玉嫁与马千乘为妻之后，云：

> 长归千乘，仪度娴雅，而性行严明。农隙与千乘训练士兵，精劲冠诸部。兵器用长矛，后带钩环，登山涉水，前后相连，皆白木为之，不装饰。厥后屡立战功，石柱白杆兵遂著名海内。

由此可知，所谓"白杆兵"也者，乃是因为他们所用的长矛皆白木柄而不加髹漆，形如白杆的缘故。白杆兵的特点是，长矛的尾端加装钩环，可以与前面的长矛互相钩连，用来登山陟险，最能发挥前后攀援的功用，所以终能在桑木关之战中攀陟而登，突破播州叛军所恃为天险的关隘。至于他们在后来的战役中是否亦曾因此种特殊的兵器装备而得获胜捷，则因史无明文之故，不能详。从前清朝人董榕曾撰杂剧《芝龛记》，专叙秦良玉的生平战功；抗战时亦有李庆成、周静安二人合著小说体裁的《秦良玉传》，对于秦良玉的一生事迹，描写尤为详尽。但是此二书虽然旨在宣扬秦良玉的非凡战功，故事的构架亦能勉强符合史传的记述，但细部情节则全出虚构，毫无采信的价值。《石柱厅志·土司传》中就说，秦良玉死后，宣抚司衙署屡遭兵火，秦良玉生前所受的诰命均已毁损无存，无从考知其何年拜官，何年封爵，其生前所撰诗文亦被焚毁无传，"《芝龛记》所载，皆属伪撰"，因此《石柱厅志》卷九、卷十的《艺文志》中，秦良玉所撰诗文全无记载。由此可知，《芝龛记》及小说《秦良玉传》虽然竭力铺张石柱白杆兵的战功，却是不足采信的向壁虚构之言，比较可以相信的，还是《明史·秦良玉传》及《石柱厅志·土司传》中的有关记述。现在且引据《石柱厅志·土司传》中的记载，略述其在万历、泰昌、天启三朝中转战南北的情形如次：

泰昌时，征其兵东援。良玉遣其兄弟邦屏、民屏以五千人先往，良玉携子祥麟领精卒三千继之。奏闻，赐良玉三品章服，授邦屏都司佥书，民屏守备。天启元年，师次浑河，邦屏力战死，民屏负伤突围出。沈辽连破，关外残兵星夜奔窜，良玉闻变，与祥麟兼程赴援，守护榆关。祥麟目中流矢，犹拔矢策马，奋勇防御不肯退。良玉陈邦屏死状，兵部尚书张鹤鸣亦奏称"浑河之战，石柱土司遣将秦邦屏战没，宣抚女官秦良玉亲督精兵，兼抚残卒，守护榆关，昼夜周懈。请加赏叙，再征兵赴援"，等语。诏加良玉二品章服，即予夫人诰命，赐额曰"忠义可嘉"。子祥麟授指挥使。赠邦屏都督佥事,锡世荫。民屏进都司佥书,命回川练兵赴援。良玉率众还蜀,抵家甫一日,忠州胡平表奔告蔺贼之变。蔺贼奢崇明、奢寅陷内江、新都等县,进围成都,其党樊龙、张彬据重庆,杀巡抚徐可求及文武官兵五十余人,川中大震。贼因石柱兵强,遣樊定邦赍金结援。良玉开辕见使,使献多金,将进说辞。良玉怒骂,曰:"贼奴敢以逆言污吾耳!我兵将发,即以奴首祭大纛。"立斩之。出其金尽犒三军,欢声雷动。遂飞章奏闻,即起兵讨贼。遣邦屏子秦翼明、都司胡明臣领兵四千,衔枚疾趋,潜度渝江,驻南坪关扼贼归路;邦屏子秦拱明领兵四百,袭两河,焚贼船,阻其东下;裨将秦永成领千兵,分张旗帜山谷间,守护忠、万、酆、涪,驰檄夔州急防瞿塘上下。乃与子祥麟亲率杀手六千,令弟民屏提调,杨学礼督阵。前锋沿江而上,水陆并进,贼不敢出。而奢崇明造吕公车,攻围成都甚急。巡抚朱燮元羽檄调援,良玉乃由川北路鼓行而西,分遣民屏复安岳、乐至等县。良玉复新都县,长驱抵成都,内外交攻,破其吕公车。贼败,解围遁去,乃还军救重庆。民屏擒贼将樊虎,杀黑蓬头,夺二郎关,又夺浮图关。时南坪关先为秦翼明等所扼,秦拱明擒杀贼将沈霖于两河,烧其船千余只,夺船八百只。贼闻两关连破,惶惧束手,困守城中。良玉兵抵城下,贼张形迎战,祥麟斩之,乘夜攻破通远门,樊龙遁走,诸将争杀之,收复重庆。秦永成同胡平表击贼将冉应龙于忠州,川东悉平。捷闻,良玉授都督佥事,充总兵官,命祥麟为宣慰使,民屏进副总兵,翼明、拱明进参将。……

明神宗万历四十四年(1616),努尔哈赤起兵于辽东,建国号称后金,定年号为"天命"。自此以后,后金便成为明朝的心腹大患,调兵增赋,竭全国之力以御之,终不能克。后金之强,由于后金兵长于骑射,其弧矢之精与兵甲之坚,非明朝之所能敌,所以即使萃全国之精兵于辽东一隅之地,仍不能收克敌制胜之功。石柱土司的白杆兵号称精良善战,但因为他们只是山地出身的步兵之故,虽然长于击刺,却决不能抵御骑兵之冲突。所以秦邦屏不免战死于浑河之役,而秦民屏亦仅以身免。当此之时,明朝政府调集全国的强将劲兵,悉数用之以抵御东北的清人,内地的空虚,便不免使野心人物生觊觎之心。川黔之间,土司众多,其中不免有野性未驯的蛮酋认为此正是他们起而建功立业的大好机会;奢崇明之起而叛明,即是其中之一例。不过,石柱的白杆兵虽然不足以制胜后金的骑兵,用来对付同为四川土司的奢崇明叛军,无论如何总是绰有余裕的。于是,秦良玉所统率的石柱兵,在万历二十八年(1590)建下平播之功以后,隔了两年,又再建下平奢之功,在秦良玉的战史上,再写下了显赫的一笔。

奢崇明是四川永宁宣抚司的宣抚使,其辖境在今四川南部之叙永县,古称蔺州,与东边的播州土司接壤,地势险要,素为四川南部之边患。明朝政府屡次发大兵征讨,仅能克之,所以奢崇明敢于恃险负固,有不臣之心。万历、天启之间,辽东方面的战争连年不息,官府的征调频繁,内地空虚,奢崇明遂以为此正是他窃占全川的大好机会,而变乱以起。其后奢崇明虽屡为石柱土司兵所败,贵州境内的水西土司安邦彦又起而作乱,收纳奢崇明的残部,大举起事,贵州境内的毕节、乌撒、普安、平彝、及云南境内的交水、曲靖、武定、寻甸、嵩明等地皆成为战区,贵阳亦被围困，叛乱规模之大，不逊于播州杨应龙及永宁奢崇明之乱。秦良玉在平奢之后，又奉檄调征讨安邦彦。适当此时，清兵由辽西取道热河山地，破长城隘口入犯京畿内地，京师戒严，崇祯帝诏令各省兵勤王。秦良玉闻警，亟撤征黔之兵，回师东向，兼程行抵京师，以赴君父之难。崇祯帝闻石柱兵至，优诏褒美，并在平台召见秦良玉，赐蟒袍玉带之外，仍亲自撰诗四章，以示嘉勉。此诗现仍见于石柱秦良玉祠后的石刻碑上，全诗如下：

学就西川八阵图，鸳鸯袖里握兵符。由来巾帼甘心受，何必将军是丈夫。

蜀锦征袍手制成，桃花马上请长缨。世间多少奇男子，谁肯沙场万里行？

露宿风餐誓不辞，呕将心血代胭脂。凯歌马上清平曲，不是昭君出塞时。

凭将箕帚扫匈奴，一派欢声动地呼。试看他年麟阁上，丹青先画美人图。

崇祯皇帝的诗，作得并不很好，但是他对秦良玉的夸赞褒美之意，却是十分明显的。第四首的"麟阁"二字，指的似乎是凌烟阁。按，《旧唐书·太宗本纪》云："贞观十七年二月，图功臣于凌烟阁。"凌烟画像的典故出于此。崇祯在这几首诗中用到这一典故，显然寓有以灭清的功臣相期之意。果真如此，在凌烟功臣图上，势将出现一个易钗弁而冠的女性将军，实在是千古罕有的佳话。只可惜明朝对清朝的战争始终不能取胜，明朝政府且因征敛繁重之故而引起农民起义，最后甚且因此而亡国，不但凌烟图像的希望渺不可期，便是连功成归隐的想法也成了不切实际的奢望。秦良玉至此，实在有欲哭无泪之感。然而这却是大势所趋的结果，非秦良玉一人之努力所能挽回，又奈之何？

明朝崇祯年间的农民起义，起于政府的征敛繁重，加以陕北地方连年大旱，赤地千里，人民穷无得食而赋税仍不能免，为逃死之计而冒险作乱，原是不得已之举。当此之时，假如崇祯皇帝知道征敛繁重乃是酿乱之本，而对清人的战争一日不能停止，便无法削减庞大军费的开支，那就应该当机立断，迅速采取与清朝停战言和的政策，以便安辑内部，消弭乱源，自不难再有复兴图强的机会。只可惜崇祯皇帝乃是一个刚愎自用之人，他一方面严词拒绝清朝方面的和议请求，一方面又不知道以釜底抽薪之法适时救济濒于死亡的无告灾民，以免他们再为起义军之续，则亦不致使星星之火日益蔓延，终至于燎原不救的地步。总因为崇祯皇帝不是一个能够察见安危治乱之理的有为之君，虽然当时的政治情势业已到了十分危急的严重关头。他仍然不顾分崩离析的危机，一意要对清朝作战到底。而国内的农民起义军既起，他所采取的，又是绝不妥协的讨伐政策。于是，不但对清朝作战的军费不能减少，为了征讨农民军，明朝政府又必须募集更多的军队，支用更多的军费，与增加更多的赋税。这就使后来的情势陷入了恶性的循环——征敛愈重，乱源愈盛，盗贼亦愈多；古语有所谓"殴民从贼"的话，恰可为此时的写照。因此之故，明朝政府对农民军的征剿虽然叠奏大捷，而乱源既不能清除，农民军反而有愈剿愈多的光景。到了最后，政府军的优势无法维持，农民军的力量遂一发而不可收拾。在这种情势之下，秦良玉虽然报国有心，却因农民军永远杀灭不尽的缘故，总有一天会被农民军的势力所淹没，百战百胜的石柱白杆兵，终于也无法挽狂澜于既倒的了。《明史·秦良玉传》及《石柱厅志·土司传》中叙述秦良玉剿寇的战功，累累不可胜纪，其最后的结果如此，诚然不是秦良玉所能逆料。在前后历时十数年之久的剿寇战争中，秦良玉的唯一儿子马祥麟和他的妻子张凤仪，都在战场上为国捐躯，献出了他们宝贵的生命。秦良玉虽然在艰难百战中仍能全身而退，但在国家残破，皇帝殉国的情形下，她还有什么生人之乐呢？《明史·秦良玉传》叙此，只说：

及全蜀尽陷，良玉慷慨语其众曰："吾兄弟二人皆死王事，吾以一孱妇蒙国恩二十年，今不幸至此，其敢以余年事逆贼哉！"悉召所部曰："有从贼者，族无赦。"乃分兵守四境。贼遍招土司，独无敢至石柱者。后献忠死，良玉竟以寿终。

秦良玉死于清顺治五年（1648）戊子，距崇祯十七年（1644）三月农民军攻破北京，崇祯皇帝殉国之时，已有四年，距南明弘光朝廷之倾覆，亦已三年。在这段时间内，秦良玉的作为如何？《明史》本传语焉不详，或者是有所顾忌而不愿详述之故。事实上她显然不是一事不为地寿终于家的。如《石柱厅志·土司传》就说，她在得悉李自成攻破北京，崇祯殉国的消息之后。"躃踊号恸，气绝者再。旋更缞麻哭临万寿宫，哀动三军，纷纷雨泣。"张献忠屠戮全川，"良玉每闻贼惨杀状，辄奋激扼腕，泣数行下。"可见她此时对国仇家恨的愤激之感，始终痛切在心，只因大厦已倾，一木难支，空怀忠愤，却于事无补，以是抑郁难堪，赍恨没地。若说她已经年过七十便是"寿终"，无宁是对她的侮辱。抗战期间，在重庆举行的秦良玉遗物展览会中，有一颗秦良玉生前所用的铜印,文曰"太子太保总镇关防"。印的背面镌有文字两行,右为印文的释文,左曰:"隆武二年八月日礼部造。"考之史册,唐王聿键建国于福州,改元隆武,以苏观生、黄道周为大学士,张肯堂为兵部尚书,议集战守兵二十万及兴复之计,是即南明史上的隆武帝。隆武元年(1645)即清顺治二年,隆武二年,则是顺治三年。由这一颗关防,可以证明一项事实,那便是说,即使是在顺治三年清军业已占领四川全省之后,石柱境内的秦良玉所部,仍奉南明朝廷的隆武正朔,并接受其官职,准备起兵响应福建方面的军事行动,为中兴复国之计。这在有关秦良玉的传记资料中亦是有记载可查的,忠州秦氏家乘中的《秦太保良玉别传》叙此云:

唐王隆武二年,遣使征太保,加太子太保,封忠贞侯,赐以印。太保奉诏将行,会我大清兵克福州,遂不果。时海内底定,马氏惧以唐王事櫻祸,故终太保世无敢言者,而《明史》亦阙而不书。今赐印尚存马氏宗祠云。

这一段叙述,以见存的秦良玉赐印证之,可知其言不谬。然则《明史》之所以不记此事,并以秦良玉为"寿终"者。正是因为史馆诸人尚不知道有这一段掌故的缘故。古诗有云:"老骥伏枥,志在千里,烈士暮年,壮心未已。"以这一段话来形容秦良玉的晚年心情,庶几近之。然而,对于她这一份耿耿孤忠的民族志节,实在也太使人感到伤感了。

关于存世的秦良玉遗印,还有一段掌故可以提出一说。由印文的拓本看来,"太子太保总镇关防"的篆文已经相当粗阔,可以知道此印业已经过无数次的使用,尤以"总"字右上角的情形尤其明显，几近于漫漶磨灭了。秦良玉的这颗铜印，颁于隆武二年（1646）八月，新印的篆文细而清晰，决不致有此情形，何况秦良玉虽经奉诏起兵而事实上未曾成行，足证此印并没有正式使用的机会，何以印文磨损粗阔至此？询之保存此印的马家后人，方才知道，原来相传此印有避邪驱病之功，石柱县的人民每患疟疾，往往来马氏宗祠求取钤盖印文的印纸一张，回家后将印纸盖在病人头上，一宿之后，疟疾便可霍然而愈。当地相传，张献忠乃是七杀星下凡的天上星宿，因为杀人太多，死后被贬为疟鬼，专门害人生病；而秦良玉则是玉女星下凡的星宿，力能收服七杀星，故而张献忠最惧惮她，即使变为疟鬼以后仍然一样。因此之故，盖有秦良玉遗印的印纸能驱除疟鬼，所以治疟最灵。由此引伸而为避邪之用，亦甚有效。数百年以来求者既众，不但印文逐渐磨损，印角亦已磨秃，足证此说确为不虚，虽为迷信，却是事实。然则此一印信之所以能由清代初年保存至今，或者还是由于这一种迷信的力量吧！

秦良玉死后，葬于石柱城东十五里之廻龙山。今石柱城中尚有其专祠，乃是清乾隆四十九年（1784）其六世孙马光裕之妻陈氏所建，其原址则是旧时的石柱宣抚司衙署。祠名"太保祠"，以秦良玉在南明隆武朝廷时曾被封为忠贞侯，加衔太子太保，故名。大门匾额曰"大都督府"，左右对联曰："汉室将军甲第，明朝都督人家"。门内二字匾额，题曰"承恩"，仍是昔日石柱宣抚司衙署之旧。秦良玉在崇祯年间曾因战功升授五军都督府的左都督，总兵官，管石柱宣慰使事，故门匾可题为"大都督府"，对联亦可写作"都督人家"。二门有额，题曰"明太保秦夫人庙"，由此始著明现为秦良玉之专祠。大堂为正殿，悬有"帅忠"及"忠义可嘉"匾额二方，后者系明熹宗所赐。神龛正中，塑秦良玉戎装像，顶盔贯甲，气象威严。其旁为子祥麟、媳张凤仪、及玄孙马宗大之像。堂后为寝殿、塑马千乘秦良玉夫妇二人之像，此殿的秦良玉像，作女装。殿后有堂曰"忠爱"，有楼曰"荫远"。最后一楼名"玉音楼"，额曰"龙章世宝"，专门供奉秦良玉生前所奉颁赐的皇帝书翰。楼高五丈，三层五楹，巍然耸立，最为显著。以上所记，俱见于清修《石柱厅志》卷五《建置志》。民国以后，据说尚能保存，至于目前的情形如何，则已无从知道了。

《石柱厅志》卷十二《艺文志》中，载有清人凭吊秦良玉祠墓的诗词甚多，读之殊能使人平添追思景仰之心。摘录数首于后，以为本文之殿。

徐久道作《谒秦夫人庙》七律二首，云：

屹屹江南一柱峰，灵奇端为女元戎。早间幕府称娘子，独上平台动帝容。白杆红裙惊战伐，美人名马识英雄。前朝大局孙卢逝，又使夫人继二公。

狼驱豖突扫如焚，更别贤奸不乱群。勇率佳儿忠率妇，节还夫子义还君。一腔热血今犹碧，百战奇功古未闻。个个须眉齐俯首，玉音楼下拜将军。

又，徐久道作《谒秦夫人墓》七律二首，云：

两门忠骨壮山河，鸣猿飞鹤泪痕多。补天大力归元化，填海精诚托逝波。浩劫余灰沉碧草，清霜明月拥清娥。墓台寂寞松楸长，风雨犹闻撼铁戈。

宿草回龙冷墓田，英雄遗憾忆当年。尽翻桑海残棋局，犹保西南半壁天。恸哭清师空奋臂，帅臣误国孰张拳？勋名盖世浮云变，留得丹心照汗编。

王萦绪作《谒秦夫人墓》七律一首，云：

惆怅松风谡谡声，肃瞻高冢忆生平。指挥欣仰红裙帅，披靡惊闻白杆兵。鸳袖折冲推长子，龙章宠锡动神京。于今剩有佳城在，衰草苍凉岁几更。

车申田撰《经秦宫保夫人故第》七绝二首，云：

闭垒难成犄角谋，廷臣相对尽含羞。百年养士功何济？第一英雄是女流。

桃花马上战功奇，博得君王数句诗。岂识世间真气节，不妨巾帼视男儿。

翁若梅作《次僧净石谒秦夫人墓》七律一首，云：

一腔热血长松楸，忠爱堂中泪未收。明季衣冠臣半妾，边陲节钺妇通侯。阃门尽足垂终古，末路犹能正首丘。石柱勋名铜柱上，回龙何日拜山头。

读上引诸诗，对于秦良玉当年以一介妇人而效命疆场，一门忠贞，赤忱报国的忠贞大节，虽在三百年后的今天，犹觉有低徊不尽的追思。千百年来的巾帼英豪，如秦良玉者能有几人？

十一　文采风流柳如是

　　明末清初，钱谦益在文学界有"诗坛李杜"之称，其文学造诣极高。他在崇祯十四年（1641）娶名妓柳如是为妾，当时他年已五十九岁，而柳如是尚只二十四岁，老夫艳妾，这一段钱柳姻缘，极为人所歆羡。三百年来，钱谦益与柳如是的故事虽然仍流传不衰，故事的内容却已逐渐变质，驯至真相不明。原因是记述这些故事的稗官野史或者因辗转听闻而讹传失实，或者出于原作者的有意捏造谤言，以为诬蔑。在这种情形之下，钱柳姻缘的真实情形终于逐渐不能为人所充分了解，甚至对钱谦益、柳如是二人的行为性格等等，也不能有清楚明白的认识。假如说，三百年前的钱柳姻缘，也不过是近世以来的名女人嫁与大人物之类，没有什么值得大惊小怪之处，那么，钱谦益与柳如是的故事当然也就没有什么值得研究了解的地方。问题是柳如是并非时下一般之所谓名女人，钱谦益也不是有财无学的大老倌，他们的恋爱事迹，便大有可谈之处了。更何况柳如是的文才绝世而性格豪迈倜傥，烈烈有丈夫之风，对于如此这般的一个绝世奇女子，亦更不可以等闲视之也。

能够使我们真正了解柳如是之才学与个性的，当归功于陈寅恪先生的辛勤研究。他所著的《柳如是别传》，洋洋八十万言，可说是人物研究中的划时代巨著。由此书的内容可以知道，寅恪先生的研究取材，包括明末清初有名人物的诗文集，以及正史、杂史、野史、笔记等等有关书籍，无虑一百数十种，其搜罗之广与钻研之深，足可使后生晚学叹为观止。以如此众多的丰富史材，通过了寅恪先生目光如炬的观察能力，当然可以使这一部著作达到剔隐鉴微、烛照无遗的地步。但因寅恪先生的原著偏重于学术性，考证不免伤于细密，头绪亦苦于繁多，恐不是一般读者所能耐心阅读的消闲类书籍。因此之故，摘其精华而举其概要，使多数读者能在短时间的阅读中得到大致的认识，似乎仍是值得一做的工作。笔者自己，在过去亦对这个问题只有一知半解的错误认识，若不是寅恪先生的启示，恐怕只能永远停留在这个错误的阶段，于此尤当对寅恪先生致诚挚的感谢之忱。

在没有进入讨论之前，应该先将旧时一般所熟悉的资料先加引述，然后再指出其中的错误。清人顾苓所撰的《河东君传》，过去一直被认为是记述钱柳姻缘的正确资料，此传的开头部分说：

> 河东君者，柳氏也，初名隐雯，继名是，字如是。为人短小，结束俏利。性机警，饶胆略。适云间孝廉为妾。孝廉能文章，工书法，教之作书写字，婉媚绝伦。顾倜傥好奇，尤放诞，孝廉谢之去。

这一段记事的文字虽然不多，所隐讳省略及记述错误的地方却已不少。大概说来，可以分为两部分，一是柳如是的名字问题，二是所谓嫁与"云间孝廉"为妾，其后乃为此云间孝廉所"谢之去"的问题。

柳如是本来并不姓柳，这在别的野史已有记述。如《虞阳说苑》甲编所收《牧斋遗事》，就说柳如是本姓杨，名爱，柳如是之名，乃是她后来往访钱谦益时所改，其后就以所改之名为名，"杨爱"二字反不为人所知。究竟柳如是本来姓杨还是姓柳？可以再用其他方面的记述来查证。清人王沄所撰的《辋川诗钞》，有《虞山柳枝词》十四首，专记钱柳遇合之故事。其第一首云：

章台十五唤卿卿，素影争怜飞絮轻。白舫青莲随意住，淡云微月最含情。

此诗下另有附注，云：

姬少为吴中大家婢，流落北里，杨氏，小字影怜。后自更姓柳，字如是，一时有重名，从吴越间诸名士游。

王沄亦说柳如是本姓杨，小字影怜，柳如是之名乃后来所改，这就与《牧斋遗事》所记的内容相合。此外则清人钱肇鳌所撰的《质直谈耳》卷七《柳如是轶事》一条，亦有相似的记述，说：

如是幼养于吴江周氏为宠姬，年最稚，明慧无比。主人常抱置膝上，教以文艺，以是为群妾所忌。独周母喜其善趋承，爱怜之。然性纵荡不羁。寻与周仆通，为群妾所觉，谮于主人，欲杀之。以周母故，得鬻为娼。其家姓杨，乃以柳为姓，自呼如是。

将这一条记事与王沄的《虞山柳枝词》相合看，一方面证明了柳如是本姓杨氏之说不错，二方面也进一步证实了《虞山柳枝词》所说的"少为吴中大家婢",所指的乃是吴江周氏之家;若再从陈子龙、宋徵璧等人的诗作中考证,又可知道此"吴江周氏",究是何人。

陈子龙所撰的《陈忠裕公全集》卷十《陈李唱和集》,乃是他在崇祯六年(1633)时与同学好友李雯等人的唱和集,其中收有此一年秋天他与宋徵璧、彭宾二人泛舟西潭所作的《秋潭曲》,诗题之下有注,云:

偕燕又、让木、杨姬集西潭舟中作。

彭宾号燕又,宋徵璧号让木,此二人之外的"杨姬"是谁?据宋徵璧所撰的《秋塘曲序》,其人应即是新从吴江周家鬻出的杨影怜。宋徵璧《含真堂诗稿》卷五《秋塘曲序》:

宋子与大樽泛于秋塘,风雨避易,则子美渼陂之游也。坐有校书,新从吴江故相家流落人间。凡所叙述,感慨激昂,绝不类闺房语。且出其所寿陈征君诗,有"李卫学书称弟子,东方大隐号先生"之句焉。陈子酒酣,命予于席上走笔作歌。

陈子龙字大樽,这可以证明《秋潭曲》与《秋塘曲》所写的是同一时间、同一地点的记游之诗。宋诗原文甚长,不能转引。其中有两句很重要,需要注意,乃是:

校书婵娟年十六,风风雨雨能痛哭。

陈子龙与宋徵璧在崇祯六年秋天同游西潭,座中有新从"吴江故相"家流落人间的杨姓女校书而此时年方十六。以这几点关系与王沄的《虞山柳枝词》相印证,就可知道,柳如是从吴江故相家放出的时间是崇祯五年(1632)。至于何以能确定此座中女校书杨姬便是从吴江故相之家放出的柳如是,则《秋潭曲》下尚

有王兰泉所加的按语,云:

> 宋子与大樽泛于秋塘,坐有校书,后称柳夫人,有盛名。

再进一步探索上文所说的"吴江故相"与"吴江周氏"二者是否即是一事,则天启、崇祯年间曾为宰相的周道登,恰为南直隶的吴江县人,与这些条件均能适合。到此地步,柳如是早年的出身与其姓氏,都已可以确定了。由此说来,顾苓所撰的《河东君传》,至少讳饰了两点事实。第一是柳如是本来姓杨,其后乃改名为柳如是;第二是她在早年曾在吴江周道登家为妾,甚得宠,在崇祯五年十五岁那一年被卖出为娼。至于她与陈子龙等人的诗文唱和虽在崇祯六年,究竟彼此间的交往是否便开始在这一年,则因文献无征之故,不能确定。

松江古称"云间"。顾苓《河东君传》说,柳如是早年,曾嫁"云间孝廉"为妾,后因放诞不羁而为此孝廉所"谢去",这所指的"云间孝廉"究竟是谁,柳如是曾否嫁此孝廉为妾?这是需要查证的第二个问题。

陈子龙、宋徵璧、李雯等都是松江人,陈子龙在崇祯十年(1637)始中进士,在崇祯九年以前都只是举人身份。举人俗称孝廉,此所谓"云间孝廉",陈子龙很具备此一资格。从《陈忠裕全集》所收崇祯六年至崇祯九年陈子龙所作的诗词看来,他与柳如是之间,很可能具有某一种极为亲密的关系。只因诗词中的文字晦暗不明,陈子龙自己既不肯明白道破,旁人自然不便妄作推断。不过,有一点是很可以确定的,就是陈子龙与他的朋友们,似乎都不肯承认陈子龙与柳如是之间,曾经有过某种亲密的关系。最显著的,是王沄所作的《虞山柳枝词》,对柳如是不惜多方诬蔑,乍看之下,实在很不容易使人了解,他的这种作法,究竟是何居心?王沄也是松江人,并且是陈子龙的门生。柳如是假使曾经嫁为"云间孝廉"之妾,王沄不会不知道。然则王沄对柳如是的生平事迹,也当然有所知悉。但是我们看他写在《虞山柳枝词》中的柳如是事迹,却不惜捏造虚无荒诞的事实来大肆其诋諆之辞,这其间似乎存有某一种目的,乃是"不足为外人道"的。《虞山柳枝词》其二首云:

河东女史善寻芳,放诞风流独擅场。文选每吟十九首,法书临得十三行。

此诗既说柳如是"放诞风流独擅场",又说她解作诗而知书法,似乎是在夸赞她的才能了。但如细味文意,便又可知其不然。假如王沄真的是在夸赞其解作诗而知书法,便不应以"《文选》每吟十九首,法书临得十三行"为言,因为这种句法显然寓意讽刺,特别强调她读诗只知《文选》十九首而习书只会十三行法书,如此语气,分明只在讥笑柳如是之浅薄寡学而好矜弄才智,并不是真有夸赞之意。至于第三首的讥嘲之意,就更加明显了。诗云:

鄂君绣被狎同舟,并蒂芙蓉露未收。莫怪新诗刻烛敏,捉刀人已在床头。

其下并有注释,云:

我郡有轻薄子钱岱勋,从姬为狎客若仆隶,名之曰'偕'。姬与客赋诗,思或不继,辄从舟尾倩作,客不知也。归虞山之后,偕亦从焉。我友宋辕文有破钱词。

这一段话对柳如是的造谣毁谤,直可说是卑鄙下流,无聊之甚。按，宋辕文即是宋徵舆，乃宋徵璧之弟，其人与柳如是交好甚笃，双方且有婚约，后因宋母之反对，宋徵舆不敢坚持己见，柳如是一怒而与之绝，事见钱肇鳌所撰《质直谈耳》中的《柳如是轶事》。由于宋徵舆早年与柳如是有情而中途绝交，柳如是后来又嫁了钱谦益，宋徵舆基于撚酸拈醋的作用，对钱谦益极为憎恨，所谓"破钱词"也者，无非只是基于泄忿目的而写的谤书而已。王沄以宋徵舆的谤书作证，岂不是欺人无知，可恶之至。至于王沄所说柳如是蓄有枪手钱岱勋，柳之诗文大多出于钱之枪替云云，由后文所引柳如是诗文之精妙情形看来，恐怕连当时的"诗坛李杜"钱牧斋都不够资格作柳如是之枪替，何物钱岱勋，居然能有此才学？王沄对柳如是如此恶意中伤，应当有其动机。其动机如何？推想起来，大约便是因为她当年曾与陈子龙有极亲密的交情，而在王沄等人的眼中看来，以陈子龙的声誉地位，居然会与风流放诞的娼女亲密如此，无疑将为盛名之累。为了替师门"洗谤"，乃不惜无中生有地恶意造谣，务以毁谤柳如是之名誉为事。在如此有计划、有目的之造谣破坏下，各种各样令人意想不到的谣言都会出现。如《牧斋遗事》中所说的陈、柳关系，大概便是在这种情形之下出现的谣谤之一。《牧斋遗事》：

柳尝之松江，以剌投陈卧子。陈性严属，且视其名帖，意滋不悦，竟不之答。柳恚，登门詈陈曰："风尘中不辨物色，何足为天下名士？"

假如《牧斋遗事》中所说的这段事实确有其事，人们当然会相信陈子龙与柳如是之间决无关系，风流放诞之娼女柳如是，自然也不会成为陈子龙的盛名之累了。无奈陈柳关系在事实上绝非如《牧斋遗事》所说的陈子龙不屑置理,而且陈子龙还曾意态殷勤地为柳如是之诗集《戊寅草》作序哩!如果陈子龙不屑理会柳如是,则《戊寅草》前的陈子龙序文又从何而来?何况陈子龙的序文中,对柳如是的诗极致其赞颂之意,这又是基于何种理由而写的文章?由于《戊寅草》原书尚存,《虞山柳枝词》与《牧斋遗事》等书的造谣诡计,乃能为我们所洞察无遗。陈子龙所撰的《戊寅草序》,原文甚长,摘录其中的赞誉之言,以见一斑:

余览诗上自汉魏,放乎六季,下猎三唐,其间铭烟萝土之奇,湖雁芙蓉之藻,固已言人人殊;而其翼虚以造景,缘情以趋质,则未尝不叹神明之均也。故读石城京岘采菱秋散之篇,与宁墅麻源富春之咏,是致莫长于鲍谢矣。观白马浮萍瑟调怨歌之作,是情莫深于陈思矣。至巉岩骏发,波动云委,有君父之思,具黯怨之志,是文莫盛于杜矣。后之作者,或短于言情之绮靡,或浅于咏物之宵昧。唯其惑于形似也,故外易而内伤;唯其务于侈靡也,故貌丽而神竭。此无论唐山班蔡之所不逮,即河朔汉南之才,雕思而多蒙密之失,深谋而益拟议之病,亦罕有兼者焉。……乃今柳子之诗,抑何其凌清而瞗远,宏达而微恣与?夫柳子非有雄玅宵丽之观,修灵浩荡之事,可以发其超旷冥收之好者也,其所见不过草木之华,眺望亦不出百里之内,若鱼鸟之冲照,驳霞之明瑟,严花肃月之绣染,与夫凌波盘涡,轻岚昼日,蒹葭菰米,冻浦岩庵,烟火之袅袅,此则柳子居山之所得耳。然余读其诸诗,远而恻荣枯之变,悼萧壮之势,则有曼衍漓槭之思;细而饰情于潴者蜿者,林木之芜荡,山川之修阻,则有寒澹高凉之趣。大都备沉雄之致,进乎华骋之作者焉。……

单看上面所引的这段序文，就可知道，陈子龙对柳如是的诗词极致其推崇之意，至于以为连汉代最著名的女作家唐山夫人与班昭、蔡姬，亦远为不逮，其他自更不足比拟。陈子龙是明代末年有盛名的作家。他的推崇诚或过当，但决不致夸诞不实，全出于阿好之私。关于这一层，后文另有讨论。所值得注意的，是由此所透露出来的陈柳二人不寻常的交谊。

由宋徵璧所撰的《寒塘曲序》文中可以知道，柳如是初从吴江故相之家流落云间为妓时，虽然也已能作诗，但其诗句不过如"李卫学书称弟子，东方大隐号先生"之类，不足以列入作家之林。但是在崇祯十一年柳如是刊行其诗集《戊寅草》之时，收在此集中的诗词，便大有佳什，够资格被陈子龙推崇为"备沉雄之致，进乎华骋"之标准的了。随便举出此集中的闺情词二则，便可见其词藻清丽而情意缠绵之笔调一斑。如题名"听雨"的《更漏子》词云：

风绣幕，雨帘栊，好个凄凉时候。被儿里，梦儿中，一样湿残红。香燄短，黄昏促，催得愁魂千簇。只怕是，那人儿，浸在伤心绿。

又，题名"添病"之《诉衷情近》云：

几番风信，遮得香魂无影，衍来好梦难凭，碎处轻红成阵。任教日暮还添，相思近了，莫被花吹醒。雨丝零，又早明帘人静。轻轻分付，多个未曾经。画楼心，东风去也，无奈受他，一宵恩幸，愁甚病儿真。

由《戊寅草》所收的诗词中，已很可以看出柳如是的才思细密而文采风流，与"李卫学书称弟子，东方大隐号先生"之类专事堆砌典故而成的诗作相比,前后之间的进步何可以道里计?柳如是诚然有极高的禀赋天分,但如没有后天的陶冶与良师的指点,势不可能在几年之内以自学的条件达到此一地步。然而,以一个女校书的身份,她又从何处寻得一个十分高明的老师,在数年之内学得如此高明的诗词写作能力?这就是十分值得推敲的问题所在。假如柳如是能够成为陈子龙的外室,以陈子龙的文才与学识,当然最适合成为柳如是的老师。至于这种情形是否有其可能,则可以看《质直谈耳》中《柳如是轶事》的记述:

其在云间,则宋辕文、李存我、陈卧子三先生交最密。

柳如是与宋辕文的关系,已见前述。李存我即李待问,他与柳如是之间的关系,可以参看王沄的《虞山柳枝词》:

尚书曳履上容台,燕喜南都绮席开。闪烁珠帘光不定,双鬟捧出"问郎"来。

据陈寅恪先生的考证,王沄此诗所写,乃是当钱谦益与柳如是在南都举行婚礼时,李待问亦为来宾之一。柳如是见李待问在座,旋即取出他当年所留的"问郎"玉印,命丫鬟送还李待问,以结束她与李待问之间的一段旧情。由留印还印的关系,可以知道李待问与宋征舆一样,与柳如是有过亲密的交情。宋辕文、李存我、陈卧子三人之中,宋、李都和柳如是有过不寻常的交谊,陈子龙当不例外。寅恪先生因此从陈子龙崇祯六至十一年所作的诗词中留心考查,以求了解在这一段时间之内,他们二人的关系究竟如何。由寅恪先生考证所得,认为顾苓《河东君传》中所说的"云间孝廉",应该即是陈子龙,"可以无疑也"。其后并有结论重申其意见,云:

呜呼，卧子与河东君之关系，其时间，其地点，既如上所考定，明显确实，无可置疑矣。虽不敢谓同于汉廷老吏之断狱，然亦可谓发三百年未发之覆，一旦拨云雾而见青天，诚一大快事。自《牧斋遗事》诬造卧子不肯接见河东君及河东君登门詈陈之记载后，笔记小说剿袭流布，以讹传讹，至今未已，殊可怜也。读者若详审前所论证，则知虚构陈杨事实如王沄辈者，心劳计拙，竟亦何补！真理实事终不能磨灭，岂不幸哉？

寅恪先生的考证方法，乃是选取陈子龙柳如是二人所作的诗词，择其语意相关者排比对照而探讨其含义，最后乃得到如上的结论。由于寅恪先生所取证的诗词甚多，考证又极为细密繁琐，无法征引，只能述其大要为之介绍。虽然寅恪先生自信所断无误，但因在文字记录上毕竟没有明白记载之故，读者诸君之意如何，不妨取寅恪先生之原书自阅。不过，罗振玉在数十年以前就已怀疑此"云间孝廉"即是陈子龙，虽然他的怀疑并未同时列举佐证以为后人之参考，亦可谓英雄所见略同。由此而言，寅恪先生以细密考证所得的结论，更应该是可以相信的。

柳如是在崇祯五年（1632）时由吴江周家流落江湖，在云间为妓，由此而至崇祯十年，她在松江与云间名士陈子龙、宋徵璧、李待问、李雯等人诗酒流连，其间经过，都可以在柳如是和以上诸人的诗作中看得出来。到了崇祯十三年十一月，柳如是由松江来到常熟的半野堂与钱谦益相会，第二年正月间，柳如是就正式下嫁钱谦益，称为柳夫人，这一段经过，也有《牧斋有学集》及《东山酬和集》中的诗什可查。剩下来的问题，是在崇祯十一年陈子龙离开松江以后，到崇祯十三年十一月柳如是与钱谦益建立关系之前的这一段时间内，柳如是的行止动态如何？以及她在这些时间内都做了一些什么事？由于文献缺略，柳如是在这一段时间内的生活史，最不能了解。勉强可以使人得到一些大概观念的，只是她在崇祯十一、十二两年间与汪然明之间的往来尺牍，可以让我们知道，她曾在这段时间内往来松江、嘉定、苏州、杭州等地，为择偶之事往来奔波，最后终于决定下嫁于钱谦益。柳如是往来松江、嘉定、苏州、杭州各地，在杭州方面的居停主人便是汪然明。此人是杭州的富翁，在西湖边有一座横山别墅，还有自置的大型游船多艘，名之曰"不系园"，豪华侈丽，极有气派。他自己所钟情的是另一个吴中名妓林天素。柳如是与林天素交好，与汪然明也熟识，到杭州来时，便住在汪然明的横山别墅中。由于柳如是的声名太盛，游屐所到之处，访客如云，几于户限为穿。在她写给汪然明的信件中，可以使我们知道，汪然明对于她的择偶一事，帮助很大，而她所选择的条件也很多，一是必须有文才，二是必须有地位，三是必须有钱。能够合乎这三项条件的人不多，所以往来跋涉，极费周章。看柳如是流露在这些尺牍中的苦经，很值得人的怜悯同情。看柳如是表现在这些尺牍中的文采与才华，又不能不使人对她表示极大的钦敬与景仰。

柳如是写给汪然明的尺牍共计三十一通，在崇祯十三年年底由汪然明为之结集刊刻，其前有林天素之序言。中云：

余昔寄迹西湖，每见然明拾翠芳隄，偎红画舫，徜徉山水间，俨然黄衫豪客。时唱和有女史纤郎，人多艳之。再十年，余归三山，然明寄视画卷，知西泠结伴，有画中人杨云友，人多妒之。今复出怀中一瓣香,以柳如是尺牍寄余索叙。琅琅数千言,艳过六朝,情深班蔡,人多奇之。……

柳如是的尺牍,被林天素称为"艳过六朝"而"情深班蔡",似乎并非过誉之辞。试将原作取来衡量一番,便可知其文字之妙。如尺牍第七通云:

> 鹃声雨梦,遂若与先生为隔世游矣。至归途黯瑟,唯有轻浪萍花与断魂杨柳耳。回想先生种种深情,应如铜台高揭,汉水西流,岂止桃花千尺也?但离别微茫,非若麻姑方平,则为刘阮重来耳。秋间之约,尚怀渺渺,所望于先生维持之矣。便羽便当续及。昔人相思字,每付之断鸿声里,弟于先生,亦正如是。书次惘然。

前引宋徵璧《秋塘曲序》,已说柳如是"感慨激昂",无闺房女子之习气。今由尺牍中的称呼看来,以女人而自称为"弟",可见她未尝以女人自居之心态一斑。即此二点,已可看出当时人之诋諆柳如是为"风流放诞",未始不是没有原因的。至于此信中的遣词用典,风味隽永,确实如林天素所说,有"艳过六朝"的光景,含英咀华,回味不尽。又,尺牍第四通云:

> 接教并诸台贶,始知昨宵春去矣。天涯荡子,关心殊甚。紫燕春泥,落花犹重,未知尚有殷勤启金屋者否?感甚,感甚!刘晋翁云霄之谊,使人一往情深,应是江郎所谓神交者耶?某翁愿作交甫,正恐弟仍是濯缨人耳。一笑。

此信中说的"昨宵春去",大概意指汪然明此番为柳如是所物色的择偶对象,已因意见不谐而作罢,因此柳如是以"天涯荡子"自比,说明她对此事"关心殊甚"。这大概不会是谦抑,而是实际情形如此。于是她以宋词中"新笋已成堂下竹，落花都上燕巢泥"的出典，改写为"紫燕春泥，落花犹重"，所以表示其自伤迟暮之感，文字虽美，意殊酸楚。由于有这种伤感之情，下文"未知尚有殷勤启金屋者否"之问，自为当然，虽其情迫切，文字上却毫无寒伧可怜之状。"刘晋翁"即刘晋卿，名同升，乃是崇祯十年的新科状元，中状元时年已五十一岁，有资格被称为"刘晋翁"了。味文意，似乎刘晋卿颇有垂青之意，并托汪然明向柳如是示意，但柳如是对之殊为落落，所谓"使人一往情深"也者，无非只是泛泛的浮辞。至于愿作"交甫"的某翁究是何人，抑即便是刘晋翁其人，殊难确定。"交甫"乃是古人之名，典出《韩诗内传》，"郑交甫遵彼汉皋台下，遇二神女，向神女请玉佩，神女予之"的故事。用在这里，便是以汉皋之神女自比，而以向神女请玉珮的郑交甫比喻有意结交"某翁"。"濯缨"二字，则是借用《楚辞》中的《渔父之歌》，"沧浪之水清兮，可以濯吾缨"。其意不过借用这些典故来表示她的拒绝态度。不过，这封信中所谈的虽然只是一些庸俗平凡的媒妁关系，一经改用这种典故来巧妙地表达，便使全信充满了蕴籍风流的美感，循诵再四，齿颊俱芬。柳如是之雅擅文辞而善于取譬古人古事，在这里充分可见其文采风流之一斑。以此与前引的闺情词相比，很显然地，她所写的文字，其内涵与意境又已迈进了一大步，更有深度，也更善于遣辞用典了。

陈子龙与柳如是之间的关系，到崇祯十一年年初便已结束。由崇祯十一年到十三年，柳如是的文学修养有了更高的造诣，足见她此时更能在多读多写的训练之下使自己得到更多的进步。如此精进不已，终于会使久有"诗中李杜"之称的钱谦益也为之甘拜下风的。由于柳如是有如此明白显现出来的文学才华，方才会使钱谦益深切体认，如此才华绝世的美女，百世难逢一人，如不能把握机会，此生可谓虚度。所谓钱柳姻缘，这才是真正的促成因素！

《牧斋有学集》卷十七《移居诗集》，有崇祯十三年秋间所撰的"论近代词人，戏作绝句十六首"，其第十二首的下半阕所论，便是柳如是的诗，原诗云：

草衣家住断桥东，好句清如湖上风。近日西陵夸柳隐，桃花得气美人中。

明末吴中名妓，王修微亦有诗名，自称"草衣道人"。故而此诗上半阕所论的"草衣"其人，即是王修微。至于柳如是，则其本名虽是杨爱，在崇祯十一年时便已改名柳隐，字如是。陈子龙在崇祯十一年为柳如是的诗集《戊寅草》作序，作者的姓名已署作"柳隐如是"；汪然明在崇祯十三年刊印《柳如是尺牍》，亦署"云间柳隐如是"。可知柳如是之从杨爱改名柳隐，必不会迟至崇祯十一年以后。既然柳如是在崇祯十一年便已改用"柳隐"之名，钱谦益又是在看到了她的诗集之后才发为议论的，他当然对柳如是这个人早就有了认识，何须要等到崇祯十三年十一月间柳如是到常熟城中的半野堂来访问钱谦益的时候，钱谦益才赞成她改用柳如是之名呢？由此亦可证明，《牧斋遗事》所说的钱柳遇合情形，亦与顾苓所撰的《河东君传》一样地不尽不实，不足采信。为了便于读者的了解起见，再将《牧斋遗事》中的这一部分摘录于后，以便参考。《牧斋遗事》：

初，吴江盛泽镇有名妓曰徐佛，善画兰，能琴，四方名流，连镳过访。其养女杨爱，色美于徐而绮淡亦复过之。崇祯丙子春，娄东张庶常溥告假归。溥固复社主盟，名噪海内者。过吴江，泊舟垂虹亭，访佛于盛泽之归家院。值佛他适，爱出迎，溥一见倾心，携至垂虹亭，缱绻而别。爱于是窃喜自负，誓择博学好古为旷代逸才者从之。闻虞山有钱谦益者，实为当今李杜，欲一望见其丰采。乃驾扁舟来虞，为士人装，坐肩舆造钱投谒，易杨以柳，易爱以是。刺入，钱辞以他往，盖目之为俗士也。柳于次日作诗，遣伻投之，诗内已微露色相。牧翁得其诗大惊，诘阍者曰："昨投刺者，士人乎？女子乎？"阍者曰："士人也。"牧翁愈疑，急登舆访柳于舟中，则嫣然一女子也。因出其七言近体就正，钱心赏焉。视其书法，得虞褚两家遗意，又心赏焉。相与絮语者终日。临别，钱语柳曰："后即以柳姓是名相往复，吾且字子以如是，为今日证盟。"柳诺。此钱柳作合之始也。

崇祯丙子即崇祯九年，下距崇祯十三年十一月钱柳初遇，中间相距四年。在这一段长时间之内，柳如是的交游极广而读书极多，其声名早已大起。而照《牧斋遗事》所说，钱谦益之所以欣赏柳如是，无非因为她以一女子而能作诗，又善书法，加以色美艳而有意结交，于是遂因势利导，而成就了两人间的姻缘。至于实际情况究竟如何，原书的作者显然不曾细心研究过。欲知真实情形，还需要从正确可信的文献资料中去研究探索，不可以轻信《河东君传》及《牧斋遗事》等荒诞不实的错误记述。在这一方面，《牧斋有学集》与《东山酬和集》二书，应该是最可信的资料。

《东山酬和集》卷一，崇祯十三年庚辰仲冬十一月，柳如是初访钱谦益于半野堂时，所奉赠的七律诗一首如次：

声名真似汉扶风，妙理玄规更不同。一室茶香开澹黯，千行墨妙破冥濛。竺西瓶拂姻缘在，江左风流物论雄。今日沾沾诚御李，东山葱岭莫辞从。

按，此诗亦见于《牧斋初学集》卷十八，在"东山葱岭莫辞从"句下，另有注云："集名东山，取此诗句也。"原来《东山酬和集》的得名由来如此！既然《东山酬和集》之得名是由于柳如是之访钱赠诗，当可想见此集所收之诗，都是与钱柳遇合有关人士的酬唱之作。由这些诗中可以看出，钱柳姻缘的促成因素，完全基于钱谦益对柳如是才貌风度的极度倾倒，决不需要由柳如是以色相勾引，而且柳如是亦不是善用色相诱人的女性。这其中的关系，在钱柳二人的唱和诗中有明显的证据可寻。

上引柳如是赠钱谦益之第一诗，虽然只是普通酬应之作，但在赞誉称颂之中，措辞极为得体，受赞者一见即知作者之才学非比寻常。其第一句"声名真似汉扶风"，乃是借用汉代经学大师马融的典故相称誉。马融是东汉扶风人，博学高才，授徒数千，常坐高堂施绛纱帐，前授生徒，后列女乐，其倜傥风流及桃李满天下，钱谦益亦差可比拟。不过，马融所通的不过是经史之学，钱谦益则不但熟谙经史而长于诗文，且能在中国旧学之外，探索释道二教的经典而通其要义，较马融之才学更为博大高深。所以下接"妙理玄规更不同"之句，以表示钱谦益之声名虽然已如东汉马融一般地传播海内，其学问尚高出一筹。"茶香"誉生活情调之高雅，"墨妙"则赞其诗文之精美。"竺西瓶拂姻缘在"，似指钱谦益通晓内典而具有佛家所谓之"宿因";"江左风流物论雄",则是借用东晋贤相谢安的典故,推崇钱谦益为东南人物之首。"御李"之典,出于《后汉书·党锢传》:"荀爽尝就谒(李)膺,因为其御,既还,喜曰:今日乃得御李君矣。""东山"仍指谢安,"葱岭"与"竺西"之句相关。所以归结全诗,文思贯通,比喻适切。钱谦益有"诗中李杜"之称,作诗评诗,是其出色当行之事,看了这样的诗,岂有不能分辨好坏之理。

全诗中最可注意的地方,是谢安固是东晋名宰相,其所负时誉,在当时实推为天下之重。所谓"斯人不出,如苍生何"者,即是当时人对谢安之看重处。至于李膺,则是党锢名士而隐负宰相之望者。钱谦益在明熹宗天启年间便被阉党指目为东林党魁,因而削籍家居。及至崇祯帝即位,被推为宰相的候选人,不料忽遭温体仁、周延儒的攻击,获罪罢归,从此林居养望,再没有入阁拜相的机会。此是钱谦益一生中最为抱恨的隐痛。柳如是在这首诗中赞美他隐具东山之物望,而又以自己之造谒比拟为荀爽之谒见李膺,真可说是搔到痛痒之处,其内心之惬意,可想而知。及至钱谦益赋诗赠答之后,他自己另有赠柳之诗,题名《冬日同如是泛舟有赠》,诗云:

冰心玉色正含愁,寒日多情照桅楼。万里何当乘小艇,五湖已许办扁舟。每临青镜憎红粉,莫为朱颜叹白头。苦爱赤栏桥畔柳,探春仍放旧风流。

在这首"有赠"与"答赠"柳如是的诗中,钱谦益已明显地流露出他对柳如是的爱慕之情。及至柳如是再写下另一首《次韵奉答》之诗,钱谦益十分惊讶地发现,柳如是才思之敏,文采之美，运典之妙，取譬之深，竟不是他这个"诗中李杜"的大诗人所能企及！这一来就更加拉近了钱柳二人的感情距离，钱谦益终于心甘情愿地做了柳如是的不贰之臣。这一段钱柳姻缘的佳话，因相互赠答诗什而促成，在三百年后仍有一谈再谈的价值。柳如是的《次韵奉答》诗如次：

谁家乐府唱无愁？望断浮云西北楼。汉珮敢同神女赠，越歌聊感鄂君舟。春前柳欲窥青眼，雪里山应想白头。莫为卢家怨银汉，年年河水向东流。

赓韵赋诗，因为必须使用原韵，以及写作范围须与原诗相配合之故，限制较多，往往不能有佳作，但柳如是此诗殊为不然。例如钱谦益诗内有朱颜白头之句，寓有老少悬殊的年龄慨叹，柳如是答诗，却以春柳雪山之意为答，在自比春柳及兼含柳姓之外，更寓有尊敬高年之意，其酬答甚为得体。神女及鄂君二典，一譬己身而一喻牧斋，不但意旨通贯，对于水滨泛舟的实际情事，尤其适合，其巧妙最不可及。结末两句，典出梁武帝的《河中之水歌》："河中之水向东流，洛阳女儿名莫愁。十五嫁为卢郎妇，十六生儿字阿侯。卢家兰室桂为梁，中有郁金苏合香。人生富贵何所望？恨不早嫁东家王。"东家王即是崔颢献李邕诗中的"十五嫁王昌"，亦即是钱牧斋答赠柳诗中所用的原典："但似王昌消息好，履箱擎了便相从。"钱谦益在前诗中用此典暗示探询，柳如是在这首诗中巧妙地借用"卢家莫愁"、"河水东流"等语为答，明白地表示了心许之意。由于用典巧妙及表达自然，整首诗的情韵亦极为高雅，其文字及意境之美，超出牧斋原诗甚多。钱谦益在看了此诗之后，一方面对柳如是以知音相许十分感动，一方面对柳如是的文采与美貌极为倾倒,终于心甘情愿地成为柳如是的爱情俘虏,以能娶得柳如是这样才貌双全的美人为百世难逢的奇遇。钱柳姻缘在这种情形之下终于促成了。在柳如是方面,当然以为能够嫁与钱谦益这样有才学而有地位的人物是很适当的归宿;在钱谦益方面,也以为能娶得柳如是这样文采风流的美女是人生最大的幸福。于是钱柳姻缘,在文学史上留下了极美的故事,在三百年后犹传诵不衰。唯一不妙的地方,是由于传闻讹误之故,故事情节有很多地方都被歪曲失实了。如前引《牧斋故事》所记述的,即是。至于顾苓《河东君传》所记述的,则更为荒诞不实了。顾传云:

> 游吴越间,以词翰名。嘉兴朱治憪为虞山宗伯称其才,宗伯心艳之而未见也。庚辰冬,扁舟过访宗伯,佩服妖异,神情洒落。宗伯大喜,惊魂动魄,胡天胡帝,仿佛神仙之徒,不谓从人间至矣。……

这一段话,直以柳如是之于钱谦益,完全是以色相为诱惑,以致钱谦益在神魂颠倒之余,不知不觉地堕入了柳如是所预设的陷阱。如此抹杀事实,何异蓄意造谣?柳如是在后人心目中的印象,因此也永远只是以才貌惑人的妖姬艳女一流人物。很显然地,这是柳如是最大的不幸,然而却已流传了三百年之久了。

看柳如是的诗,文字及意境如此之美,设辞取譬如此之妙,誉为当时女诗人之第一,当不为过。钱谦益评其诗作,赞为"桃花得气美人中",还不能算是最适当的批评。她在嫁与钱谦益之后,被钱谦益待以嫡室之礼,可以知道她在钱谦益心目中的地位极高。明朝亡国之后,钱谦益屈节降清,柳如是曾劝他为国殉节，钱谦益不能从。由此可知，钱谦益虽为东林党的魁首，其志趣与识见其实尚不及柳如是。其后钱谦益老病而死，族中乡绅钱朝鼎、钱曾等人觊觎钱谦益的遗产富厚，以其子钱孙爱懦弱可欺，竟群起逼索巨赀，钱孙爱几至破家。在这个重要时候，幸得柳如是以一死殉夫，激起了地方人士的公愤，一致要求官府严惩凶顽，方为钱家保全了赀产。这一段故事，知者已多，不需在此多述，所以从略。在这一故事中更可看出，柳如是之机智与志节，确有过人之处，并非只是以言词慷慨，行事豪迈，而被称为"有丈夫气"而已。

十二　桃花遗恨李香君

《桃花扇》与《长生殿》，是清人戏剧创作中的两大名著。《长生殿》写唐明皇与杨贵妃的恋爱故事，《桃花扇》写侯方域与李香君的爱情故事。唐明皇与杨贵妃的恋爱故事，人人知道。那是因为在长生殿这部戏剧之外，还有白居易的《长恨歌》传述其故事，所以即使《长生殿》早已辍演了一个世纪之后，唐明皇与杨贵妃的恋爱故事，还是人人所熟悉的。至于侯方域与李香君的恋爱故事就不同了。则是因为在《桃花扇》之外，再没有其他的小说诗歌之类为之传述流播，一旦古老的戏剧为时代所淘汰之后，戏剧所描写的故事也就逐渐为人所遗忘了。这是桃花扇的不幸，也是李香君的不幸。对于一个深明大义而深切关怀国家民族兴亡的青楼妓女如李香君者，似乎不应该让她的生平事迹在历史上消失不见，所以应该把她搬出来作一介绍。

孔尚任作桃花扇，其目的是在借侯、李二人的恋爱故事，衬托出南明弘光朝廷的兴亡史迹。这就是他在书前所写自序中说的：

桃花扇何奇乎？妓女之扇也，荡子之题也，游客之画也，皆事之鄙焉者也。为悦己者容，甘劈面以誓志，亦事之细焉者也。伊其相谑，借血点而染桃花，亦事之轻焉者也。私物表情，密痕寄信，又事之猥亵而不足道者也。桃花扇何奇乎？其不奇而奇者，扇面之桃花也。桃花者，美人之血痕也；血痕者，守贞待字，碎首淋漓，不肯辱于权奸者也；权奸者，魏阉之余孽也；余孽者，进声色，罗货利，结党复仇，隳三百年之帝基者也。帝基不存，权奸安在？唯美人之血痕，扇面之桃花，啧啧在口，历历在目。此则事之不奇而奇，不必传而可传者也。……

这就是所谓，以"场上歌舞，局外指点，知三百年之基业隳于何人，败于何事，消于何年，歇于何地，不独令观者感慨涕零，亦可惩创人心，为末世之一救。"由于桃花扇之寓意深刻，写作成功，三百年来，不知感动了多少观众多少读者。于是，侯方域与李香君的恋爱故事亦因此而流传千古。李香君虽为明末的南京名妓，其生平事迹，殊少人知。自有《桃花扇》为之义务宣传，此一平康女子之坚贞志节与爱国情操，几已使其声名凌驾于同时一切名妓之上。所成为问题的是，侯方域与李香君的生平及其后来结局，是否便如《桃花扇》之所写？以现在所能看到的资料来说，孔尚任作《桃花扇》，虽然自称于"朝政得失，文人聚散，皆确考时地，全无假借"，只有在"儿女钟情，宾客解嘲"的细微处，方才稍有点染，但亦全非"乌有子虚之比"。其实则《桃花扇》既属文艺创作，其内容就必不可能完全合于史实。因为小说与戏剧必须使故事情节集中于较短的时间内，以便利高潮的出现；若是结构松懈而情节散漫，便将成为无法控制的一盘散沙，不能达成写作效果。《桃花扇》在本质上只是一部历史剧，无法超越此一写作原则，怎么有可能完全按照史实安排其故事情节？只此一点，便可知孔尚任之言不由衷。若由侯方域、李香君的传记资料考之，亦可证此说不虚。

李香君的传记资料，目前所能看到的，只有侯方域为她所写的一篇传记，以及余怀写在《板桥杂记》中的两段有关记录；而侯方域所写的李香君传记，还只是有前半而无后半的。即使如此，亦已可以证明桃花扇中的错误不少。先抄一段李香君的传记于后，以便研究比较。侯方域所撰《壮悔堂集》卷五，《李姬传》云：

李姬者，名香，母曰贞丽。贞丽有侠气，尝一夜博输千金立尽。所交接皆当世豪杰，尤与阳羡陈贞慧善也。姬为其养女，亦侠而慧，略知书，知辨别士大夫贤否。张学士溥，夏吏部允彝亟称之。少风调皎爽不群，十三岁从吴人周如松受歌，玉茗堂四传奇皆能尽其音节。尤工琵琶词，然不轻发也。雪苑侯生，己卯来金陵，与相识。姬尝邀侯生为诗，而自歌以偿之。……

以上所述，乃是侯方域追叙他与李香君相识之前的香君生平。由此可知，李香君的假母贞丽，乃是一个有侠气而好交接当世豪杰的风尘奇女子。既然李贞丽有侠气而重豪杰之士，她便不至于为了田仰的三百银子聘金，就愿意将香君许嫁给他。而陈贞慧与李贞丽既然素有交情，侯方域与李香君相识，就可能出于陈贞慧的介绍，又何劳杨龙友之介入？然则《桃花扇》故事中以杨龙友为侯方域牵线，以便阮大铖得与侯方域结交等等情节，显然只是出于剧作者的自行安排，与真实情形并不相符。再则，侯方域到了南京之后方才认识李香君，上文中已明明说到其时间为崇祯"己卯"。己卯乃崇祯十二年（1639）。这一年，侯方域因为参加南京乡试之故，特地以国子监学生的身份到南京国子监来入学，以便就近入场应试。《桃花扇》将侯、李二人之初识时间安排在崇祯十六年之三月，如何能谓之"确考时地"？至于二人相识之后的第一次分离，其时间亦不在崇祯十七年。《李姬传》续云：

> 初，皖人阮大铖者，以阿附魏忠贤论城旦，屏居金陵，为清议所斥。阳羡陈贞慧，贵池吴应箕实首其事，持之力。大铖不得已，欲侯生为解之，乃假所善王将军，日载酒食与侯生游。姬曰："王将军贫，非结客者，公子盍叩之。"侯生三问，将军乃屏人述大铖意。姬私语侯生曰："妾少从假母识阳羡君，其人有高义，吴君尤铮铮。今皆与公子善，奈何以阮公负至交乎？且以公子之世望，安事阮公？公子读万卷书，所见岂后于贱妾乎？"侯生大呼称善，醉而卧。王将军者殊怏怏，因辞去不复通。……

侯方域的父亲侯恂，与阮大铖同是万历四十四年（1616）丙辰科的进士同年，侯恂名次在三甲第十一名，阮大铖恰好在他的前面，是三甲第十名。但二人虽是进士同年，其志趣却大相径庭，侯恂是东林党中的大将，阮大铖则依附阉党，成了魏忠贤的干儿子。薰莸不能同器，此二人在平时既不相过从，侯方域秉承庭训，自然也不愿接近这个"年伯"。不巧的是阮大铖罢官之后住在南京作寓公，并不安分，大为当时南京名士陈贞慧、吴应箕等人所恶。崇祯十一年（1638）戊寅，也就是侯方域到南京来应乡试之前的一年，陈贞慧、吴应箕等人结合当地士子共计一百四十余人，联名刊布《留都防乱揭》，公然对阮大铖声讨，要将他驱逐出境。此《留都防乱揭》出于吴应箕的手笔，态度严正而文辞犀利，一经刊布，缙绅士大夫方才知道阮大铖原来是逆案漏网的阉党干儿，其恶性极为重大。由是人人指目，斥为逆某。阮大铖为此，至于无法在南京存身，被迫躲到宜兴相公周延儒的一个幕友家中去住了三年之久，直到崇祯十四年周延儒复起为相，阮大铖方才潜回南京。凡此情形，俱见于陈贞慧所撰的《留都防乱揭本末》中，可以覆按。阮大铖因陈贞慧、吴应箕刊布《留都防乱揭》而不能见容于清议，当然希望能有挽回之法。由前引侯方域撰《李姬传》见之，其中的一项办法乃是借王将军以结欢于侯方域，然后希望通过侯方域为他向陈贞慧、吴应箕等人疏通，却不料为李香君一语道破，事遂中辍。《桃花扇》将这段故事安排在崇祯十六年之三月，又将穿针引线之王将军其人改为贵阳杨龙友，虽然基于情节结构之需要使然，但却决不能称之为"确考时地"而"全无假借"。杨龙友既非牵线之人，出赀梳栊之说，自亦无此可能。

《桃花扇》第四出"借戏"，写阮大铖为图结欢陈贞慧、吴应箕等人，于陈贞慧来借戏班演出《燕子笺》一剧时，不但立即借予，并且刻意奉承，以图博取诸人之好感。不料此诸人之目的但在借此羞辱阮大铖而已，于演剧中途，对阮大铖痛施骂詈，以致阮大铖求荣反辱，懊丧无似。至此，杨龙友遂乘机提出代侯方域出赀梳栊香君，以便能通过侯方域的关系清解彼此间之仇。阮大铖鼓掌称善，即送白银三百两交予杨龙友代为开销。由于杨龙友有此送金结欢之计，于是方有第五出之"访翠"，第六出之"眠香"，第七出之"却奁"。侯方域最初并不知道梳栊香君之费出自阮大铖，及经杨龙友说出之后，李香君即刻表示拒绝接受，将所有衣著首饰及箱笼物件等一概交予杨龙友带回，弄得杨龙友十分难堪,相对地也显得李香君之气节极为高尚。但杨龙友既非牵线之人,侯方域结识香君时是否曾有梳栊之事,亦不可知,这一大段极为费力的情节安排,便似乎只是孔尚任所虚构的子虚乌有之事。关于这一点,可以用两点理由的推测来加以否定。

侯方域之父侯恂,在崇祯六年(1633)时由兵部右侍郎升任户部尚书。因为侯恂是东林党人之故,与后来出任内阁首辅的宰相温体仁不睦,到了崇祯九年,就被温体仁借事中伤,革职下狱,直到崇祯十四年方告释放。侯方域在崇祯十二年到南京来应乡试,显然有希望从科举考试中得一出身,以期自己亦能有所成立的意思在内。此时侯恂尚在狱中,侯方域虽是贵公子,亦当顾及名教伦常之大防。寻欢狎妓,已是有辱声誉,如果竟大张旗鼓,公然在妓院中为妓女作新婚式之"梳栊",恐怕侯方域不敢行此大不韪之丑事。此是第一点理由。至于第二点理由,则是侯家两世贵显,父祖公卿,既非寒素之门,何至需人代出寻芳之费?这也是在情理上很难说得通的地方。因此之故,《桃花扇》第五、六、七出所刻意描写的梳栊、却奁等等情节,殊不可信。在这两段文字之后,《李姬传》所叙,还有与《桃花扇》故事不能相合之处。传云:

未几,侯生下第,姬置酒桃叶渡,歌《琵琶词》以送之,曰:"公子才名文藻,雅不减中郎。中郎学不补行,今琵琶所传词固妄,然尝昵董卓,不可掩也。公子豪迈不羁,又失意,此去相见未可期。愿终自爱,无忘妾所歌《琵琶词》也,妾亦不复歌矣。"侯生去后,而故开府田仰者,以金三百锾邀姬一见,姬固却之。开府惭且怒,且有以中伤姬。姬叹曰:"田公宁异于阮公乎?吾向之赞于侯公子者谓何？今乃利其金而赴之，是妾卖公子矣。"卒不往。

侯方域叙次李香君的生平历史，至此戛然而止，其后来的发展如何，已不可知。究竟侯方域为什么不肯写完李香君的全部历史？这个问题很难解答。至于李香君与田仰之间的纠纷，在侯方域写给田仰的一封信中还可以看出若干端倪来。侯方域的复信，见于《壮悔堂文集》卷三之《答田中丞书》。田仰曾经做过四川巡抚，巡抚在明朝习称为大中丞，以其职衔例兼都察院之副都御史，在古时为御史中丞之官，故名。书云：

承示省讼，惭恧无所自容。执事与仆，齿不甚倍蓰，位不甚悬隔，顾猥与仆道及少年之游。谓执事往日，曾以兼金三百招致金陵伎，为伎所却，仆实教之，而因以爬垢索瘢甚，指议执事者。仆诚不自修饬，然窃恐重为执事累也。使执事无可议，则昔贤如白太傅欧阳公东坡居士，皆与鸣珂不废酬答，未闻后世之议之也，何独至执事而苛求之？执事果有可议，即不征伎，庸但已乎？仆之来金陵也，太仓张西铭偶语仆曰："金陵有女伎李姓，能歌玉茗堂词，尤落落有风调。"仆因与相识，间作小诗赠之。未几下第去，不复更与相见。后半岁乃闻其却执事金。窃尝叹异，自谓知此伎不尽，而又安从教之？且执事之邀之，在仆去金陵之后。今天下如执事者不止一人，岂仆居常独时时标举执事之姓名预告此伎，谓异日或邀若，必不得往乎？此伎而无知也者，以执事三百金之厚贽，中丞之贵，方且奔命恐后，岂犹记忆一落拓书生之言？倘其有知，则以三百金之贽，中丞之贵，曾不能一动之，此其胸中必自有说，而何待乎仆之告之也？士君子立身行事，自有本末，反复表示，益复汗下。仆虽书生，常恐一有蹉跌，将为此伎所笑，而又能以生平读数卷书赋读数首诗之伎俩，遂颐指而气使之耶？唯执事垂察，不宣。

田仰是贵州思南卫人，与马士英同乡，万历四十一年（1613）癸丑科进士，官至巡抚。以出身及仕履而言，这样的人物可谓之甲科名流，乃是青楼中人所乐于物色的对象。但若由陈其年所撰的《妇人集》中见之，此人亦与阮大铖一样是魏忠贤的干儿，所以不但为清流所鄙，即是李香君亦不愿与之交往。由侯方域的复信内容看，田仰对于李香君拒绝其三百金邀往一见的举动认为十分难堪，贻书指责侯方域，谓是出于侯方域所教。侯方域的复信虽然不承此事，但若以情理推测，却正大有可能。原因是侯方域曾经拒绝阮大铖的宛转结交，由阮大铖说到阉党人物，必定会提到田仰的大名。李香君既然曾经劝止侯方域拒绝阮大铖的结交企图，当然不能接受同类人物田仰的邀约。田仰视此为侯方域之所指授，其怀疑正极为有理。这虽是题外之话，但由侯方域的复信中，也可以看出他与李香君之间的某些关系。例如侯方域在信中所说："岂仆居常独时时标举执事之姓名预告此伎，谓异日或邀若，必不得往乎？"曰"居常"，曰"时时"，则侯方域与李香君在崇祯十二、三年间的相处时间中，其关系必非泛泛。陈其年所撰的《妇人集》，于"李香君"一条下曾有如此的记载，说：

> 姬与归德侯方域善，曾以身许侯方域，设誓最苦，誓词今尚存湖海楼箧衍中。

陈其年的诗集名为《湖海楼诗》，然则湖海楼即是陈其年的读书之处，而侯方域与李香君的誓词便存在陈其年的湖海楼中。既然李香君在结识侯方域之后便有委身相事之意，而侯方域在后来却又要多方掩饰他与李香君的这一层感情关系，其动机何在，实在耐人寻味。按，清人邵长蘅撰《侯方域传》，曾经说到侯方域的一段小故事，谓：

末年游吴下，将刻集，集中文未脱藁者，一夕补缀立就，人益奇之。

侯方域所撰的文集，名《壮悔堂集》，共十卷。由邵长蘅之说，侯方域在决定刻其《壮悔堂文集》之时，其中的未完旧作，居然可以在临刻前"一夕补缀立就"，则其间之必有删节隐瞒等等情形，亦是可想而知的事。收在《壮悔堂文集》中的《李姬传》，其所以只有前半而无后半，很可能便是因为有所顾忌之故，而在付刻之前临时删节的。侯方域对于他与李香君之间的感情有何难言之隐？似乎可以在"壮悔堂"的名字上加以推敲。《壮悔堂文集》卷三，《与任王叔论文书》云：

仆少年溺于声伎，未尝刻意读书，以此文章浅薄，不能发明古人之旨。……

侯方域在明末本以擅长古文辞著名，收在《壮悔堂文集》中的各体文字，雄奇精美，兼而有之，向来为后人所极端推重。他自以为他的"文章浅薄，不能发明古人之旨"的原因，是由于早年溺于声伎而未尝刻意读书之故，虽是谦辞，但多少也有若干事实——假如他不是因早年溺于声伎而好好用功的话，文章一定可以写得更好。然而这毕竟不是少年荒唐而壮年有悔的真正意思所在。侯方域的少年荒唐，曾经种下一项最恶劣的后果，是即因为逞一时之快，好强斗胜，以致与阮大铖结下深仇大恨，到后来因阮大铖之蓄意报复而对东林复社大肆残害，使得左良玉能够以

"清君侧"为名，由武昌顺流东下，造成了南明朝廷的内讧。自古以来，未有内部不团结而能一致御外的。南明内讧，只为北方的满清人制造入侵的机会。黄得功的军队正由南京调往芜湖去抵敌左良玉的大军，北方的满清兵就正好乘虚而入，于是，鹬蚌相争而渔人得利，南明朝廷就此瓦解。追源祸始，当年若不是他们这批少年人一定要将阮大铖赶尽杀绝的话，何致有后来的恩怨报复？如果南明朝廷的内部团结，清兵不能南下，则东晋与南宋的偏安局面必可出现。半壁江山的偏安之局当然不很光荣，但即使只是半壁江山，总要比整个明朝悉数落入清人之手，汉族衣冠沦为异族奴虏的情形要好得多。侯方域活到顺治十一年（1654），享年三十七岁。他在顺治二年曾亲眼看到因薙发问题而引起的"扬州十日"与"嘉定三屠"。当时，南方的中国人为了反抗清朝政府的薙发令而发动武装起义，旋即遭到清人的血腥镇压，扬州、嘉定二地城破之后，城中男妇尽遭屠杀，至于鸡犬不留。侯方域在耳闻目击之余，怎不痛悔当时和一班复社少年在南京所作的荒唐事？所谓《留都防乱揭》与他写给阮大铖、田仰的那些信，固然在当时干得十分痛快淋漓，然而其最后所造成的总结果，却只是因不肯与人为善之故，连国家民族的命脉都给断送了。这一分难追之悔，才是侯方域所椎心泣血地终生悲痛的吧！"壮悔"之名，若从此着眼，庶几可以与他自悔少年溺于声伎之事相关连，而能抉其难言之隐。如果此说不谬，则他当年在南京城中与李香君往来的那一段感情，似乎便有适当地加以隐藏的必要。因为这正是酿祸构衅之由来，在《桃花扇》的故事中就明明白白地勾画出来了。

孔尚任撰《桃花扇》，自称于"朝政得失，文人聚散，皆确考时地，全无假借"。他故事中的情节从何而来？可以在他写于《桃花扇》书前的"本末"中得知其经过情形如次：

> 族兄方训公，崇祯末为南部曹。予舅翁秦光仪先生，其姻娅也，避乱依之，羁留三载，得弘光遗事甚悉，旋里后，数为予言之。证以诸家稗记，无弗同者，盖实录也。独香君面血溅扇，杨龙友以画笔点之，此则龙友小史言于方训公者，虽不见诸别籍，其事则新奇可传。《桃花扇》一剧，感此而作也。……

记载弘光朝历史的稗官野史，经过清代康熙、雍正、乾隆三朝的大规模搜查销毁之后，绝大部分都已遭了丙丁之厄，能够流传到现在的，可说微乎其微。孔尚任生当康熙中叶，其时文网未严，他一生曾经看到过很多这方面的文献纪录；加上他从岳翁秦光仪那里听来的口语传述，对于侯方域、李香君的恋爱故事，一定远比我们现在所能看到的资料多得多。所引为遗憾的是，他对于当时所看到的资料，似乎并不曾留意为之考证别择，以致不免常有因误信不可靠的资料之故，而将整段故事完全弄错的情形。如杨龙友之被写为篾片帮凶型的花脸人物，即其一例。若由侯方域写给阮大铖的信函看来，杨龙友应该不是这样的人。侯方域的信，收在《壮悔堂文集》卷三，名为《癸未去金陵日与阮光禄书》。阮光禄即阮大铖，因为他在未被定为阉党人物而遭革职之前，本是光禄寺的正卿，甚为尊显。此时虽废闲在家，仍具有缙绅的资格，称其旧官，乃是礼貌上的尊敬，亦是当时通行的习惯。信的前半段，追叙其到京以来迄未前住拜访阮大铖的原因，是由于某一种不便明说的理由，"执事当自追忆其故，不必仆言之也。"其后所叙，就与杨龙友其人有关了。原信说：

今执事乃责仆与方公厚而与执事薄，噫，亦过矣。忽一日，有王将军过仆，甚恭。每一至，必邀仆为诗歌，既得之，必喜而为仆贳酒奏伎，招游舫，携山屐，殷殷积旬不倦。仆初不解，既而疑以问将军。将军乃屏人以告仆，曰："是皆阮光禄所愿纳交于君者也。光禄方为诸君所诟，愿更以道之君之友陈君定生、吴君次尾，庶稍湔乎？"仆敛容谢之曰："光禄身为贵卿，又不少佳宾客足自娱，安用此二三书生为哉？仆道之两君，必重为两君所绝。若仆私从光禄游，又窃恐无益于光禄。辱相款八日，意良厚，然不得不绝矣。"凡此皆仆平心称量，自以为未甚太过，而执事顾含怒不已，仆诚无所逃罪矣。昨夜方寝，而杨令君文骢叩门过仆曰："左将军兵且来，都人汹汹。阮光禄扬言于清议堂云：子与有旧，且应之于内，予盍行乎？"仆乃知执事不独见怒，而且恨之，欲置之族灭而后快也。……

杨文骢即是杨龙友，左将军则是左良玉。崇祯十六年，侯方域正在南京，左良玉大军三十万驻九江，因有兵无饷，饥溃可虑，扬言就食南京，将发大军沿江东下。南京兵部尚书熊明遇计无所出，因知侯方域之父侯恂乃左良玉之故主，且于良玉有恩，乃请侯方域以其父之名驰书左良玉劝阻，左良玉果然得信停止。就事论事，侯方域之信，系因南京兵部尚书熊明遇之要求而写，并非与左良玉有私人间之往来关系。而阮大铖便即以此事作为题目，公开制造侯方域乃是左良玉内应的谣言，希望借此激起群众的反感，好置侯方域于死地。假如杨龙友确为阮大铖之死党，此时当无可能亟亟往侯方域之住处通风报信，并催促其从速逃走之理。现在，侯方域在写给阮大铖的信中说到，当时若不是杨龙友来秘密通知此一消息，他就将被阮大铖的阴谋诡计所害，然则杨龙友并非阮大铖之帮凶，事实也就非常明显了。除此以外，因为我们别无资料可以查核孔尚任写在《桃花扇》中的侯、李二人恋爱故事究竟是何情况，而陈其年又说侯方域、李香君在当时确有啮臂之盟，那么，《桃花扇》所写李香君誓为侯方域守贞，至于血溅桃花扇面而矢志不悔的情节，大概便是当时之事实。侯方域在他的诗文集中将这一段生死恋情隐讳不说，乃是由于他的有意安排，殊不能因为他的蓄意隐讳而误以为《桃花扇》所写不实。不过，出现在文学作品中的故事情节，必定是经过原作者之加工整理的，必不能与真实情况完全相合，这其间的差异必须能予体认，方不致为小说或戏剧所误。例如，关于李香君的结局，就是需要注意的地方。

《桃花扇》的最后一出是"入道"。经由剧作者的安排，侯方域与李香君二人在国破家亡之后都到了南京城外的栖霞山道观中，观中的主持道士张薇颇有道行，在为崇祯皇帝及北都殉难文武诸臣做功德道场时，乘机以人天幻境的道理点化二人，使得侯方域与李香君恍然了悟生死寂灭之大道，从此抛撇尘缘，分别跟随男女黄冠丁继之、卞玉京去出家修行了。李香君是否真的出家当了女道士，事不可知。但因侯方域并没有出家修行之说，可以知道《桃花扇》之以"入道"结局，原只是剧作者结束全剧的一种手法，不可信以为真。所以，李香君的结局如何，便很费推敲。

《桃花扇》正文之前，附有诸家之题辞甚多。其中吴陈玉题的一首七绝，作如此之说：

寇郑歌喉百啭莺，禁中传点早知名。官家安用娼家选？输与潜身卞玉京。

这首诗的内容，实际上是根据《桃花扇》的故事而来的。"寇郑"是指寇白门与郑妥娘，与卞玉京、李香君并为南京名妓。《桃花扇》第二十五折《选优》，描写弘光帝在南京登基以后，不以军国大事为重，唯知征歌选舞，晏安逸乐，日日沉湎于酒色享乐之中。元宵将届，他心中最关注的问题，是希望能及早征集一班歌伎，排演阮大铖所编的《燕子笺》一剧，以便欢度佳节，及时行乐。阮大铖乘机对李香君实施报复，把她与寇白门、郑妥娘一齐征召入宫，唯有卞玉京见机得早，业已出家成了女道士，所以征选不及。李香君、寇白门、郑妥娘等人被选入宫以后，形同禁锢，行动完全没有自由，等于拆散了侯方域与李香君之间的爱情关系。因此方有后来南京被清兵所破，李香君、寇白门、郑妥娘等人备尝流离颠沛之苦等种种情节。事实上则《桃花扇》中的这部分描写并不正确，因为李香君是否曾被征选入宫虽不可知，寇白门与郑妥娘之不曾被征选入宫，却是有书可证的。陈其年《妇人集》云：

寇白门，南院教坊中女子也。朱保国公娶姬时，令甲士五十，俱执绛纱灯，照耀如同白昼。国初籍没诸勋卫，朱尽室入燕都，次第卖歌姬自给。姬度亦在所遣中，一日，谓朱曰："公若卖妾，计所得不过数百金，徒令妾死沙咤利之手。且妾固未暇即死，尚能持我公阴事。不若使妾南归，一月之间，当得万金以报。"公度无可奈何，纵之归。越一月，果得万金。按，姬出后流落乐籍中，吴祭酒作诗赠之，有江川白傅之叹。

"朱保国公"乃是崇祯时的明朝勋爵，保国公朱国弼。寇白门既被保国公朱国弼买为歌姬，即使弘光时有征选歌伎之事，寇白门亦不应在征选之列，因为她此时已非乐籍歌伎之身份，不能对她实行征选了。郑妥娘的情形，似亦彷佛。因为在弘光时被征选入宫的歌姬，后来的遭遇都很悲惨，而郑妥娘无此情形。钱谦益所作《金陵杂咏诗》，中有一首云：

旧曲新诗压教坊，绣衣垂白感湖湘。闲开闾集教孙女，身是前朝郑妥娘。

郑妥娘在明亡入清之后，尚在教坊中讨生活，且能以悠闲自在之身教孙女读诗唱曲，可知其未曾经过剧烈之变故，有如南明宫中妇女之遭遇。然则郑妥娘之未曾被征选入宫，亦是极合理的推测。所剩下来的，只是李香君的问题。

李香君是否曾在南明弘光朝时被征选入宫？应先知当时是否有征选歌伎之事。按，无名氏所撰《樵史》中有一条云：

弘光乙酉正月初七日，阮大铖搜旧院妓女入宫。

又一条云：

四月，礼部尚书钱谦益请选淑女。

选淑女是为了新皇帝的椒房掖庭之选，与搜访歌姬妓女之专供歌舞只应者不同。李香君因与侯方域相爱而被阮大铖视如仇寇，恰好弘光帝在当时曾命阮大铖搜寻教坊乐籍之南京名伎入宫演剧，李香君便很有可能在阮大铖公报私仇之目的下，被搜寻入宫充数。既被选入宫中，到了清兵渡江，弘光出奔之时，李香君便会与当时宫中的无数宫眷妇女一样，因为名丽册籍之故，被清兵系掳北去。这种情形在当时颇有文献记录可按，如吴梅村撰《卞玉京传》，转述卞玉京当时在南京目击魏国公徐弘基之女被弘光选为皇后，尚未入宫成婚，即遭亡国之变，徐女及另两个被选中妃嫔的祁、阮二女,均被清兵驱迫北去,形同囚虏,情况极惨。《吴梅村诗集》中另有一首《听女道士卞玉京弹琴歌》,亦有关于这方面的描写。诗云:

万事仓皇在南渡,大家几日能枝梧。诏书忽下选蛾眉,细马轻车不知数。中山好女光徘徊,一时粉黛无人顾。艳色知为天下传,高门愁被旁人妒。尽道当前黄屋尊,谁知转盼红颜误。南内方看起桂宫,北兵已报临瓜步。闻道君王走玉骢,犊车不用聘昭容。幸迟身入陈宫里,却早名填代籍中。依稀记得祁与阮,同时亦中三宫选。可怜俱未识君王,军府抄名被驱遣。……

类似的记载,在陈其年所撰的《妇人集》中亦有之,仅只顺治二年(1645)清兵下江南时妇女被掳北去的有关记录,便有三条之多。其一条云:

辛卯冬:宜兴史孝廉北上,道经淇水,夜宿宜沟客舍,见壁间有数行云:"马足飞尘到鬓边,伤心羞整旧花钿。回头难忆宫中事,衰柳空垂起暮烟。"后又云:"妾广陵人也,从事西宫,曾不二载,马上琵琶,逐尘长去,怆怀赋此。和泪濡毫,倚装心乱,语不成章。时庚寅七夕后四日,广陵叶子眉识。"呼主者问之,知为弘光西宫也。

按,宜沟驿在河南省汤阴县城南二十五里之宜沟镇,乃是由北京经河南至陕西或湖北湖南的驿路经由之地;若是由南京往北京,按照明清两代的驿递路线,应由南京取道徐州,经山东而至北京;迂道河南,有干禁例,乃是法令所不许可的。又,"庚寅"乃顺治七年(1650),"辛卯"则顺治八年(1651)。由前引吴梅村《听女道士卞玉京弹琴歌》中见之,弘光所选定的一后两妃,尚未及举行册立大典，便已遭亡国之变，弘光被俘，三女亦与其他宫眷同被北兵驱遣北去，并没有来得及入宫成婚。据此云云，则弘光即位为帝的一年之中，并无正式册定的皇后妃嫔。此所谓"西宫"，不知是出于其人之自夸自诩，抑或只是并无名号的嫔御之类？而由题壁诗的时间及地点看来，顺治二年五月弘光朝廷倾覆之后，被驱遣北去的嫔御宫眷等人，有很多人大概都在事后被给赐予清廷的功臣，成为姬妾奴婢之类，所以才会跟同主人辗转流徙而至河南汤阴县的宜沟驿。如其不然，这情形就无法可以解释了。至于后面所引的两条记录虽然无此情形，亦仍可以看出当时被掳妇女之多，及其遭遇之惨，其一条云：

秦淮宋蕙湘，教坊女也，被北兵掠去，题诗邮壁，凄然有去国离家之痛焉。诗凡四首，犹记其一云："风动江声羯鼓催，降旗飘扬凤城开。君王下殿将军死，绝代红颜马上来。"王西樵曰：绝代一作薄命。

又一条云：

赓明弟自北归，以邮亭女子一诗示予，予为怃然。诗曰："凌波卸却换宫靴，女作男妆实可嗟。扶上高鞍愁不稳，泪痕多似马蹄沙。"盖流人羁子过之系念矣。诗更有自序云："乙酉六月初一日遇难宝林庄，彷徨无地，洒泪而书，以为异日访寻之记。广陵十七岁女子张氏泪笔书于方顺桥店中。"

看了上面所引的这些记录，可知当顺治二年南京城破，南明亡国之后，清兵不但视弘光朝廷的后宫妇女为战利品，悉数驱遣北去，即是在沿途所见的汉人中发现姿色姣好的少年女子，亦一概掠为俘虏，绝无怜香惜玉之念。由于这些被掠的女子中偶然也有精通文翰的才女，她们所题留在邮亭旅壁上的诗句又偶然能被他人所记录流传下来，于是我们这些生在三百多年后的人，方能借此知悉当年清兵破江南之时，汉人在清兵铁蹄下所受的破国亡家之痛，究竟是何模样。假如李香君在当时也曾被清兵所驱遣北去，而她也能借诗文记述她的遭遇的话，她后来的事迹，或许也有可能因此而流传下来。只是李香君在明朝末年的南京名妓之中，虽以谙音律善歌舞而有侠气著称于时，却不曾听说她能诗文。以一个不能写作诗文之弱女子，一旦被如狼如虎的清兵当作俘虏一般地驱遣赶逐，而她又无法借文字记录来表达内心的痛楚，这一种悲惨的遭遇虽然其痛无比，却永远只能与肉体的死亡一同沉埋于地下，永远无法为人所知晓的了。偏偏她生平所最爱的男人又不愿意公开他们之间的恋爱故事，于是便使这仅有的希望也为之幻灭。侯方域的"壮悔"，造成了李香君的事迹不传。《桃花扇》的故事虽然哀感顽艳，其奈并非李香君的真实事迹何？不幸的李香君，她的一生事迹，看来只有借《桃花扇》的不实描写永远流传下去了，奈何，奈何！

除了侯方域所撰的《李姬传》，及陈其年《妇人集》中的少许资料之外，李香君的事迹，在余怀所撰的《板桥杂记》中也有一部分资料，但多与侯方域的《李姬传》有重复之处，殊不足以窥见李香君之全貌。迻录于后，以为参考。

《板桥杂记》卷中，《丽品》中一条云：

李香，身躯短小，肤理玉色，慧俊宛转，调笑无双，人名之曰香扇坠。余有诗赠之曰："生小倾城是李香，怀中婀娜袖中藏。何缘十二巫峰女，梦里偏来见楚王。"武塘魏子中为书于粉壁，贵阳杨龙友写崇兰诡石于左偏，时人称为三绝。由是香之名盛于南曲，四方才士，争一识面为荣。

这一段文字记述李香君之身材、容貌、及风致，与《桃花扇》所写的大致相同，大约即是《桃花扇》的取材所本。又同书下卷《轶事》中一条云：

李贞丽者，李香之假母，有豪侠气，尝一夜博输千金立尽。与阳羡陈定生善。香年十三，亦侠而慧。从吴人周如松受歌，玉茗堂四梦，皆能妙其音节。尤工琵琶。与雪苑侯朝宗善。阉儿阮大铖欲纳交于朝宗，香力谏阻，不与通。朝宗去后，有故开府田仰以重金邀致香，香辞曰："妾不敢负侯公子也。"卒不往。盖前此大铖恨朝宗，罗致欲杀之，朝宗逃而免，并欲杀定生也。定生大为锦衣冯可宗所辱。

按，李香君拒绝田仰之邀约，是崇祯十三、四年间的事，而阮大铖之欲捕杀侯朝宗，则是崇祯十七年五月以后的事。《板桥杂记》的作者余怀亲见侯、李二人的恋爱故事，而在记事方面犹复颠倒如此，又怎能怪孔尚任撰《桃花扇》之错谬杂乱呢？录此以见《桃花扇》固为文人笔下的小说家言，即是《板桥杂记》的作者余怀，亦难免有信笔所之之病也。

十三　红颜祸水陈圆圆

历史上有很多重大的变故，其发生的原因往往只是由一些微小的事件所造成。这种事例太多，即以清朝之得以入主中原来说，便是极显著的一个事例。

明朝末年，女真崛起于中国东北，成为明朝最严重的边患。女真兵长于骑射，所攻之处，无坚不摧，整个辽东地方很快地落入女真人之手，他们因此建立了后金国，很希望由此而夺取整个明朝的天下。但是，由辽东进入河北省境的交通路线，只有宁远、锦州至山海关的沿海一线之地，而山海关背山面海，地势险要，明朝大军把关而守，清兵永远无法插翅飞越。所以，若不是吴三桂把山海关拱手送给了清人，清朝兵力再强，也无法由此长驱直入，轻易占夺了明朝的天下。吴三桂为什么要把山海关拱手送与清人？这问题当然谁都能回答——是因为他的爱姬陈圆圆被攻陷北京的农民军所得，为了要报此夺妻之恨，所以他甘愿投顺清人，以便借清人之力量，报自己之私仇。吴三桂因私怨而卖国降敌，注定了他要成为国家民族的罪人，陈圆圆的大名，也因此而与吴三桂一起成为后人的谈笑之资。很显然地，陈圆圆已经因为吴三桂公私不分之故，很不幸地成了此一关键事件中的关键人物。但是，很多读者虽然知道陈圆圆是此一关键事件中的关键人物，却不知道，她之不幸而成为关键人物，其实是由于另一件意外错误所促成。如果没有此一意外错误，陈圆圆不致成为吴三桂之爱姬，吴三桂自然就不致有夺妻之恨，也就不会有请清兵之事了。这才是真正影响到重大历史事变中的微小事件，其中关系，微妙之至。

陈圆圆本名陈沅，圆圆乃其小字。在很多的文献记录中，都只称陈圆圆而不称其本名，以致现在很多人都不大清楚她的本名原来叫陈沅的。吴梅村所撰的《圆圆曲》，是一首很有名的乐府诗，借陈圆圆的一生遭际讽刺吴三桂之为一女人而改写了整个的中国历史，其中寓有很深刻的讽刺意义。此曲的开头部分说：

> 鼎湖当日弃人间，破敌收京下玉关。痛哭六军俱缟素，冲冠一怒为红颜。

昔黄帝铸鼎于荆山之下，鼎成而乘龙仙去；后人遂以此典故隐喻帝皇之崩逝。崇祯十七年（1644）三月十九日，农民军攻破北京，庄烈帝自缢煤山，首句"鼎湖当日弃人间"，所咏即此。崇祯自缢殉国之后，吴三桂请来清兵，全军缟素，为崇祯发丧，随即大破农民军，收复北京，其志节何等崇高，其战功何等辉煌？然而吴三桂之所以冲冠一怒，誓不与农民军共存者，其真正的原因，实际上只是为了要报复他自己的夺妻之恨。如此急转直下，实在使吴三桂无法立足于天地之间。吴梅村在清代初年有

"诗史"之称，《圆圆曲》对吴三桂的褒贬俨如史笔，因此之故，《圆圆曲》也更加成为家喻户晓的著名诗篇，至今犹脍炙人口。不过，《圆圆曲》愈是为人所传诵不衰，陈圆圆难免愈要永远被指目为覆人邦家的红颜祸水，这才是陈圆圆的不幸。可怜的陈圆圆，她何其不幸的成为吴三桂的妾侍，又何其不幸的生当乱世，因容貌美艳而成为男人们的争夺对象，终于被指责为红颜祸水，这真是从何说起的冤枉事，假如她当年不因错误的安排而成为吴三桂的妾侍，这一切变化当然都不会发生了。影响历史巨变的关键性事件竟是如此地细微，实在使人难以相信。然而这都是千真万确的事实，文献记录上凿凿有据，并非是齐东野语式的神话。

在没有说到这种错误安排的由来之前，应该先把陈圆圆的出身作一交代。清人钮琇所撰的《觚賸》，有一条关于陈圆圆的记事，见于此书卷四的《圆圆篇》，云：

明崇祯末，流氛日炽。秦豫之间，关城失守，燕都震动；而大江以南，阻于天堑，民物晏如，方极声色之娱，吴门尤甚。有名妓陈圆圆者，容辞闲雅，额秀颐丰，有林下风致。年十八，隶籍梨园。每一登场，花明雪艳，独出冠时，观者魂断。

明朝社会到嘉靖、万历以后，由于经济繁荣而生活富庶，享用豪奢，尤以江南一带的南京、扬州、苏州、杭州等大都市为然。在这些繁华富庶的大城市中，酒楼妓馆之类销金窟极多，容貌美丽而能歌善舞的名妓，层见迭出。最著名的人物，如李香君、柳如是、董小宛、顾眉生、卞玉京、马婉容、寇白门等，皆名见于余怀所撰的《板桥杂记》，乃是当时梨园名妓中的翘楚。陈圆圆出生于这一时代，又有容貌美艳与能歌善舞的条件，自然能为达官贵人所垂青，有资格成为名妓之一。当时的名妓，大多以嫁与士大夫缙绅为归宿。如李香君爱侯方域，柳如是嫁钱谦益，顾眉生嫁龚鼎孳，董小宛嫁冒辟疆，均其实例。陈圆圆在未遇吴三桂之前，她最初所物色的对象，是冒辟疆；这在冒辟疆所撰的《影梅庵忆语》中有具体的记录可寻，不容置疑。

冒辟疆娶董小宛，是崇祯十六年以后的事；在崇祯十五年以前，他与陈圆圆曾有一段不寻常的交往。《影梅庵忆语》云：

己卯初夏，应试白门，晤密之云："秦淮佳丽，近有双成，年甚绮，才色为一时之冠。"余访之，则以厌薄纷华，挈家去金阊矣。嗣下第，浪游吴门，屡访之半塘，时逗留洞庭不返。名与姬颉颃者，有沙九畹、杨漪炤，予日游两生间，独咫尺不见姬。将归棹，重往，冀一见。姬母秀且贤，劳余曰："君来数矣，余女幸在舍，薄醉未醒。"然稍停复他出，从兔径扶姬于曲栏，与余晤。面晕浅春，缬眼流视，香姿玉色，神韵天然，懒慢不交一语。余惊爱之，惜其倦，遂别归。此良晤之始也，时姬年十六。庚辰夏，留滞影园，欲过访姬。客从吴门来，知姬去西子湖，兼往游黄山白岳，遂不果行。辛巳早春，余省觐去衡岳，由浙路往。过半塘讯姬，则仍滞黄山。……

冒辟疆是明末"四公子"之一，他的父亲名冒起宗，崇祯十四年时以湖广按察使司副使的本官出任衡永兵备道。上文所谓"辛巳早春，余省觐去衡岳"，即是指冒辟疆为省父而远赴衡、永一事而言。由"辛巳"上推二年"己卯"，是崇祯十二年，"庚辰"则是十三年。"密之"，乃是明末四公子的另一人方以智，"密之"乃其字。据上所述可知，崇祯十二年的初夏，冒辟疆为应江南乡试而赴南京，方以智告诉他，南京新来一个"才色为一时之冠"的名妓董小宛，由此开始了冒辟疆与董小宛之间的交往。但崇祯十二年冒辟疆在南京，几次造访的结果，只在董小宛宿醉未醒的疲倦状态中匆匆一面。翌年及再后一年，冒辟疆几次想往苏州寻访董小宛，都因董小宛往游黄山未回之故，未能相见。至此，冒辟疆就认识了另一个吴中名妓，即是陈圆圆。《影梅庵忆语》记此，续云：

> 辛巳早春，余省觐去衡岳，由浙路往。过半塘询姬，则仍滞黄山。许忠节公赴粤任，余联舟行。偶一日赴饮归，谓余曰："此中有陈姬某，擅梨园之胜，不可不见。"余佐忠节治舟数往返，始得之。其人淡而韵，盈盈冉冉。衣椒茧时背，顾湘裙，真如孤鸾之在烟雾。是日演弋腔红梅，以燕俗之剧，咿呀啁啾之调，乃出之陈姬身口，如云出岫，如珠在盘，令人欲仙欲死。漏下四鼓，风雨忽作，必欲驾小舟去。余牵衣订再晤，答曰："光福梅花，如冷云万顷，子能越旦偕我游否？则有半月淹也。"余迫省觐，告以不敢迟留故。则曰："南岳归棹，当迟子于虎嵝丛桂间。"盖计其期八月返也。……

上文所说的"陈姬"，未举其名，何以知道她即是陈圆圆？这有几点理由可以证明。第一，冒辟疆撰《影梅庵忆语》时，在顺治十年（1653），其时吴三桂正以平西王的身份总领征滇之师，而陈圆圆为其爱妾，冒辟疆不敢在追忆他自己的旧日恋史时显指圆圆之名，以免触忤时忌。第二，冒辟疆写"陈姬"长于歌舞，此正是陈圆圆所出色当行之事，吴梅村《圆圆曲》中说"相见初经田窦家，侯门歌舞出如花。许将戚里箜篌妓，等取将军油壁车。"即为其证明。第三,陆次云撰《圆圆传》云:"群姬调丝竹,皆殊秀,一淡妆者统诸美而先众音。"圆圆好淡妆,与《影梅庵忆语》中所写的陈姬亦恰相合。有这三点证据,足可证明冒辟疆在崇祯十四年时所遇到的陈姬,即是陈圆圆,而且两人一见即甚投缘,冒辟疆固有意订交,陈圆圆亦以似拒实迎的态度约定后会之期。陈圆圆不肯明白表示她愿意接受冒辟疆的示爱,无非基于身份上的矜持,其实其内心是非常爱慕冒辟疆的。其道理非常简单——第一,冒辟疆是当时的"名公子"之一,声誉甚盛,足令女人倾心;第二,张明弼所撰的《董小宛传》中曾经对冒辟疆有如此之描写:"其人姿仪天出,神清彻肤,余尝以诗赠之,目为'东海秀影'。所居凡女子见之,有不乐为贵人妇,愿为夫子妾者无数。"换一句话说,冒辟疆是当时极为有名的美男子。少年美男子而又为贵公子,至于不知有多少名女人不乐为贵人之妻而愿为夫子之妾,则陈圆圆对之,又焉能不怦然心动者?此所以她要在若拒实迎之间,预订八月间虎丘赏桂之约。而冒辟疆对之,亦极为欣赏,则不但由于陈圆圆之姿容秀丽,风度高雅,而且天赋歌喉,听之销魂,自然会使冒辟疆情不自禁地一见倾心。所谓郎既有意,妾亦多情,这两个人之必能结合,应该是很自然的发展了。然而后来的事实却并不如此,因为冒辟疆尚有堂上严君需要禀明,而冒起宗此时方身任危疆,举家惊惶不宁,冒辟疆如何能在此时谈到"纳宠"之事?《影梅庵忆语》记此,云:

  余别去,恰以观潮日奉母回至西湖,因家君调已破之襄阳,心绪如焚。便讯陈姬,则已为窦霍豪家掠去,闻之惨然。及抵阊门,水涩舟胶,去浒关十五里,皆充斥不可行。偶晤一友,语次，有"佳人难再得"之叹。友曰："子误矣，前以势劫去者，赝某也；某之匿处，去此甚迩，与子偕往。"至果得见，又如芳兰之在幽谷也。相视而笑曰："子至矣！子非雨夜舟中订芳约者耶？曩感子殷勤，以凌遽不获订再晤。今几入虎口，得脱重晤子，真天幸也。我居甚僻，复长斋，茗椀炉香，留子倾倒于明月桂影之下，且有所商。"余以老母在舟，缘江楚多梗，率健儿百余护行，皆住河干，矍矍欲返。甫黄昏而炮械震耳击，炮声如在余舟旁。亟星驰回，则中贵争驰河道，与我兵斗，解之始去。自此余不复登岸。越旦，则姬淡妆至，求谒吾母太恭人，见后仍坚订过其家。乃是晚舟仍中梗，乘月一往相见，卒然曰："余此身脱樊笼，欲择人事之，终身可托者无出君右。适见太恭人，如覆春云，如饮甘露，真得所天，子毋辞。"余笑曰："天下无此易易事。且严亲在兵火，我归，当弃妻子以殉。两过子，皆路梗中无聊闲步耳。子言突至，余甚讶。即果尔，亦塞耳坚谢，无徒误子。"复宛转云："君倘不终弃，誓待君堂上昼锦旋。"余答曰："若尔，当与子约。"惊喜申嘱，语絮絮不悉记，即席作八绝句付之。

事情发展到这一地步，一方面陈圆圆已经表示了非冒辟疆不嫁，一方面冒辟疆亦深爱陈圆圆之风姿绰约而雅擅歌舞，所以两人终于订下了婚约，不过婚期须待冒起宗能够从襄阳"危疆"中安然脱身，冒辟疆可以向其父启禀之后。明朝末年，由于农民军起义，战火遍及黄河流域各省，至崇祯十年（1637）以后，则寖假而发展到了湖北省境内。崇祯十四年，李自成陷洛阳，杀福王，张献忠陷襄阳，杀襄王，两省的封疆大吏，因失陷亲藩而遭弃市者累累相继。冒起宗在这一时间内被调到襄阳去作兵备道，显然是遭受敌对者的倾陷排挤。张明弼所撰的《董小宛传》中有一段话说到此事，云：

> 时辟疆痛尊人身陷兵火，上书万言于政府言路，历陈尊人刚介不阿，逢怒同乡同年，倾动朝堂。

有此一段文字，足证冒起宗之由衡永兵备道北调襄阳，乃是仇家的借刀杀人之计，目的在使他遭遇军事失利而陷入刑辟。明朝崇祯末年，朝分朋党而政治水火，冒起宗之被仇家乘机挤陷，乃是极常见的事。亦正因为如此，所以冒辟疆必须要多方奔走，设法以求脱此困。其结果是冒起宗固然因冒辟疆的奔走努力而得调"善地"，冒辟疆与陈圆圆之间的婚约，却因一再耽延之故而发生了意外的变化，《影梅庵忆语》记此云：

> 归历秋冬，奔驰万状。至壬午仲春，都门政府言路诸公，恤劳臣之劳，怜独子之苦，驰量移之耗先报。余时正在毗陵，闻音如石去心。因便过吴门慰陈姬，盖残冬屡趣余，皆未及答。至则十日前复为窦霍门下客以势逼去。先吴门有媪之者，集千人哗劫之，势家复为大言挟诈，又不惜数千金为贿。地方恐贻伊戚，劫出复纳入。余至，怅惘无极。然以急严亲患难，负一女子无憾也。

壬午，即崇祯十五年（1642）。冒辟疆在上一年的八月间与陈圆圆缔定婚约，约定俟冒辟疆之父得调善地后往娶圆圆。到了这一年的二月间，冒起宗调职之事已有确耗，冒辟疆急往苏州通知陈圆圆，却不料陈圆圆已经在十天之前再度为"窦霍豪家"所劫掳以去，而且从此一去无消息了。这真是所谓"侯门一入深似海,从此萧郎是路人",冒辟疆与陈圆圆间的恋史从此告终,陈圆圆自此步入一个新的命运,其将来如何,全不可卜。假如没有这种突如其来的变化,冒辟疆与陈圆圆的婚事得谐,陈圆圆当然不会与吴三桂发生关系,自更不会有后来的"冲冠一怒为红颜"之事,明清之间的历史究应如何写法,正是一个极大的未知数。只因冒辟疆与陈圆圆的婚约忽然起了这一变化,遂致牵掣到整个中国历史的演变,其影响之大,实在不可思议。这一段事实,写在吴梅村所撰《圆圆曲》中的,就是下面这段文字:

家本姑苏浣花里,圆圆小字娇罗绮。梦向夫差苑里游,宫娥拥入君王起。前生合是采莲人,门前一片横塘水。横塘双桨去如飞,何处豪家强载归。此际岂知非薄命,此时只有泪沾衣。薰天意气连宫掖,明眸皓齿无人惜。夺归永巷闭良家,教就新声倾座客。

陈圆圆被劫,据《影梅庵忆语》所说,是为"窦霍豪家"所恃势逼胁而去。此"窦霍豪家",当是指其时之周皇亲——嘉定伯周奎,其女乃当今皇帝之正宫皇后。汉朝的窦武、霍光,其女俱贵为皇后,以此喻周皇亲家,自甚贴切而明白。钮琇《觚賸》卷四《圆圆篇》,有关于此事的记述,云:

维时田妃擅宠,两宫不协,烽火羽书,相望于道,宸居为之憔悴。外戚嘉定伯以营葬归苏,将求色艺兼绝之女,由母后进之,以纾宵旰忧,且分西宫之宠。因出重赀购圆圆,载以之北,纳于椒庭。一日侍后侧,上见之,问所从来?后对:"左右供御,鲜同里顺意者,此女吴人,且娴昆伎,令侍栉盥耳。"上制于田妃,复念国事,不甚顾,遂命遣还。故圆圆仍入周邸。

在明朝以前,"妓"字通常兼包女乐及娼妓两种人物而言,陈圆圆被称为"名妓",显然是指前者的意义而言。如其不然,她就不能被献进内廷,以及借歌舞之技博得冒辟疆、吴三桂之激赏了。冒辟疆的事情虽然已成过去,以陈圆圆之色艺与才华,应当不愁没有理想的归宿。果然,后来就遇到了吴三桂。《觚賸·圆圆篇》记此,续云:

延陵方为上倚重,奉诏出镇山海,祖道者绵亘青门以外。嘉定伯首置绮筵,饯之甲第,出女乐佐觞,圆圆亦在拥纮之列。轻鬟纤屐,绰约凌云,每至迟声,则歌珠累累与兰馨并发。延陵停卮流盼,深属意焉。诘朝,使人道情于周,有紫云见惠之请。周将拒之,其暱者说周曰:"方今四方多事,寄命干城,岩关锁钥,尤称重任。天子尚隆推毂之仪,将军独啬受脤之柄,他日功成奏凯,则二八之赐,降自上方,犹非所恡。君侯以田窦之亲坐膺绂冕,北地芳脂,南都媚黛,皆得致之下陈,何惜一女子以结其欢耶?"周然其说,乃许诺。延陵陛辞,上赐三千金,分千金为聘,限迫即行,未及娶也。嘉定伯盛具奁賸,择吉送其父襄家。

延陵乃是吴姓之郡望,这里只称延陵而不斥吴三桂之名,显然亦是有所讳饰之故。关于这一部分的史实,陆次云所撰的《陈圆圆传》亦有类似的叙述,不过,其内容稍有不同而已。亦迻录于后,以资参考比较:

圆圆陈姓,玉峰歌妓也,声色俱绝。崇祯癸未,总兵吴三桂慕其名,赍千金往聘之,已先为田畹所得。田畹者,怀宗妃之父也。甲申春,流氛大炽,怀宗忧废寝食。妃谋所以解帝忧者于父,畹乃以圆圆进。圆圆扫眉而入,冀邀一顾,帝穆然也。旋命之归畹第。时间贼将逼畿辅矣，帝亟召三桂对平台，赐蟒玉，赐上方，托重寄，命守山海关。三桂亦慷慨受命，而寇深矣。畹忧甚。圆圆曰："当世乱而公无所依，祸必至，曷不缔交于吴将军？吴慕公家歌舞久矣，以此请，必来。"畹从之。吴故却也，强而后可。至则戎服临筵，俨然有不可犯之色。酒甫行，即欲去。畹屡易席，至邃室，出群姬，调丝竹，皆殊秀，一淡妆者统诸美而先众音，情艳意娇。三桂不觉神移心荡，遽命解戎服，易轻裘，顾谓畹曰："此非所谓圆圆耶？洵足倾人城矣，公宁不畏而拥此耶？"畹不知所答。命圆圆行酒。圆圆至席，吴语曰："卿乐甚。"圆圆小语曰："红拂尚不乐越公，刿不逮越公者耶？"吴领之。酣饮间，警报踵至。畹前席曰："寇至矣，将奈何？"吴遽曰："能以圆圆见赠，吾当报公家先于报国也。"畹勉许之。吴即命圆圆拜辞畹，择细马驮之去，畹爽然，无如何也。帝促三桂出关，三桂父督理御营名襄者，恐帝闻其子载圆圆事，留府第，不令往。三桂去而闻贼旋拔城矣。

上文所说的"田畹"，即是田贵妃之父田弘遇，与嘉定伯周奎同为戚畹而实为敌对之人。比较上面这两条史文的差异处，陆次云所撰的《陈圆圆传》以为出重金购致圆圆者，乃是田贵妃之父弘遇，而《觚賸·圆圆篇》则以为是周奎；又，陆次云以为吴三桂早就慕圆圆之名而有意娶为妾媵，而《觚賸》无此一说；又，陆次云以为陈圆圆之所以终归吴三桂，乃是出于陈圆圆自谋的结果，而《觚賸》则以为是出于吴三桂向周奎提出之要求。比较起来，似以《觚賸》所记较为真实。这又可以列举如下各点理由为证。

第一、后妃争宠，有时往往需要利用各种工具来达成自己的目标，陈圆圆在此时无疑只是皇后或贵妃中的工具。但此时得宠的乃是贵妃而非皇后，贵妃已有宠，便没有理由再为皇帝物色绝色美女，以分自己之宠。相反的情形，正因皇后无宠，才会想到去物色一个绝色美女来分贵妃之宠，间接达成帮助自己斗倒贵妃之目的。唐高宗即位初年，萧淑妃有宠，而王皇后遭受冷落，为了与淑妃争宠，王皇后引进武则天作为帮手，好帮自己斗倒萧淑妃，无疑正为此类事件的先例。而且周皇后籍隶苏州，而田贵妃则是扬州人。假如是田贵妃的家人要物色进奉的美女，似乎也不会到并非自己故乡的苏州来，反倒是周皇后家正合于此一条件。而且冒辟疆的《影梅庵忆语》中还曾说到，他在得悉陈圆圆被劫之后，即再遇董小宛，其经过如此：

明日，遣人之襄阳，便解维归里。舟过一桥，见小楼立水边，偶询游人，此何处何人之居？友以双成馆对。余三年积念，不禁狂喜，即停舟相访。友阻云："彼前亦为势家所惊，危病十有八日。母死，镝户不见客。"余强之上，叩门至再三，始启户，灯火闃如。宛转登楼，则药饵满几榻。姬沉吟询何来……？

由董小宛之"亦为势家所惊"可以知道，当时的周皇亲为了选美女以供进御，曾经四处查访，凡属美姬名妓，均不放过。若是田皇亲，恐怕就没有这种就近之利了。

第二、冒辟疆的《影梅庵忆语》中明明说到，陈圆圆之被夺，乃是崇祯十五年仲春二月间之事；此与陆次云所说的"癸未"年，在时间上不能吻合。而《觚賸》所说，周皇亲因营葬归苏，乘机为皇后觅寻美色以供进御之用，其时间既与崇祯十七年

"流氛大炽"的情形相去尚远，看起来便远较陆次云之说为合理。

不论陈圆圆是为周皇亲还是为田皇亲所胁夺而去，这毕竟只是次要的问题；因为陈圆圆最后都在吴三桂的求索之下，由周皇亲或田皇亲赠与吴三桂作妾了。吴三桂在降清之后，封平西亲王，镇守云南，贵盛无比；因为他在明朝时不过只是一名总兵官而已。关于他在降清以前的历史，《清史稿·逆臣传》中语焉不详，需要另外参看其他记载。署名"苍弁山樵"所撰的《吴逆取亡录》说：

三桂者，故明武举，沈毅敢战。少时逐一骑，射之堕，下马欲取其首。其人故佯死，突挥刀刃三桂，中鼻，故鼻左微凹。目瞻视，隆准无须。监军太监高起潜爱其勇，认为义子。屡以战功得优叙，不数岁授总兵官，镇守宁远。其先世居徽州，流寓辽东，因家焉。父襄，由武进士起家，官锦州总兵，以援大凌河师溃，削职。后从征山东，克登州，复官，洊擢京营都督。岁甲申，我世祖章皇帝顺治元年，明庄烈帝崇祯十七年也。春二月，流贼李自成自秦犯晋，畿辅大震，议撤三桂兵守山海关，为京师卫。大学士陈演恐事平以弃地获咎，执不可。越月贼锋益逼，始决计弃宁远，封三桂平西伯，趣入援。甫及关而京师陷，襄降贼。三桂闻变，逡巡关西，将赴降。自成命降将唐通作书招之，胁襄贻书敦促，中有"吾君已矣，尔父命在须臾，及今早降，不失通侯之位"语。有陈沅者，字圆圆，美丽善歌，戚畹周奎得之以进御。庄烈帝忧勤国事，不暇顾，饬归奎邸。三桂歆其艳，请于奎，奎盛饰奁具以赠。三桂妻张氏，貌寝而悍，三桂颇惮之，不敢携沅行，留居京都。城陷，为贼将刘宗敏所得。三桂抵蓟州,襄使者至。诘知襄被执,笑曰:"是胁我耳,我至即释,何患?"复问陈姬无恙乎?使者以实告,勃然曰:"大丈夫不能保一女子,何面目见天下人?"遂反旆而东,回山海关,以讨贼复仇布告远迩。继恐贼大队至,众寡不敌。遣其副将郭云龙、杨坤、孙文焕乞师于我朝。时睿亲王率师西征,中途得请,允之。……

这就吴梅村《圆圆曲》中所说的:"痛哭六军俱缟素,冲冠一怒为红颜"的故事由来了。六军缟素,名义上是为崇祯帝发丧报仇,然而事实上吴三桂却早已决定了投降闯贼。若不是因为其爱妾陈圆圆为贼将刘宗敏所夺,吴三桂显然即将成为李自成的新朝贵人,无论崇祯皇帝生前对吴三桂的恩义何等稠叠,此时并不在吴三桂考虑之列。只因爱姬被夺,吴三桂之冲冠一怒,变成了要向清廷借兵来报此夺妻之恨,于是李闯王的江山亦坐不稳了。陈圆圆之为红颜祸水,既使中国衣冠因此而沦为披发左衽,亦使李闯王失掉了他已经到手的江山,其影响力之深远巨大,可谓空前绝后。吴梅村《圆圆曲》总叙这其中的经过,云:

薰天意气连宫掖,明眸皓齿无人惜。夺归永巷闭良家,教就新声倾坐客。坐客飞觞红日暮,一曲哀弦向谁诉?白晳通侯最少年,拣取花枝屡回顾。早携娇鸟出樊笼,待得银河几时渡?恨杀军书抵死催,苦留后约将人误。相约恩深相见难,一朝蚁贼满长安。可怜思妇楼头柳,认作天边粉絮看。强索绿珠围内第,独呼绛树出雕阑。若非壮士全师胜,争得蛾眉匹马还?……

吴三桂于清康熙十二年(1673)十一月起兵叛清,时年已六十二岁。以此推算,吴三桂在明崇祯十七年(1644)时应为三十四岁。三十四岁便已位至总兵官,爵平西侯,不可不说是得志很早的了。何况吴三桂目瞻视而隆准无须，不但相貌堂堂，而且因没有胡子而特别显得少年英俊，如此人才而如此地位，又怎能不使陷身樊笼的陈圆圆深庆所事得人呢？在吴三桂来说，为欲得回一美艳而擅长歌舞的爱姬而不惜屈身降敌，其牺牲已经很大；而当时的李自成，已经拥有明朝中国的半壁江山，挟雄兵数十万与吴三桂决一死战，胜负之数难卜，其前途如何，亦着实令人担忧。在这种情况之下，吴三桂为了自救与报仇，势非拼全力以搏战不可。明朝末年，为了对付东北方面的清人，将全国所有的强兵劲卒悉数聚于宁远至山海关的一隅之地，所以当时以关宁兵的战斗力最为强劲，即清人亦不敢轻视。现在因为吴三桂已经投降清朝而没有了来自东方的后顾之忧，出死力与李自成之大军搏战，虽众寡之数悬殊，李自成亦不一定能够稳操胜算。果然，一经交手，李自成便发觉，吴三桂的军队确实是一大劲敌。加上清兵此时亦来为吴三桂助战，整个战局便对李自成十分不利了。清人刘健所撰的《庭闻录》，有关于吴三桂、李自成山海关之战的记述，云：

四月十八日，贼兵犯关城，围之数匝。关东二里许，有罗城外拒，贼虑三桂东遁，出二万骑从关西一片石转东，夹攻关外城。三桂坚壁拒守，遣人趣大清援兵。睿王兼程进，命英王将万骑为左翼，由西水关入；豫王将万骑为右翼，由东水关入；自以大兵随后，继使宿将祖大寿帅精兵驻欢喜岭，高张旗帜，为声援。三桂选死士五百人突围出谒睿王，情词恳切，声与泪俱，一军为之动容。三桂即壁中剃发，与睿王攒刀定盟而返。二十一日，开关出战，败之，贼分道并进，会日暮乃罢。二十二日，复战。贼知官兵劲,成败待此一决,驱其众死斗。三桂悉锐而出,无不以一当十,杀伤过半。贼恃其众,鼓勇迭进,挟二王于高冈立马观战。贼众我寡,三面受敌,我兵东西驰突,贼众亦左萦而右拂之,阵数十交,围开复合。自成按辔冈上,见有骑兵出三桂旁突阵而入者,自成麾后军益进。或曰:"彼骑兵非关宁兵,必满洲兵也,宜避之。"骑兵锐甚,所至莫当。自成策马走,诸贼畏令严,未敢退。忽尘开,见辫而甲者,或惊呼曰:"满兵来矣"!拉然崩溃。是日战初合,满兵蓄锐不发,苦战至日昳,三桂兵几不支,满兵乃分左右翼鼓勇而前,以逸击劳,遂大克捷。阵斩贼大帅十五人,杀贼兵数万,夺军资无算。自成溃败,奔至永平,使降臣张若麒诣三桂军议和。明日,三桂追至永平,又败之。自成杀吴襄于永平城西二十里范家庄。二十六日,狼狈进都城,尽戮吴氏家属三十四口,尸诸王于二条胡同。二十七日,宵遁。二十九日,余党焚宫殿及各城门楼,出阜城门西奔。……

上文所说的"贼兵"及"贼大帅"等,俱指李闯之军;"官兵"与"我兵",则指吴三桂之军。由于关宁军强劲善战,李自成之军虽众,竟不能败之;所谓"三桂军几不支",事实上当是原书作者夸张满兵战力的谀辞,因为其时吴三桂已因叛清而遭覆灭,吴三桂的过去历史此时不必再作忠实的记述,所以在此故为贬抑之辞,以为抬高满兵身价之计,揆之事实,殊不尽然。由于李自成在山海关之战中已经领教了吴三桂所统关宁军的厉害,在丧败之余,已无斗志,所以在吴三桂的一路紧追之下,只有狼狈奔逃,至于连辛苦得来的北京城亦不要了。亦正因为李自成恨极了吴三桂,在大败之余,只好将吴三桂留在京中的家属拿来出气。于是，自吴三桂之父吴襄以次三十四人，悉数遭李自成之毒手。只有吴三桂的妻子张氏因随同吴三桂在宁远，以及陈圆圆已被贼将刘宗敏所掠之故，得免此祸。吴梅村《圆圆曲》所谓："全家白骨成灰土，一代红妆照汗青"，即是指吴襄一家三十四口俱死，而陈圆圆反得倖免的这段惨事而言。陈圆圆之为红颜祸水，在吴襄而言，亦是不错的。

李自成兵败西遁，其部众亦委弃所掠妇女辎重，狼狈逃遁，于是陈圆圆复为吴三桂所得。钮琇《觚賸·圆圆篇》记云：

延陵追度故关，至山西，昼夜不息，尚未知圆圆之存亡也，其部将已于都城搜访得之，飞骑传送。延陵方驻师绛州，将渡河，闻之大喜。遂于玉帐结五彩楼，备翟茀之服，从以香举，列旌旗箫鼓三十里，亲往迎迓。虽雾鬓风鬟，不胜掩抑，而翠消红泫，娇态愈增。自此由秦入蜀，迄于秉钺滇云，垂疏洱海，人臣之位，于斯已极。圆圆皈依上将，匹合大藩，回忆当年牵萝幽谷，挟瑟勾栏时，岂复思有兹日？

这就是吴梅村《圆圆曲》中所说的：

若非壮士全师胜，争得娥眉匹马还？娥眉马上传呼进，云鬟不整惊魂定。蜡炬迎来在战场，啼妆满面残红印。专征箫鼓向秦川，金牛道上车千乘。斜谷云深起画楼，散关月落开妆镜。传来消息满江乡，乌柏红经十度霜。教曲伎师怜尚在，浣纱女伴忆同行。旧巢合是衔泥燕，飞上枝头变凤凰。长向尊前悲老大，有人夫婿擅侯王。当年只受声名累，贵戚名豪竞延致。一斛明珠万斛愁，关山漂泊腰肢细。错怨狂风飏落花，无边春色来天地。尝闻倾国与倾城，翻使周郎受重名。妻子岂应关大计，英雄无奈是多情。全家白骨成灰土，一代红妆照汗青。

儿女之情，男女之私，本来决不可以置于国家民族的安危考虑之上。然而吴三桂却要为陈圆圆的缘故，甘心使国家民族沦于万劫不复之境，更甘心使父母兄弟同为俎上之肉而不顾，其人之不忠不孝不义，亦可谓是前无古人而后无来者。陈圆圆一代绝色，偶此不忠不孝不义的全无心肝之人，不知道作何感想？据野史相传，陈圆圆在随吴三桂入滇之后，逐渐察知吴三桂又有叛清之心，深惧将来或不得善终，遂托辞年事已长，请求出家为女道士，从此霞帔星冠，日以药罏经卷自随。及吴三桂叛清事败，昆明为清兵所攻陷，平西王府中的宫眷悉遭籍没，唯有陈圆圆因为早已出家为女道士之故，册籍无名，独未波及。由此而言，陈圆圆后来似乎并未与吴三桂永偕白头。不过，陈圆圆后来虽然出家为女道士，其出家之动机是否便是为了吴三桂"渐有异心"的缘故，殊不可必。因为我们现在从别的史料中可以看到，吴三桂在做了平西亲王之后，内宠颇多，陈圆圆因深感吴三桂之爱情不专而发愤出家，亦未始没有可能的。

关于吴三桂多内宠之事，刘健《庭闻录》谓其王滇以后所最宠爱之妾侍有二人，一名"八面观音"，本南昌李明睿之歌伎，容貌极美，一名"四面观音"，虽姿容略逊，仍为人间难得一见之绝色美女。昆明城破后，八面观音为湖广总督蔡毓荣所得，四面观音为征南将军穆占所得云云。另据不知名人所撰之《夕阳红泪余》云，吴三桂有宠姬名连儿，姿容秀丽，尤长于诗词，城破后为赵良栋部将所得，未几死。其绝命诗有"君王不得见，妾命薄如烟"之句，丽质清才，洵非陈圆圆所能及云。由此而言，吴三桂似乎亦与旧时的达官贵人一样，所爱的只是人间美色，并不是对某一个人有坚定不移之爱心。陈圆圆在年轻时才貌出众，故能得吴三桂之钟爱，及其年长色衰，而吴三桂又复移情别恋，正是事理之所必至。在这种情形之下，陈圆圆自伤迟暮，又自觉以一身而贻害国家民族至于万劫不复之境，因了悟孽缘而勘破红尘，自愿以青灯黄卷忏悔宿业，更是最合理的安排。笔者以前曾在某一本旧书上看到一幅吴三桂的画像，少年英俊而相貌堂堂，可知吴梅村在《圆圆曲》中所写的"白皙通侯"，确有所本。只可惜陈圆圆的画像已不可得见，对此一代美人，竟无由一瞻颜色，实为可憾之事。

十四　太后下嫁故事中的
　　　顺治生母孝庄太后

十部梨园奏上方，穹庐天子亦登场。缠头岂惜千金费，学得吴歈醉一场。

上寿称为合卺尊，慈宁宫里烂盈门。春官昨进新仪注，大礼躬逢太后婚。

掖庭又闻册阏氏，妙选孀娃足母仪。椒殿梦回云雨散，错将虾子作龙儿。

——张煌言奇零草，《建州宫词》第六至八首

上面的这几首诗，乃是南明朝廷的兵部尚书张煌言所作，用来骂清王朝的《建州宫词》之一部分，因为与顺治之母孝庄皇太后有关，所以将它们抄录在上面。"建州"是清未入关以前的部落名称，"慈宁宫"乃太后居住之地，"春官"是礼部的别称，"阏氏"则是匈奴单于的皇后。综合这些诗句中的记述，可以知道，当清朝入关之初，远在浙闽边际的南明朝廷曾经听得一项传

闻，摄政王多尔衮当上了顺治皇帝的"皇父"之后，曾经有过册妃之举，所册立的便是当今皇帝顺治之母，当年被尊称为"孝庄皇太后"的博尔济吉特氏。太后下嫁与摄政王为妻，不但在当时要被认为千古奇闻，便是在今天，何尝不是使人难以想像之事。因为在一般人的观念里，总会觉得，既是太后，必是五十、六十的龙钟老妪，如何还能再登红毡，重作新娘？而且从古以来只有听说寡妇因贫而改嫁，那里有什么贵为皇帝，而甘心将老母嫁人作妻之事？然而这不仅在当时是轰动一时的奇闻奇事，还有较此更进一步，言之凿凿的详细记载呢。为了便于作深一层的探讨起见，有必要先将这些记载抄录于后，以便读者之了解。《清宫遗闻》卷上，"太后下嫁摄政王"一条说：

方皇太极之甫殁也，有欲援立多尔衮，为以弟承兄之举者。多尔衮心为之动。及将临朝，服冠袍，对镜自视，以为不称，因奉世祖登位，且首先下拜。其时外廷诸人见其诚意推戴，遂相与嵩呼，而世祖之位于是定。未几，多尔衮入关，仍不以帝位自居，遣使迎世祖至。举朝咸为世祖歔然，思所以报之。多尔衮与范文程密计，使昌言于朝曰："摄政王功高望重，而谦抑自持，德莫与京矣，我皇上虽欲报之，将何以报之哉？虽然，王固皇上之叔父也，今日之事，犹父传其子也。王既以子视皇上，则皇上亦当以父视王，可乎？"众议曰："可。"文程乃复言曰："今闻王新悼亡，而我皇太后又寡居无偶，皇上既视王若父，今不可使父母异居，宜请王与皇太后同宫。"众又议曰："可。"于是史臣乃大书特书于策曰："皇太后下嫁摄政王。"群臣上贺表，当时又有恩诏誊黄，宣示天下，其略曰："太后盛年寡居，春花秋月，悄然不怡。朕贵为天子，以天下养，乃独能养口体而不能养志，使圣母以丧偶之故，日在愁烦抑郁之中，其何以教天下之孝？皇叔摄政王现方鳏居，其身份容貌，皆为中国第一人，太后颇愿纡尊下嫁。朕仰体慈怀，敬谨遵行，一应典礼，著所司预办。"及乾隆朝，纪昀见之，以为此何事也，乃可传示来兹，以彰其丑乎？遂请于高宗削之，是后遂鲜有知者。

这一条记事中的文字奇妙无比，尤其是所谓宣示天下的"恩诏誊黄"，竟然有"太后盛年寡居，春花秋月，悄然不怡"，及"太后颇愿纡尊下嫁，朕仰体慈怀，敬谨遵行"之类的话，简直以父死嫁母为怡悦亲心的孝顺之行，岂不成了千古奇闻的笑谈？果真如此，纪昀看见了之后，当然要建议乾隆皇帝亟亟将此事从有关史书中削去不录，以免彰示清朝皇室之丑。但如从情理及事实两方面推敲，皇帝嫁母，当是旷古之奇闻，清朝皇室即使不谙中国礼教，亦不可能公然行此有失颜面之事的吧！再退一步说，即使当时果真有此事实，当时的朝中自皇帝以至大小臣僚，难道就没有一个人知道这是暴露皇室中冓之丑的不名誉之事，不但不加劝阻，反而赞成以恩诏誊黄的方式昭示天下，唯恐人之不知么？所以这件宫闱奇闻听来虽似海外奇谈，其实恐怕只是不尽可信的传说而已。为了这一缘故，清史权威孟森先生特别写了《太后下嫁考实》一文，以辩驳其事，历举各种证明，以支持他的否定意见。但因孟先生的论点只偏重证据，以为在档案、实录，以及朝鲜史料等有关方面都毫无踪迹可寻的事，决不能听信传说之辞，就相信它确有其事，自不免因此而招致反对派的攻击。因为档案、实录等等官方的文献可以由官方设法淹没证据，而朝鲜方面的记录又并不完全，单以证据不足为理由，就认定传说不可信，无论如何不能使人信服。于是，这一件宫闱奇闻，就因正反两方面各执己见而相持不下，迄今仍悬为清史上的三大疑案之一，无法确定其真实情形究竟如何。

要希望解决历史疑案的真相，需要多方搜集证据，及从事各方面的研究探讨。这是历史学家所要做的工作，不是这一篇小文章所敢于轻易尝试。而且这一篇小文章之目的也只在介绍孝庄皇太后这一个人，对于下嫁疑案这样大的题目，何敢不自量力，妄图考订其是非真伪？不过，假如我们能对孝庄皇太后的生平及其所处环境能有具体认识的话，对于这件疑案的了解，一定会有相当的帮助。更何况孝庄太后是此一疑案的主要当事人之一，在谈到孝庄太后时，自不可能不牵涉到这一疑案。准此而言，此文在涉及下嫁疑案时，即使有某种程度的推测或假设，亦是无法摆脱此案的牵涉而生，其本意并非为此案考订其是非真伪，这是必须在这里先加声明的地方。

历史上的顺治之母孝庄皇太后，乃是清太宗的诸妃之一，其后因顺治得立为帝而被尊封为皇太后。清太宗所娶妻妾甚多，依《清史稿·后妃列传》所记，有名号可考者如次：

一、元妃钮祜禄氏、巴图鲁公额亦都之女，生皇三子洛博会。

二、继妃乌喇纳喇氏，贝勒博克铎之女，生皇长子豪格及皇二子洛格。

三、嫡妃博尔济吉特氏，蒙古科尔沁贝勒莽古思之女。

四、宸妃博尔济吉特氏，蒙古科尔沁贝勒寨桑之女，生皇八子（殇）。

五、庄妃博尔济吉特氏，宸妃之妹，生皇九子福临。

六、贵妃博尔济吉特氏，阿巴亥部落那颜额齐格之女，生皇十一子博穆博果尔。

七、淑妃博尔济吉特氏，阿巴亥部落博底赛楚祜尔塔布囊之女。

八、侧妃叶赫那拉氏，贝勒阿纳布女，生皇五子硕塞。

九、侧妃札鲁特博尔济吉特氏，巴雅尔图代青之女。

十、庶妃纳喇氏，英格布之女，生皇六子高塞。

十一、庶妃奇垒氏，察哈尔谔勒济图固英寨桑之女。

十二、庶妃颜札氏，布颜之女，生皇四子叶布舒。

十三、庶妃伊尔根觉罗氏，安塔锡之女，生皇七子常舒。

清太宗皇太极在崇德元年（1636）（明思宗崇祯九年）方才建号称帝，在此之前，他只是后金国的"汗"。在他即位称帝的那年，他立了"嫡妃"博尔济吉特氏为皇后，又将另几个姓博尔济吉特氏的妃嫔加了封号，如宸妃、庄妃、贵妃、淑妃等等；此外，凡是与"博尔济吉特"这个姓沾不上关系的，只好照旧称为"庶妃"，显示她们的地位要比得有封号的诸妃要低一等。至于在此以前所立的正妻，如元妃钮祜禄氏，继妃乌拉纳喇氏，则在崇德元年以前业已先后死亡，不至于发生地位与名分的问题了。清太宗在未正大位以前，虽然也与蒙古科尔沁部落的博尔济吉特家联姻，在最初似乎没有给予太大的重视；一到此时，情形显然不同，不但较早娶回的大博尔济吉特氏被立为皇后，此时更先后娶回两个小博尔济吉特氏，一称宸妃、一称庄妃，所得到的宠信与倚重，显然要比她们之前早在宫中的那几个"庶妃"高得多。其后他又娶回两个阿巴亥部落的博尔济吉特氏，虽非科尔沁一族，但总也与科尔沁部的一后两妃同姓博尔济吉特氏。这其中究竟有什么特别的理由？实在使人不能无疑。

清太宗皇太极是太祖努尔哈赤的第八个儿子。努尔哈赤的儿子众多，是由于他的妻子多。看他妻子的不同来源，可以发现一项事实——清人未入关以前，常借婚姻关系与邻国缔结联盟，以求增强政治军事上的势力。如努尔哈赤已曾娶叶赫部的纳喇氏为大妃，后因与叶赫部失和，又娶乌喇部的纳喇氏为妃。及叶赫纳喇氏死，乌喇纳喇氏就继为大妃，地位在先已娶回的科尔沁部博尔济吉特氏，暨伊尔根觉罗氏、纳喇氏、兆佳氏、钮祜禄氏等称为侧妃、庶妃的诸妻之上。努尔哈赤不但自娶乌喇纳喇氏为大妃，更为皇太极娶乌喇部的纳喇氏为继妃，继承已死元妃钮祜禄的地位成为皇太极的正妻，其情形殆亦与此相同，其目的则显然是借婚姻关系强固建州与乌喇部之间的友谊。皇太极继立为汗之后，积极展开对明朝的和平攻势，希望缔结和约，以结束两国间的战争状态，但为明朝的崇祯皇帝所一再峻拒，迫得皇太极只好改采"以战胁和"的办法，来强迫明朝政府非同清廷谈和不可。他当时所采取的办法就是取道辽西山地，"假途"蒙古部落的辖境，从承德一带的长城隘口侵入明朝内地，以避开山海关的正面封锁，使用入侵军力强迫崇祯皇帝停战谈和。即使崇祯皇帝还是不肯谈和，清兵亦可以从入侵内地的窜扰战术中，大肆掠夺金银财宝及各种有用的战略物资，一方面解决本身物资不足的困难，一方面严重削弱明朝的作战能力，一举两得，高明之至。为了实现这一战略目的,他必须取得邻境蒙古部落的支持与帮助。而科尔沁部落恰好能在这方面给他最大的助力。为了争取科尔沁部落的积极支持,所以皇太极要借婚姻来加强双方面的友谊及合作。宸妃及庄妃之册封在清太宗的崇德元年(1636),到了崇德三年,就有第一次入侵长城的战争,正好说明了这里面的政治作用。而且不仅皇太极自己先后娶了四个姓博尔济吉特的蒙古女子为妃,更令多尔衮及长子豪格亦娶科尔沁部的博尔济吉特氏为福晋,其作用更是十分明显不过的了。

由于皇太极竭力拉拢蒙古科尔沁部落,科尔沁部的三个博尔济吉特氏女人,在皇太极宫中有了很高的地位:嫡妃博尔济吉特氏被立为皇后,她的两个侄女亦分别成为有位号的妃子。那一年,皇太极三十六岁,皇后二十九岁,宸妃十九岁,庄妃十五岁。在这三个博尔济吉特氏中,宸妃最有宠,是不是由于她最美丽的原因?因为史无明文,不能知道。不过,直到宸妃在崇德六年(1641)以三十三岁的盛年遽然病死为止,比她小四岁的妹妹庄妃,一直未曾听说亦为太宗所宠幸。《清朝野史》中说,这个号为庄妃的博尔济吉特氏貌美如花,最得太宗皇太极的宠爱。当洪承畴兵败被俘,拒绝投降,而皇太极一心想收降他的时候,洪承畴以绝食表示他矢死效忠明朝的态度,皇太极至于无计可施,只好徒唤奈何。在这重要时刻,庄妃向太宗献议,牺牲她自己的花容月貌向洪承畴施展美人计,终于把洪承畴收服。其后太宗皇太极病死,也是庄妃借美色勾引多尔衮,才能使多尔衮甘心拥立其子福临为帝云云。若以宸妃有宠而庄妃不能与宸妃相提并论的情形看来,野史的传闻,恐怕难以相信的成分太多。不过,野史的记述内容虽然过分恶劣，庄妃与多尔衮之间，也还是很可能颇有感情的。其原因则是由于皇太极与多尔衮的关系，颇与其他兄弟不大一样的缘故。

多尔衮是努尔哈赤最后所娶正妃乌喇纳喇氏之子。乌喇纳喇氏共生三子，即是排行十二的阿济格、排行十四、十五的多尔衮与多铎。乌喇纳喇氏富有机谋，努尔哈赤死后，皇太极深怕乌喇纳喇氏策动反对他的力量来对付他，所以假借夫死妻殉的理由，迫令乌喇纳喇氏殉葬而死，年止三十七岁。当时，多尔衮只有十五岁，多铎十三岁，因为年纪尚小，仍留宫中，与时年只有十四岁的庄妃常有接触，不免互生情愫。至于他们之间，是否曾因两情相悦而有逾越规矩的行为，则是无从揣测的事。所能够了解的是：当太宗皇太极驾崩的时候，多尔衮自己也有继立为君的希望。他在此时不图自立而甘心拥戴福临为君，而福临又恰好正是庄妃所生之子，这就不免使人怀疑福临之所以能够继立，颇与庄妃之劝说有关了。因为多尔衮以有资格继立之人而忽然自甘退让，必定有其原因；这个原因若非与庄妃有关，何致于使庄妃之子成为继位之君？此即所谓蛛丝马迹，疑窦甚多，不能不使人有所怀疑之故。

多尔衮在皇太极死后何以有资格继立为君？这应当从清代的八旗制度说起。

八旗制度是清太祖努尔哈赤所创建的特殊军事制度。这一制度在最初兼具政治功能，到后来方才逐渐演变为纯粹属于军事方面的兵制。为了简单介绍八旗制度的源起及其性质，不如搬引清史权威孟森先生写在《八旗制度考实》中的一段话，较为简单而且容易明了。《八旗制度考实》：

> 八旗者，太祖所定之国体也。一国尽隶于八旗，以八和硕贝勒为旗主，旗下人谓之属人。属人对旗主，有君臣之分。八贝勒分治其国，无一定君主，由八家公推一人为首长。如八家意有不合，即可易之。此太祖之口定宪法。其国体假借名之，可曰联邦制，实则联旗制耳。

在此"联旗制"之下，后金国汗由八旗旗主共同推选产生。清太宗皇太极在努尔哈赤死后之所以能继立为汗，便是在这种情形下推选产生的。这当然也有其易于获选的原因，第一是皇太极乃太祖已故正妃叶赫纳喇氏之子，其地位俨如嫡出之子；第二是皇太极当时已是正黄旗与镶黄旗两旗的旗主，在实力上较他人远为雄厚之故。依照孟森先生《八旗制度考实》一文中的考证，皇太极即位之后，其余六旗的旗主姓名如下：

正红旗——太祖努尔哈赤之第二子贝勒代善。

镶红旗——太祖第十二子贝勒阿济格。

正白旗——太祖第十四子贝勒多尔衮。

镶白旗——太祖第十五子贝勒多铎。

正蓝旗——太祖第五子贝勒莽古尔泰。

镶蓝旗——太祖弟舒尔哈齐之第二子贝勒阿敏。阿敏后因罪被废，旗主改为阿敏之弟济尔哈朗。

代善的生母是元妃佟佳氏，莽古尔泰的生母是继妃富察氏，与皇太极的生母大妃叶赫纳喇氏同样具有正妻的身份；所以代善以长兄的身份地位，在最初也有被选为汗的资格。只因代善生性甘于恬退，愿将汗位让与皇太极，而莽古尔泰的声望与实力又远非皇太极之比，所以太祖死后的汗位才归于皇太极。到了皇太极继立之后，先则借事削夺莽古尔泰的正蓝旗旗主地位，将正蓝旗收归自将；继又以阿敏不遵军令，擅自从占领地区撤军为有罪，夺去其镶蓝旗主的地位，改授阿敏之弟济尔哈朗。代善、皇太极、莽古尔泰和阿敏，乃是努尔哈赤生前指定的"四大贝勒"，其地位高于另外几个旗主；到此地步，四大贝勒只剩下皇太极和另一个没有领袖野心的代善，皇太极的"汗"位，这才稳如泰山，不怕另有够资格问鼎汗位的人前来觊觎了。不料天下事不能尽如人意，他以五十二岁的盛年忽然病死，遗下的汗位，仍然需由各旗旗主来共同商讨决定继承人选，究竟鹿死谁手，问题就太多了。因为在皇太极即位之初年尚幼稚的大妃诸子——阿济格、多尔衮、多铎，比时都已年长，他们的身份与皇太极相同，均为正妻之子，同样有资格问鼎汗位。此时的汗位究当谁属，就得看代善和这几个人的态度如何。假如他们都愿意推戴皇太极之子，汗位自可归皇太极一系所有；如其不然，新汗的人选，就得在这几个人当中推选产生。而依当时的情形看来，这两种情形都有赞成与反对的意见，于是就不得不出现第三种形式，以为调和折衷的解决之道。

皇太极的诸子之中，长子豪格乃是继妃乌喇纳喇氏所生，应该称是正室所出的"嫡子"。与豪格资格相当的，是皇二子洛格与三子洛博会。洛格亦乌喇纳喇氏所生，洛博会则是元妃钮祜禄氏所生，但此二子早已夭殇，其他比较适合的，只有侧妃叶赫纳喇氏所生的皇五子硕塞、庄妃博尔济吉特氏所生的皇九子福临，与贵妃博尔济吉特氏所生的皇十一子博穆博果尔。豪格年长，且素有战功,向来为正黄、镶黄两旗的属下人所推戴,如以皇太极之子继承汗位,豪格自是最适当的人选。但是他却不敢承担此一责任,因为来自反对方面的力量太大。根据朝鲜王子所撰《沈阳日记》的记载,崇德八年(1643)八月初八日夜间皇太极崩驾之后不久,清皇室诸王公集会讨论汗位继承人选问题的情形,大概如下所述:

十四日,诸王皆会于大衙门,礼亲王代善议拥戴皇太极长子豪格。豪格曰:"德少福薄,不堪承任",固辞而退。诸将等皆言:"吾等衣食于帝,养育之恩,同于天大,若不立帝之子,则宁从帝于地下。"代善与英王阿济格不欲干朝政,即时辞去。多铎无言。睿亲王多尔衮曰:"诸将之言是也。豪格既退让无续继意,则当立帝之第三子,若以为年稚,则吾与郑亲王济尔哈朗分掌其半,以左右辅政,年长之后,当即归政。"因誓天而罢。所谓第三子,今年六岁。

这一条记事中没有记明"所谓第三子"的名字,但如由"今年六岁"及后由福临继立的事实看来,此"所谓第三子",当然就是福临了。因为福临在继立之时只有六岁,而若由豪格、硕塞、福临、博穆博果尔这几个具有继承资格的皇子排行看来,福临亦恰为第三。豪格以长子而多有战功,自谦"德少福薄,不堪承任",比较起来,福临方为孺子,应该更不堪承当大任才是;然而当时却不闻有反对的意见,然则豪格之所以谦辞,显然是由于他自知不能克服反对方面力量的原因了。这反对的意见来自何处?萧一山著《清代通史》曾经引据《清实录》中的记述,叙录了如下一段文字,可以参看:

顺治二年十二月，多尔衮集诸王大臣议政，遣人传语曰："今观诸王贝勒大臣但见谄媚于予，未见有尊崇皇上者，予岂能容此？昔太宗升遐，嗣君未立，诸王贝勒大臣率属意于予，请予即尊位。予曰：'尔等若如此言，予当自刎。'誓死不从，遂奉皇上缵承大统。似此危疑之时，以予为君，予尚不可，今乃不敬皇上而媚予，予何能容？自今以后，有尽忠皇上者，予爱之用之；其不尽忠，不敬事皇上者，虽媚予，予不尔宥也。"……

《清实录》中的文字，是经过了许多次修改润饰的，很多事实真相都已经被小心地掩盖了。即如上文所引多尔衮自述，在清太宗皇太极死后被诸王大臣贝勒推戴为君，而多尔衮"誓死不从"的那一段话，就决不是真正的事实。萧著《清代通史》在引录朝鲜王子《沈阳日记》所述继嗣问题的资料之后，接着说：

多尔衮既以明敏之资为努尔哈赤所钟爱，临死时，即有授以大位之说。然幼未得立。皇太极以势优得位，而莽古尔泰、阿敏、代善等不为之下，皇太极曲意为之联络。后阿敏、莽古尔泰以废死，代善无不臣之迹，得以善终。多尔衮年渐长，颇能善承意旨，得皇太极之欢心，因与同母弟多铎领有两旗，其势力在诸王上，豪格知不敌，故不敢接受代善之拥戴。而多尔衮又何敢冒天下之不韪，以求自立？盖皇太极由汗而帝，树恩深厚，虽八旗联治之规模仍旧，而帝王传嫡之观念已萌。非立其子，不足以服众心，权臣利立幼主，故福临得以继承焉。多尔衮自居辅政地位，掌握实权，此亦善自为谋者也。唯豪格与多尔衮之不相容，于此已露端倪，故不久豪格以诽谤罪下狱矣。

上面这段文字，以豪格之不敢接受推戴是自知不能抵敌多尔衮、多铎兄弟联合起来的反对力量，诚然不错；但如以为福临之所以能够继立，是由于多尔衮有"权臣利立幼主"之心，这就不一定正确。因为福临虽然年幼，福临之弟博穆博果尔时年三岁，岂不更合于"利立幼主"的条件？多尔衮在此时，决定选择福临为皇位继承人，而不考虑比福临更小三岁的博穆博果尔，当然还有其他的考虑因素存在。这就与福临的生母庄妃博尔济吉特氏不无关系了。

庄妃博尔济吉特氏在福临登上帝位之后被尊为皇太后，称"孝庄皇太后"，皇太极的正宫皇后博尔济吉特氏，则被尊称为"孝端皇太后"。孝端比孝庄年长十四岁，在皇太极逝世的那一年是四十五岁，孝庄三十一岁，多尔衮则是三十二岁。论年龄，孝庄虽是多尔衮的寡嫂而且有了皇太后的头衔，实际上还比多尔衮小一岁。假如清宫中果真有过太后下嫁这一幕趣剧，多尔衮与孝庄太后的年龄，倒也是十分适当的，问题是那时候到底有没有发生过这一幕笑话奇谈式的趣剧？孟心史先生撰《太后下嫁考实》，从官文书及档案资料中去搜寻证据，甚且旁及于朝鲜方面的记录，用力不可谓不勤。由于他结果并无任何发现，因此他认为太后下嫁之说只是敌国所加的诬蔑之言，不足凭信。但孟先生的考证虽然证明了下嫁并无其事，对于多尔衮与孝庄之间的可能关系，却无法作进一步的考订，因为事涉暧昧，不可能留下实际证据来供我们了解其中的真正内幕。不过，多尔衮与孝庄之间必定存有某种难以告人的秘密，则是确定不移的事。这可以举出三点事实来证明。

第一，多尔衮在讨论继嗣问题的会议上，只支持具有继立资格的四人中之一人——福临；而孝庄恰为福临之生母，与下嫁疑案分明有直接渊源。

第二，多尔衮在死后遭到仇家的报复，以"意图篡逆"的主要罪名向顺治告发，其余的罪名尚有许多，其中之一款竟是"亲到皇宫内院"。皇宫内院乃是禁卫森严的禁地，多尔衮虽然是摄政王，也不能跑到皇宫内院去和先皇所遗妃嫔厮混，何况还有下嫁疑案这样晦暗不明的关系在内？这更加足以证明多尔衮与孝庄皇后颇有瓜葛，只是告发多尔衮之人不便说得太明白而已。

第三，多尔衮是十分好色的人。他除了自己的正室侧室之外，还曾强取豪格的遗孀，继其亡妻博尔济吉特氏为福晋。又曾多次派人到朝鲜去征索朝鲜国王的宗室之女为侧福晋。清末以来，各种稗官野史杂出，许指严所撰《十叶野闻》中有一章名曰《九王轶事》，专记多尔衮的各种杂事秘辛，其中就曾说到，多尔衮之所以会在三十九岁的英年早死，实因其色欲过度，精力耗竭，以致死于痨瘵。这也可以证明，多尔衮之所以亲到皇宫内院中走动，必与色欲有关。而孝庄太后既是宫廷中最有权威地位之人，多尔衮如不得其允许，又怎能随便到皇宫内院去厮混？

多尔衮以摄政王的身份辅立幼主，其时间从顺治元年（1644）到顺治七年（1650）十二月多尔衮坠马身死，前后历时七年有余。假如不是多尔衮因体弱不支而致意外坠马，他这种"周公辅成主"的摄政方式将要继续到哪一年为止，这问题很难解答。早在顺治五年的冬天，清世祖福临以追尊四代为皇帝而覃恩肆赦，同时宣布上加皇叔父摄政王的尊称为"皇父摄政王"。自此以后，凡是一切内外本章及硃批谕旨，在提到多尔衮时都用

"皇父摄政王"的尊称,即是新科进士的殿试对策卷亦然。因此之故,现在的档案资料及殿试卷中,才会留下许多"皇父摄政王"的尊贵衔头。有人因此怀疑,以为这便是太后下嫁的证据,事实殊属不然。因为照这种事实加以推测,多尔衮当时所采取的办法,似乎是要以渐进的步骤取得政权,所以多尔衮死了之后被人评告有意图篡逆之心,应该是不错的。不过,他的意图取得政权,与历史上一般常见的篡夺帝位情形,又似乎不能相提并论,主要原因是由于多尔衮并无子嗣。既无子嗣,则篡夺帝位之后又将传之何人?这看起来岂不是一大矛盾?而这也正是这一疑案的关键所在,值得加以深入讨论一番。

前读清史,记得曾在某书中见到关于多尔衮的一条记事,大意是说,多尔衮在位高权重之后不愿向顺治帝行跪拜之礼,借口身患风疾,行动不便,不肯上朝。其亲信人等到王府问疾,多尔衮很感慨的对他们说:"当年若以我为皇帝,而以皇上为太子,我今日何致有此疾病?"这几句话最能道出多尔衮内心深处的隐痛,可知他到此时为止,一直以未能成为事实上的真皇帝为终生恨事。这一段记事因为忘记了本来的出处,遍检各书不获,最后只在《清世祖实录》卷三十五中找到了相关的一条记事,乃是顺治四年(1647)十二月除夕,豫亲王多铎及郑亲王济尔哈朗等诸王贝勒使索尼、冷僧机等人向摄政王多尔衮面致王公贝勒们的共同决议,以多尔衮体患风疾,不便跪拜为理由,免除了他以后向顺治帝的跪拜礼节。以这种情形与后人对多尔衮的评论相比较,颇可看出多尔衮此时的心态。孟森《清代史》论多尔衮云:

清入关创业,为多尔衮一手所为。世祖冲龄,政由摄政王出。当顺治七年以前，事皆摄政专断，其不为帝者，摄政自守臣节耳。

多尔衮自顺治元年至顺治七年一直谨守臣节，不曾有取顺治而自代的逆乱之行，当然很值得称道。但谁又能真正知道，多尔衮如果不在顺治七年十二月坠马而死，他是否仍能继续恪守他臣事顺治的态度始终不变？由上面所举的事实可以知道，多尔衮其实不甘心以手握大柄的国家实际统治之人，俯首向十几岁的顺治帝拜伏称臣。由免除跪拜之礼到尊称皇父，即是逐渐取得平等地位的开始。窥测多尔衮的意图，他大概很希望由皇父更进一步成为真正的皇帝，而以顺治帝作为储君，一俟他百年之后，再将皇位交还顺治帝，如此既可满足他内心的不平衡心理，于顺治帝的帝位亦无损害，因为他自知因色欲而戕伤过度，不可能再有生儿育女之能力了。以这种可能发展来推测多尔衮称皇父的真正目的，方有实质上的意义，如其不然，又何必多此一举？但亦就是因为多尔衮曾有尊称皇父的行为，更使外人对于多尔衮与孝庄太后的关系，多了一层揣测附会性的猜疑。于是，所谓既称皇父，"必是妻世祖之母，而后尊之为父"的逻辑推论就顺理成章的出现了，究其实际，似乎并不如此。

多尔衮称"皇父"，不可能是"妻世祖之母"的唯一解释；孝庄太后下嫁之说，就势必要如孟森先生《太后下嫁考实》一文中之所说，要以"事出有因，查无实据"式的官文书用语作为此一疑案的结论了。然而，孝庄太后一生中的重重疑窦，并不能到此就告结束，因为后来还有其他方面的种种疑窦存在。

多尔衮坠马丧命之时，福临年已十三岁，过了年就是十四岁，已经是可以亲政的年龄了。因此，从顺治八年（1651）正月开始，皇帝就举行了亲政大典，在形式上将政权收归自己执掌。据《清朝文献通考》所载，顺治八年二月，世祖亲政之后所举行的第一件大事，就是加上孝庄太后的徽号，尊称为"昭圣慈寿皇太后"，书中附载加上徽号时的册文如下：

开国承家，道莫先于立爱；正名定位，礼莫大于尊亲。子有至情，古垂彝宪，宜登崇号，以表化原。恭维圣母体备含宏，性成圣善，克勤俭而襄大业，秉慈惠而谐六宫，祜既笃于家邦，祥乃钟于继嗣。恩勤顾复，丕殚鞠子之劳，启迪训行，备示作君之则。坤教彰于率土，母仪式于九围。至德难名，莫罄揄扬之实，深恩罔报，图申尊养之诚。爰顺舆情，肇隆盛典，谨告天地宗庙社稷，率诸王贝勒文武群臣恭奉册宝，上尊号曰"昭圣慈寿皇太后"。伏愿凝和履泰，燕子诒孙，德位兼崇，锡鸿禧于四海，天人协庆，介眉寿于万年。

到了顺治八年八月，因皇帝大婚礼成，再加上皇太后徽号，尊称为"昭圣慈寿恭简皇太后"，亦有册文。自此以后，直到康熙二十六年（1687）孝庄以七十五岁高龄病逝为止，所累次加上的徽号已经共计有了十八字之多，称为"昭圣慈寿恭简安懿章庆敦惠温庄康和仁宣太皇太后"，其谥号则是"孝庄仁宣诚宪恭懿翊天启圣文皇后"。

综观《清史稿·后妃列传》中的《孝庄皇太后博尔济吉特氏传》，康熙帝对他的这一位亲生祖母最为孝顺。"时海寓晏清，省山逭暑，帝每奉太皇太后同行。或銮舆顺动，则驰书问起居，虽鱼腊枣脯必上献。"孝庄太后巡幸遵化温泉，经过长城八达岭，地势颇为高峻难行，康熙帝一再下马扶持太皇太后所乘坐的步辇，一直到了平路上方才继续乘马前进。巡幸五台山时亦复如此。每逢太皇太后有病，辄斋戒祝祷，逢寿辰则亲制寿诗式表文献颂，天下人无不知晓康熙帝对祖母极为孝顺。康熙二十六年，太皇太后年高体弱，卧病床褥，康熙帝在慈宁宫亲侍汤药，昼夜不离左右。为了希望为祖母延寿，特别恩赦内外问刑衙门所监禁的囚犯，概行减等发落。又步诣天坛祷祭，求为祖母延寿。等到一切措施都无效验，孝庄太后在康熙二十六年十二月寿终于慈宁宫之时，康熙帝"哀慕擗踊"，割辫发成服，丧服用布不用帛，又欲在宫中守三年之丧，一切礼节，都逾越皇帝为太后举丧的仪制范围，足以显示康熙对这位祖母的孺慕爱恋，终其生不衰。但是，可怪的事情却又在后面发生了。孝庄太后病逝之后，相隔一年，康熙帝将孝庄的灵柩运送到与清世祖孝陵相近的昌瑞山。在那里起造一座宫殿，就以孝庄生前所住慈宁宫东侧新建的宫殿五间拆迁至昌瑞山，称之为暂奉安殿，将灵柩安放其中，并不为之营葬。而且一放就是三十七年，直到康熙帝崩驾，雍正帝继立，才在雍正三年（1725）的二月间"因山起隧"，于昌瑞山营建昭西陵殡葬。康熙帝在孝庄太后生前如此恪尽孝养之道，在孝庄死后却对殡葬问题如此冷漠，这种前后矛盾的情形，看起来实在使人大惑不解，不知道这其间究竟还有什么难以透露的隐情？

  清太宗皇太极的陵寝称为昭陵，在沈阳西北十里之隆业山，祔葬的是大博尔济吉特氏"孝端文皇后"。孝庄在福临继位为帝后被尊奉为皇太后，照例也有资格可以祔葬在昭陵，因为自古以来尽有一帝二后或一帝三后同葬一陵的例子，孝庄如果祔葬，并无不合之处。但礼法上亦有"卑不动尊"之说，意即陵寝如果早已建成，后死的另一后亦可以"卑不动尊"之理由，不启莹袝葬于帝陵之中，而在其他地方另建一陵，以为葬地。这种例子在清代最多，如乾隆帝之生母死于乾隆四十二年（1777），并未与雍正合葬，其别葬之陵称为泰东陵。咸丰之定陵中只袝葬一后——孝德皇后，其后死之孝贞后（慈安）及孝钦后（慈禧）均别葬，称为定东陵。这都是最明显的例证。所以，孝庄死后未与皇太极合葬一陵，固然没有什么可议之处，但是，康熙帝将她的灵柩停放在昌瑞山暂奉安殿中，一放三十七年，并不为之起陵营葬，看起来总是大违常情之事。就此一点而言，其中就尽多引人非议之处。

孟森先生撰《太后下嫁考实》一文，旨在辨明孝庄太后并无下嫁之事。此文发表之后，反对者大有其人。如胡适之先生即表示不能同意其说。其后，吴宗慈亦曾撰文与孟森先生辩论，所提出的理由主要有两点，第一是多尔衮的"皇父"之称太不可思议，第二就是孝庄太后死后康熙帝不为之营葬，是表示康熙帝对他的这位祖母有不慊于怀之意，如其不然，何致其前后行事矛盾如此？吴宗慈所提出的第一点理由，其实没有太大的作证力量，至于第二点理由，就实在太使人怀疑了。康熙帝在孝庄生前如此克尽孝养之道，死后却一任其灵柩长期停放在暂奉安殿，一放三十多年，迄不为之营葬，这究竟有什么理由可说？人死之后，入土为安，只有那些忤逆不孝的子孙，才会为了争遗产、看风水等等不成理由的理由，将父母的灵柩搁置不葬。康熙帝身为皇帝，普通人不葬父母的理由都不存在，然则他又是为了什么理由，竟将祖母的灵柩长期搁置不葬？以此而言，后人怀疑他对于孝庄太后有不慊于怀之心，当然就不无理由。

综观孝庄太后之一生，启人疑窦的地方实在太多。纵然太后下嫁的疑案不能成立，其蛛丝马迹，总不能使人无猜疑之心。自古以来，宫闱中的秘辛太多了，这一疑案，也将永远像谜一样流传下去吧！

十五　垂帘听政四十年

——慈禧太后的一生

武则天是中国历史上的唯一女皇帝。她以一个女人而登上皇帝宝座，统治中国十八年，在中国历史上无人可以比拟。不过，中国历史上虽然从此再没有女皇帝，却有过许多"垂帘听政"的皇太后，虽无皇帝之名，隐有皇帝之实。其中的慈禧太后，柄政达四十余年之久，当时的皇帝几乎只是形式上的傀儡。这种样式的皇太后，事实上差不多也就是武则天第二，很值得在历史上夸耀一番了。

清代自顺治帝入关以至宣统帝继位，历时共二百六十八年。顺治朝以后的康熙、雍正、乾隆三朝是清代中国的盛世，到嘉庆、道光朝以后逐渐衰颓。咸丰帝英年早世，到了同治、光绪二朝，就因为皇帝幼弱之故而必须由皇太后垂帘听政。但是清代的家法规定后妃不得干预国家大政，历代皇帝都严格遵守这一祖训，不敢有违。在咸丰十一年（1861）七月，皇帝因病驾崩之时，遗诏中并没有指定由后妃辅立幼主，慈禧虽为同治的亲生母亲，又怎能公然违背祖训，以皇太后的地位出而干预国家大政？这就是慈禧太后行事厉害，眼光独到的地方了。唐朝的武则天，利用唐高宗的个性柔懦，先则协助皇帝处理国家大政，继则要求唐高宗将整个大权交付予她，由此达成了控制全盘政局之目标，奠定其以皇太后转变为女皇帝的条件。可见凡是有野心的人物必须能制造有利于自己的条件，慈禧太后能以皇帝生母掌握国家大权，其过程亦仿佛类此。不过，武则天是有识见而有手段的女政治家，慈禧与武则天相比，显然远为不逮。一般说来，慈禧的心胸狭隘而手段毒辣，虽有小聪明而识见十分有限，权利欲望与自私心又十分强烈。以这些条件出任事实上的专制女主，当然可以达到宰制大清帝国之目的，却决无法适应当时中国面临外国侵略的复杂多变局面。因此之故，在慈禧太后垂帘听政下的清朝政府，必然会出现亲贵用事、宦官干政、政治腐败、社会动乱等各种恶劣情势，非慈禧太后之能力所能改变。也因为如此，在她一手统治下的中国，非走上积贫积弱的道路不可，这又岂是慈禧所能企望于武则天的统治业绩？如果说武则天的一生历史是毁誉参半，那么，慈禧的历史可说是毁多于誉。正因为她在清末中国的历史上影响力十分巨大，对于她的是非功过，亦应该有所认识，所以在这里略作介绍。

慈禧太后姓叶赫那拉氏，满洲镶黄旗人，生于道光十五年（1835）十月十日。祖名景瑞，曾官刑部员外郎。父名惠征，曾官安徽省的"徽宁太池广道"。清制，旗人官员所生女子必须在及龄后报选秀女，以备皇帝的采择。咸丰元年（1851），皇帝下诏征选秀女，慈禧就因此机缘被皇帝所选中，开始了她后半生的宫廷生活。

按照清代的宫闱制度，皇帝的后宫除皇后外，尚有皇贵妃一人，贵妃二人，妃三人，嫔三人；其余称为"贵人"、"答应"、"常在"的人数无定额。慈禧在被选中入宫时的名号是"懿贵人"，至咸丰四年方获晋封为"懿嫔"；及至诞生皇子载淳，再被晋封为懿贵妃。一般来说，由贵人晋封为嫔，是慈禧得蒙皇帝宠幸的开始，其原因则由于她久住江南，善唱南方小调之故。许指严所撰的《十叶野闻》中有一条说：

圆明园自雍正以迄于咸丰十年英法联军一炬之前，皆为每岁春秋驻跸之所。盖园中颐养适宜，且礼节稍疏阔，故历代帝王以为便也，至咸丰朝而尤甚。盖文宗声色之好，本突过前朝，感宫中不便，乃益园居。故事恒至三、四月始莅园，八月往木兰秋狩，即行回宫。文宗则甫过新年即诏园居，秋狩后尚须返园，至十月始还宫，其好园居若此，用意固别有在也。初，文宗厌宫禁之严守祖制，不得纵情声色，乃托言因疾颐养，多延园居时日。遍征秀女之能汉语及知汉人俗尚装饰者，得那拉后于桐阴深处，盖后固能唱吴歈，及习俗吴下衣饰者也。后父曾宦广东，又居芜湖，以故知南中习尚，文宗宠之，旋生皇子。既而文宗意后终系满人，不称其意。某大臣阴察之，乃以重金购苏浙妙龄女子数十人，置诸宫禁，其后选尤佳丽称旨者加以位号，即世所称圆明园四春者是也。文宗春秋方富，遽遘疾不起，良有以也。

上文所说的"圆明园四春"，由收在《清朝野史三编》的《圆明园总管世家》一书中可以考见其名称，谓之"杏花春"、

"武林春"、"牡丹春"、"海棠春",都是能歌善舞而姿容绝艳的江浙美女;其购进奉献的某大臣,则是圆明园的管园大臣文丰。咸丰帝好女色,据说是由于时局不利的刺激使然。当时,太平天国的革命运动扰攘及于半个中国,东南各省糜烂,政府军无力讨平乱事,而英法联军又乘中国之内乱攻陷平津要地。内忧与外患相继而来,无论军事、政治、财政、经济,都呈现出一片分崩离析之象。国家情势如此江河日下,咸丰帝负担不了精神上的沉重压力,不知不觉地走上了逃遁避匿的道路。《清稗类钞》中有一条说:

咸丰季年,天下糜烂,几于不可收拾,故文宗以醇酒妇人自戕。

所指即此。咸丰帝以酒色自戕的结果,是提早结束了他自己的生命,才不过三十一岁,就因肺结核不治而死,所遗下的唯一儿子载淳,在他死的那一年只有六岁。偏偏这个唯一的儿子又恰好是慈禧所生,援照母以子贵的道理,慈禧在咸丰晚年虽然只是一个"贵妃",而儿子既然做了皇帝,母亲自然变成了皇太后。如果是别人当皇太后,对咸丰死后的政局,也许不致发生太大的影响。但因慈禧乃是一个权力欲望极强的女人,她要凭借皇太后的地位来支配政局,希望由此而成为清朝的实际统治者。于是,这一个新出现的皇太后,开始在清末中国的政治舞台上发挥其重要的影响力,前后历时近五十年之久。

咸丰帝死后,他的儿子载淳继立为帝,就是后来的同治皇帝。同治帝即位之后,首先尊封咸丰帝的皇后钮祜禄氏为母后皇太后,亦尊封自己的生母叶赫那拉氏为圣母皇太后,是即所谓

"两宫并尊"。既然同时有了两个皇太后,在名号上当然应该有所区别。因此,母后皇太后加徽号曰"慈安",称为慈安皇太后;圣母皇太后加徽号曰"慈禧",称为慈禧皇太后。不过,一般人为了简单省事,直接称之为东太后与西太后;因为慈安本来具有东宫皇后的身份,慈禧不过只是西宫的贵妃,以东西为称,乃更实在也更明白之故。

同治帝在位十三年,史书上说他因出天花而死,实际上恐怕是死于梅毒。同治帝无子,慈禧选立咸丰帝同父异母弟奕譞的长子载湉为帝,是为光绪帝。光绪帝在位三十四年,在慈禧病死的前一天也以病去世,实际的死因恐怕是中毒。历同治朝以至光绪朝的四十七年中,慈禧太后实际上是大清帝国的真正统治者。总括这将近五十年中的慈禧历史,大约可以区分为三个时期。第一个时期为垂帘听政的初期,恭亲王奕䜣以议政王的身份为军机领班,政权由慈安、慈禧及恭王共同执掌,凡事协商而行,诸事俱能和谐妥适,其时间为咸丰十一年(1861)十月两宫回銮以后,直至同治四年(1865)之三月,前后历时约三年半。第二个时期自同治四年(1865)三月至光绪十年(1884)三月。前后历时共十九年。此一时期,恭亲王奕䜣虽仍为军机领班,但已无议政王身份,只能秉承慈禧之指挥,而不敢擅自有所主张,垂帘的基础已经十分巩固,早年所有的那一点和衷协商气氛没有了,于是慈禧太后变成了大清帝国的真正主宰,女主专政之局面自此形成。自光绪十年三月朝局发生变更,恭王以次的军机大臣全班皆撤,换上了以礼亲王世铎为首的新军机大臣五人。军机全班撤换的原因,是慈禧对恭王之不能彻底服从深为不满,换了礼王世铎的新军机大臣以后,指挥更加如意,行事更无顾忌,自此以后,慈禧的私欲与其愚昧无知的恶行,方才百分之百的影响到整个中国的命运。因破坏戊戌维新而有以后的废立阴谋,因废立阴谋不逞而欲借义和团以为报复,因义和团运动而招致八国联军的武装干涉,各种灾难纷至沓来,中国几乎因此而致亡国灭种。自此以迄光绪三十四年(1908)十月慈禧患病不起,前后历时共二十四年有余,这是慈禧独柄大政的绝对专制时期,也就是垂帘听政制度对中国近代历史发生最恶劣影响的时期。在慈禧个人的政治历史上,是第三个时期了。

慈禧在垂帘听政的初期给予恭亲王奕訢以特别礼遇的议政王地位,此后又使奕訢担任领班的首席军机大臣二十三年之久,其意义极不寻常。其根本原因,是由于恭王乃是协助慈禧篡夺政权的同谋者,为了酬庸他的贡献以及必须借助他的丰富政治经验,她不得不将军机首揆的地位给予奕訢,以实践当年的诺言。及至慈禧的权力基础已经十分稳固,恭王实际已没有太大的利用价值之后,她毫不容情的加以撤换,以便利她自己的直接控制。由此不难想见慈禧之善于操纵驾驭,够资格成为武则天一样的女皇帝。至于她何以必须借助恭亲王的力量方能夺得政权,则需要从咸丰帝崩驾前后的政治运作情形说起。

咸丰帝与恭王奕訢本来是感情极好的异母兄弟,但后来却因为某一些细小的事故发生嫌隙,终于使咸丰帝视奕訢为阴谋篡夺帝位的野心人物,在疾笃之时,犹不愿与之相见。关于这方面的情形,王闿运《祺祥故事》中的叙述最为简明扼要,值得加以引叙,以避免不必要的枝蔓葛藤。《祺祥故事》说:

恭忠王母,文宗慈母也,孝全太后以托康慈贵妃,贵妃舍其子而乳文宗,故与王如亲昆弟。即位之日,即命王入军机,恩礼有加,而册贵妃为太贵妃(按即恭王之生母静皇贵妃博尔吉济特氏,咸丰帝即位后尊为康慈皇贵太妃)。王心慊焉,频以宜尊号太后为言,上默不应。会太妃疾,王日省视,帝亦省视。一日,太妃寝未觉,上问安至,宫监将告,上摇手令勿惊。妃见床前影,以为恭王,即问曰:"汝何尚在此?我所有尽与汝矣,他性情不易知,勿生嫌疑也。"帝知其误,即呼"额娘"。太妃觉焉,回面一视,仍向内卧不言。自此始有猜,而王不知也。又一日,上问安入,遇恭王自内出。上问病如何?王跪泣言:"已笃,意待封号以瞑。"上但曰:"哦,哦。"王至军机,遂传旨令具册礼。所司以礼请,上不肯却奏,依而上尊号。遂愠王,出军机,入上书房,而减杀太后丧仪,皆称遗诏减损之。自此远王,同诸王矣。

王闿运是咸丰朝御前大臣兼协办大学士肃顺的上客,而肃顺在当时的御前大臣及军机大臣中最得咸丰帝的宠信,咸丰帝临终时且任命肃顺为八顾命大臣之一,令其辅立幼主载淳,可知咸丰帝与肃顺的关系甚深。咸丰帝早丧其母,幼时由恭王之母代尽抚育之责,所以视同慈母。咸丰帝与奕訢早时的感情甚笃,其后因问安误会,发现恭王之生母对待恭王及自己显有厚薄,因此遂生嫌隙。这一段话,若非咸丰帝亲告肃顺,又由肃顺告之王闿运,以王闿运"疏逖小臣"之身份,怎有可能得知这种最些微的宫廷秘辛?由此可知,王闿运的叙述确有其来历,其可信程度极高。自恭王退出军机及咸丰帝视恭王有同其他诸王之后,恭王在咸丰帝心目中本来已没有特殊地位。其后因英法联军入侵之役，咸丰帝仓皇逃往热河，临去之前，特颁谕旨，命奕䜣留京议和，以缓追兵。这一道谕旨的措辞殊为奇妙，值得注意，抄录如下：

> 现在抚局难成，人所共晓，派汝出名与该夷照会，不过暂缓一步，将来往返面商，自有恒祺，蓝蔚雯等，汝不值与该酋见面！若抚仍不成，即在军营后路督剿；若实在不支，即全身而退，速赴行在。

看这道谕旨中的本意，不过使奕䜣暂留京中与英法两国公使敷衍委蛇，免得英法两国派兵追赶皇帝，逼得皇帝无处可逃。而即便如此，真正谈和之代表，还是咸丰帝心目中的通晓洋务之人——恒祺与蓝蔚雯，奕䜣不过暂负缓冲之责，一旦谈和失败，便应往军营与洋人打仗，打不过洋人，也逃到热河去。奕䜣平素不曾与洋人打过交道，在圆明园被焚之后接到措辞严厉的照会，限期答应赔偿英法联军巨额军费，及交出杀害英法战俘凶手的要求，否则就要再纵火焚烧北京城内的宫殿时，根本没有时间再去请示咸丰帝，就匆促接受了英法两国的一切要求，订立了停战言和的条约。这一来使得咸丰帝认为他太越权行事，而京中传来的谣言，又有英法两国将谋拥立恭王为帝，以抵制咸丰帝的不妥协态度之说。于是，咸丰帝对恭王大起反感，认为他颇有挟洋人自重的"不臣"之心。加上恭王的政敌肃顺等人从旁煽风助火，使得君臣两人间的猜忌日深。和议成立之后，恭王率同留京王公大臣联名具摺，奏请咸丰帝回銮京师，以安人心，咸丰帝批示不准。其后虽因王公大臣之一再陈情而同意新年以后回銮，却又在过年之后降谕延缓，理由是体气不支，仍需静心调摄，"俟秋间再降谕旨"。此时的咸丰帝,确实因酒色斲伤过度,以致肺结核进入第三期,咯血严重,骨瘦如柴,身体极度虚弱。恭王奕䜣得此消息,奏请觐见问安,咸丰帝的态度仍无转圜之意,他在恭王摺后的批语是:

相见徒增感伤,不必来觐。

到此地步,咸丰帝与恭王手足参商的情形已十分明显,而恭王也终于不能在咸丰帝死前亲见咸丰一面,亲自聆听他万一发生不测之后究竟对政局作何安排的意见指示。于是,咸丰帝在临崩之前所指定的顾命大臣名单之中,竟然没有关系最密切的恭王奕䜣,这自然是使奕䜣感到十分难堪的事!

奕䜣对咸丰帝临终时的后事安排不满,恰好为另一个怀有不满之心的野心人物提供了阴谋篡夺政权的机会;这个野心人物是谁?不问可知,便是慈禧,因为在当时的宫廷中,只有她是政治欲望极强的野心人物。咸丰帝死后,载淳以皇太子身份即位,而载淳又恰好是慈禧的亲生儿子。具此优势的条件,她当然也会像奕䜣一样地不甘心被冷落一旁。因此之故,两个人的利害观点相同,自然而然地促成了合作机会。

慈禧与恭王合作推翻咸丰帝死前所安排的政局,成功地篡夺了大清帝国的政权,这在晚清历史上称为"辛酉政变"——咸丰十一年岁次辛酉。关于辛酉政变的经过情形,《清史稿》讳莫如深,各种野史杂史的记载亦缺略不全,必须在众多史料中钩稽探索,方能明其真相。今先据薛福成《庸庵笔记》所述,叙其大概情形如次,然后补正其缺漏,庶能详细了解其中的究竟。《庸庵笔记》卷一,"咸丰季年三奸伏诛"一条,说:

怡亲王载垣，郑亲王端华，皆于咸丰初年袭爵，俱官宗人府宗正、领侍卫内大臣；而端华同母弟肃顺，方为户部郎中，好为狭邪游，唯酒食鹰犬是务，无所知名。五年夏，官军既克冯官屯，剿灭粤贼之北犯者，载垣、端华渐以声色惑圣聪，荐肃顺入内廷供奉，尤善迎合上旨。上稍与论天下事，三奸盘结，同干大政，而军机处之权渐移，军机大臣皆拱手听命，伴食而已。唯军机大臣大学士柏葰资望既深，性颇鲠直，不甚迁就，三奸畏而恶之。戊午科场之狱，竟置柏相大辟，盖三奸以全力罗织之，欲以树威。于是朝臣震悚，权势益张矣。肃顺又借铸钱局一事兴大狱，户部司员皆褫职逮问，京师自缙绅以至商店，被其株累破家者甚多，皆怨肃顺刺骨。肃顺恃宠而骄，凌轹同列，诸大臣亦往往受其侵侮，无不饮恨于心，而唯诺维谨。惟大学士翁文端公（心存）引疾已退，以避之。十年七月，英吉利、法兰西兵船犯大沽，陷东西炮台，入天津，逼通州，焚圆明园。肃顺方以协办大学士兼步军统领，与载垣、端华同劝上举木兰秋狩之典，巡幸热河。热河行宫本湫隘，内外禁防不甚严，三奸益得出入自便，导上娱情声色，实为希宠揽权之计。迨和议成，英法兵退至天津，留京王大臣疏请回跸，上将从之，为三奸所尼，屡下诏改行期。十一年秋七月，上不豫。十六日，上疾大渐，召载垣等及军机大臣至御榻前受遗诏，立皇太子。是日辰刻，文宗显皇帝崩，三奸辄矫遗诏，与御前大臣额驸景寿、军机大臣兵部尚书穆荫，吏部左侍郎匡源、署礼部右侍郎杜翰、太仆寺少卿焦佑瀛等共八人，自署为赞襄政务王大臣，又擅遏禁留京王大臣恭亲王不得奔丧。自是诏旨皆出三奸之意，口授军机处行之，多未进呈御览，中外惶惶。八月十日，御史董元醇疏言："皇上冲龄，未能亲政，天步方艰，军国事重，暂请皇太后垂帘听决，并派近支亲王一二人辅政，以系人心。"三奸不悦。明日，上奉皇太后召见赞襄王大臣，命即照董元醇所奏行。三奸勃然抗论，以为不可。退，复以本朝无太后垂帘故事，令军机处拟旨驳还。

然恭亲王遂得于此时奔赴热河，叩谒梓宫。端华等颇不以近支视之，以为赞襄政务之权在我，彼虽近支，何足轻重？恭亲王先见三奸，卑逊特甚，肃顺颇蔑视之，以为彼何能为？不足畏也。两宫皇太后欲召见恭亲王，三奸力阻之。侍郎杜翰昌言于众，谓叔嫂当避嫌疑，且先帝宾天，皇太后居丧，尤不宜召见亲王。肃顺抚掌称善。而皇太后召见恭亲王之意亦甚决，太监辈数传旨出宫，恭亲王乃请端华同进见。端华目视肃顺，肃顺笑曰："老六，汝与两宫叔嫂耳，何必我辈陪哉？"王乃得一人独进见。两宫皆涕泣而道三奸之侵侮。因密商诛三奸之策，并召鸿胪寺少卿曹毓瑛密拟拿问各旨，以备到京即发，而三奸不知也。次日，王即请训回京，以释三奸之忌。兼程而行，州县备尖宿处，皆不敢轻居，惧三奸之行刺也。及抵京，密甚，无一人知者。两宫俟恭亲王行后，即下回銮之旨，三奸力阻之，谓京师何等空虚，如必欲回銮，臣等不敢赞一辞。两宫曰："回京后设有意外，不与汝等相干。"立命备车驾。三奸又力阻，两宫不允，乃议以九月二十三日派肃顺护送梓宫回京，上恭送登舆后，先奉两宫间道启跸，载垣、端华皆扈从。……十月朔，车驾至京师。将至之日，诸大臣皆循例郊迎，两宫对大臣涕泣缕述三奸欺蔑之状。周祖培奏曰："何不重治其罪？"皇太后曰："彼为赞襄王大臣，可径予治罪乎?"祖培对曰:"皇太后可降旨先令解任,再行拿问。"太后曰:"善。"乃诏解赞襄王大臣八人之任,以恭亲王奕䜣为议政王,从民望也,垂帘典礼,令在廷大小臣工集议以闻。先召见议政王大臣,上南面稍东席地坐,两宫亦南面稍北坐。皇太后面谕三奸跋扈诸不法状,且泣下。上顾曰:"阿娑,奴辈如此负恩,即斫头可也,请勿悲。"遂与王大臣密定计,即另派大学士桂良、户部尚书沈兆霖、户部左侍郎文祥、右侍郎宝鋆、鸿胪寺少卿曹毓瑛为军机大臣。初二日,恭亲王率周祖培、文祥等入朝待命,载垣等已先至,尚未知解任之信,见恭亲王等,则大言曰:"外廷臣子,何得擅入?"王答以"有诏"。复以"不应召见"呵止王,王逊谢,却立宫门外。俄诏下,命恭亲王将载垣、端华、肃顺革去爵职,拿交宗人府,会同大学士、六部九卿、翰詹科道严行议罪。王捧诏宣示,二人厉声曰:"我辈未入,诏从何来?"王命擒出,遂踉跄拥至宗人府幽之。肃顺方护送梓宫,次于密云,逮者至,门已闭,乃毁外户而入。械至,亦系宗人府。廷议既上,请均照大逆例凌迟处死。初六日,诏曰:"载垣、端华均着加恩赐令自尽,肃顺着加恩改为斩立决。……"

薛福成在这段文字中称肃顺、载垣、端华为三奸,又有"跋扈不法"、"大逆不道"等字样,一似肃顺等人之惨遭杀戮为罪有应得者。揆之实际,殊不尽然。因为慈禧太后是辛酉政变的得胜者,此后的清朝政局,即在慈禧之控制下。慈禧在政变得胜后宣布肃顺等人为"大逆不道"的"三奸",薛福成如何敢不用这个皇太后"钦定"的字眼?但事实上薛福成对肃顺是很钦佩的,《庸庵笔记》中另有关于肃顺的记事,就不用"三奸"这样的字眼，且语气亦全不一样。如"肃顺推服楚贤"一条，对于肃顺之能识拔曾、左、胡诸人且加以大力推毂，卒使清朝政府能借以平定太平天国运动一事，极致其推挹之诚，其中毫无轻蔑侮辱之言词。由此可知，薛福成对于肃顺之品德才能，自有清楚明白之认识，只因格于事实，在叙述辛酉政变时不得不对肃顺、载垣、端华诸人有所诋毁，以符合清政府所持之立场而已。以这一标准来衡量《咸丰季年三奸伏诛》一文中的记述，便可知道其中对肃顺、载垣、端华三人之口诛笔伐，未必即是真正的事实，正需以另一种角度重新衡量，方能真正了解当时的事实情况。1933年以前，商务印书馆所编印的《东方杂志》，曾经刊印了一批重要资料，乃是辛酉政变时，行在军机处的军机章京们与京中友人传递信息的秘密函件十二件，其中一件，详细叙述咸丰崩驾前后的政局安排情形，极具参考价值，抄录如下：

十六午后晕厥，嘱内中缓散，至晚苏转，始定大计。子初三刻见时，传谕清楚。各位请丹毫谕，以不能执笔，着写来述旨，故有"承写"字样。八位共矢报效，极为和衷，大异以前局面。两印均大行所赐，母后用"御赏"印，印起，上用"同道堂"印，印讫，凡应用硃笔者，用此代之，述旨亦均用之，以杜弊端。诸事母后颇有主见，垂帘辅政，盖兼有之。自顾命后至今十余日，所行均惬人意。要缺公拟，其余擎签，均取旨进止。考日知录，四星聚主中兴，看此气象，天道竟有准也。长星主国丧，验矣。七月十二日中白气穿贯珥抱，占主乍离，风闻两宫不甚惬洽，所争在礼节事故，似易于调停也。归期有九月廿三日之说，俟直督到后，计桥道工程定准，或改早而不改迟。……诸事照旧章，并无人挽入，愚见差使尚属可当，循此不改，且有蒸蒸日上之势。夫已氏声势大减，凡所钻求，不敢轻诺。六兄来，颇觉隆重，单起请见，谈之许久，同辈亦极尊敬之。已定拿车两百辆，于八月初十日齐备，主位先行陆续回京，以免临行缺乏。行期又闻有九月初三之说，亦尚未确。总之，归志已决，迟早可勿问也。……

咸丰帝崩驾，是咸丰十一年（1861）七月十七日的事。《清史稿·文宗本纪》载，这年七月十六日壬寅，"上大渐，召王大臣承写硃谕，立皇长子为皇太子。"翌日癸卯，即崩于热河行宫。前引密札记载，"十六日午后晕厥"，"至晚苏转"，"子初三刻见时，传谕清楚。各位请丹毫谕，以不能执笔，着写来述旨，故有'承写'字样"，可知咸丰帝之立太子载淳及以肃顺等八人为赞襄王大臣辅立载淳二谕，都是由军机大臣"承写"谕旨的名义颁发，其原因为咸丰帝此时已腕弱不能执笔，不得不由军机大臣以承写谕旨的名义颁发，而后来却被慈禧及恭王指为"辄矫遗诏"，"自署为赞襄政务王大臣"的口实。皇帝指定顾命大臣辅立幼主，这在清朝亦有前例。如清世祖顺治帝于临崩前指定由内大臣索尼、苏克萨哈、遏必隆、鳌拜四人为"辅臣"，辅立康熙帝。其时康熙帝年止八岁，即位之后，政由四辅臣出，太皇太后、皇太后，暨近支亲王等均无异言。其后苏克萨哈被鳌拜借事陷害，权归鳌拜一人。康熙八年（1669）五月，康熙帝以鳌拜专权乱政，目无君上，亲将鳌拜擒系治罪，皇帝才得以实现真正意义上的亲政。但在此之前，亦不闻有太皇太后、皇太后，及近支亲王等人以鳌拜之辅政为不当，而欲将鳌拜除去的情形。这可以证明，由上一代皇帝所决定的政治权力运作方式，除了下一代皇帝之外，没有人敢轻易尝试变更。咸丰在死前指定八顾命大臣为赞襄政务王大臣，命之辅立幼主载淳，谕旨并无皇太后垂帘的字样，慈安与慈禧即使贵为皇太后，又有什么资格可以随意变更咸丰的意旨？在这种情形之下，诚如肃顺等人听说，"请皇太后看摺，已为多余"，再要实行垂帘听政的故事，显然即是公然背悖咸丰的遗命了。

由前引政变密札中更可看出，赞襄政务王大臣以皇帝名义颁发谕旨时，谕旨的起讫处各钤一印，起处用"御赏"印，讫处用"同道堂"印，一在母后皇太后处，一在幼主载淳处，目的在防杜赞襄王大臣之擅称谕旨，滥用职权，这已经是皇太后干预赞襄王大臣权力的证据，赞襄王大臣能够接受这样的安排，已经表示他们没有擅权专政的企图，两宫皇太后如果还要剥夺他们的辅政权力，更显然有篡夺政权的野心，咸丰如果未死，必定要视为大逆不道的叛行，决不能轻加容忍的。其所以终于发展到此一情形的原因，还是由于慈禧与恭亲王二人都有强烈的权力欲望，不能甘心政权操于敌对人物之手，处心积虑地要推翻此一局面的缘故。史学家邓之诚谈到这一影响清末历史极为深远的辛酉政变，曾有一番极为精辟的论述，说：

予考辛酉之事，特为党局翻覆而已。肃顺得君既专，挟怡、郑二王，以御前大臣尽笼军机之权，起科场之狱，枉杀柏葰，又起户部铸钱局之狱，以撼翁心存，士大夫切齿久矣，一旦亲受顾命，骤以军机处赞襄王大臣自居，一手握定，人人自危。稔知肃顺积为两宫所恶，乃倡垂帘之说以动之，事前密计，其事有迹，初但欲削赞襄之名，以垂帘为题目。然既已看摺，召见军机，且以印代硃笔，即无异垂帘；所不同者，唯不召见外臣，是何必争？观董（元醇）胜（保）疏，皆以别简亲王与垂帘并请，始悟所争者在彼不在此矣。后来欲使此举有名，乃不得不隆召见之仪，甚端、肃之罪。若端、肃者，府怨已深，皆曰可杀，然死非其罪，则为失平。怡、郑为人，可以不论。肃顺能延揽湘绮及龙汝霖、李蓉寿、尹耕云、郭嵩焘、高心夔诸人，皆一时之彦，其人未可轻也。脱左于囚，畀曾两江，使贤授能，实由密赞。科场钱局之狱，未尝非尊主权，除积弊；若皆以为罪，则曾左不足道，而蠹国者当受上赏矣。自三人之诛，女主专政亘五十年，恭、醇、礼、庆相继用事，遂致亡国，斯又湘绮所未及也。……

邓先生以为，引起辛酉政变的真正原因是"朝局翻覆"，所争的不仅是垂帘，也不只是为了反对肃顺一派，希望由近支亲王出来代替肃顺派执掌政局，这些话可说是深中要害的分析观察。说得更简单一点，其根本原因，还是由于咸丰临死以前所安排的赞襄政务王大臣选错了人——如果他不选派肃顺、端华、载垣而选派奕䜣，朝中就不会有人反对，奕䜣就不会因不满而生觊觎之心，则慈禧纵有野心，亦无机会可乘。只因咸丰所选定的赞襄王大臣是人人都厌恶的肃顺、端华与载垣，这就给予了不满意的奕䜣与有野心的慈禧以觊觎政权的机会。奕䜣如果没有慈禧的同意，不能成事；慈禧没有奕䜣的支持，不能成功。双方一旦达成合作，咸丰死前所安排的政权运作方式，就要全盘推翻了。辛酉政变的发生原因如此，实在出于咸丰的意料之外。

辛酉政变成功之后，奕䜣当上了议政王，慈禧太后达到了驱除肃顺而掌握政权的目的。然而,这一场政变的真正胜利者毕竟不会是奕䜣,因为他只是由两宫皇太后所任命的议政王,"赵孟之所贵,赵孟亦可贱之",奕䜣一旦失慈禧之意旨,他的议政王或军机领班的地位,随时都可以被慈禧太后所剥夺。而这一天也必定会要来的,因为奕䜣不是甘心俯首弭耳地接受慈禧指挥之人,而慈禧亦必不能容忍一个不能百分之百地忠心效顺之人,所以这两个人迟早必生冲突。而政权既在慈禧之手,奕䜣当然非失败不可。自同治四年(1865)至光绪十年(1884),朝局两生变革,奕䜣终于被慈禧所逐,即是此一情势演变到了最后的结果。奕䜣在被革退军机领班的"首揆"后,曾经刻了一本集杜诗的集子,名曰《萃锦唫》,其中有一首是作于光绪十二年(1886)丙戌的《元夕独酌有怀宝佩蘅相国》,诗中语气,极可玩味。云:

只将茶荈代云甌,竹隖无尘水槛清。金紫满身皆外物,文章千古亦虚名。因逢淑景开佳宴,自趁新年贺太平。猛拍阑干思往事,一场春梦不分明。

奕䜣于咸丰十一年(1861)辛酉政变中协助慈禧太后打败肃顺、载垣、端华为首的赞襄政务王大臣,从此取得"首揆"的职位,前后历时二十三年之久,至此忽然被慈禧太后借事斥逐,顿时成了一个无职无权的空头亲王,虽清闲之极,却也无聊之极。奕䜣是一个功名心、事业心极重的人,一旦被迫闲居,回想当年的权势尊荣,感情上实在非常难堪。追维往事,他因热衷权力而甘心与慈禧太后合谋发动政变,虽然幸得成功,事实上是明显的一种叛逆行为——叛逆其兄奕詝在临死时所安排的政治权力运作方式,使女后夺得政权。却不料自己的这种昧心叛逆行为,只是慈禧太后利用他夺取政权的手段，一旦利用过了，即刻被踢开一边，以致自己成为叛逆之人，到头来却是万事皆空。到此时刻，思前想后，把一切前因后果都想明白了之后，他这才觉悟，自己徒负叛逆之名，反而成了大清江山之罪人，这种傻事实在做得太不值得。由于他愈想愈追悔，愈想愈自恨，所以要在"猛拍阑干思往事"之余，自叹春梦已醒，悔之无及。由奕䜣之悔恨，更足以证明慈禧太后之善于把握机会，利用他人。类此情形的另一件实际例证，则表现在她利用醇王奕譞以实现她的权力欲望上。

清宣宗道光皇帝共有九个儿子。长子奕纬，和妃生，道光十一年（1831）卒。次子奕纲，静妃生，道光七年（1827）卒。三子奕继，五子奕誴，六子奕䜣，亦均静妃所生，只四子奕詝系皇后所生。其余七子奕譞、八子奕詥、九子奕譓，则为庄妃所生。奕詝就是后来的咸丰帝，奕譞则因娶了慈禧太后的胞妹叶赫那拉氏之故，在诸兄弟之间，与慈禧太后的关系最为密切。奕譞之为人，志大才疏而性情懦弱，这是慈禧太后所看得非常清楚的。由于志大，奕譞不甘心久处奕䜣之下，永远庸庸碌碌地无所表现。由于才疏，奕譞徒然心怀大志，实际上，并不能做出什么事情来。志大才疏，已经是很容易受人蛊惑或煽动的了，再加上性情懦弱，就注定他将要受人控制利用，而缺乏反抗的勇气。慈禧太后看准了奕譞的这些性格弱点，先则利用他来对抗奕䜣，使他成为奕䜣的继任者。再则指使他出面为自己筹划财源，以兴建耗赀千万的园苑工程，由此可以使自己不受舆论的指责。至于她用来控制奕譞的方法，说穿了其实很简单，即是在同治帝载淳死亡之后，以奕譞的儿子载湉继立为帝，以使奕譞在感激与畏惧之余，甘心听其指挥摆布，如此而已。

同治帝载淳之死，由官修史书的记载所见，其死因是由于天花；但若由清末的各种野史杂史所说，则同治之得病，分明是由于翰林院侍讲王庆祺及贝勒载澂带了小皇帝去逛私窝子所感染的性病。至于皇帝嫖娼的原因，则是由于慈禧对于小皇帝自己所选的皇后不满意，以婆婆的身份横加干涉小夫妻之婚姻生活，迫得小皇帝在失望无趣之余，另外寻求向外发展道路的结果。同治帝死时只有十九岁，距大婚虽已有二年之久，然而却无一男半女。皇帝无子，必须择立近支亲王诸子之年龄适当者为嗣皇帝，以延续大清王朝之统治。以行辈来说，道光的长孙溥伦最合于继嗣条件，继立之后，可以作为载淳的嗣子，伦序相合，颇适合当时的需要。但慈禧却自有她的主张，要以奕䜣之长子载湉继立，完全不考虑这样做是否会使同治成为绝后之人。当时颇有人以为，慈禧之所以要这样做，目的是在保持她以皇太后垂帘听政的资格；如援立溥伦，慈禧的身份就成了太皇太后，没有资格可以垂帘听政了。由于她不肯交出统治大清帝国的权力。所以溥伦不能继立，同治帝的皇后也永远成不了皇太后。这话看似有理，其实并不尽然。

中国历史上不乏有皇太后垂帘听政的往例。但女主专政，并不限定只有皇太后才能够具此资格，做了太皇太后，便得将"权棒"交与下一代的皇太后。这种权力转移与否的情形，完全得看当时的政治权力究竟掌握在谁的手中而定，与皇太后或太皇太后的资格并无直接关系。如宋朝的英宗皇后高氏，在神宗时已是皇太后；及神宗崩驾，哲宗即位，年甫十岁，高氏以太皇太后的身份临朝称制，身为神宗皇后的向太后反无权力，即是明白的例证。慈禧在同治朝时以皇太后身份垂帘听政，历时达十一年之久，直到同治十二年（1873）正月，皇帝方才"亲政"。但同治帝虽已亲政，到第二年十月便因"出痘"而卧床不起，慈禧借口皇帝不能亲理大政，仍以皇太后身份权理政务，则是慈禧太后在"归政"一年十个月之后，又将政权掌握在自己手中了。此时同治帝崩驾，即使援立溥伦为嗣皇帝，慈禧太后升格成了太皇太后，但只要她始终把持政柄，不肯将政权交予同治帝的皇后阿鲁特氏，则阿鲁特氏即使贵为皇太后，又如何能摆脱慈禧的控制，而使自己成为宰制中国的女主？这是又得经过"辛酉政变"式的政局变动才能实现的政权转移，又岂是由皇太后升格太皇太后所能自动实现的？准此而言，慈禧之不愿使溥伦成为嗣皇帝，并不是不愿做太皇太后，而是因为她有更好的安排。这就是以奕𫍽之子载湉为帝，可以借此掌握奕𫍽，使他成为自己的有效工具而已。

同治帝驾崩及慈禧太后决意援立载湉的情形，《翁同龢日记》中的记述极为详细。抄录一段如下，借以窥见慈禧太后的真正意图。《翁同龢日记》，同治十三年十二月初五日，记云：

初五日卯正二刻入宫……辰正三刻散……返寓小憩未醒，忽传急召，驰入尚无一人也。时方日落，有顷，恭邸、宝（鋆）沈（桂芬）、英桂、崇纶、文锡同入，见于西暖阁。御医李德立方奏事急，余叱之曰："何不用回阳汤？"彼曰："不能，只能用麦参散。"余曰："急灌可也。"太后哭不能词。仓促间，御医称："牙闭不能下矣。"诸臣起立，奔东暖阁，上扶座瞑目，臣上前遽探，既弥留矣。天惊地坼,哭踊良久。时内廷有续至者,入哭而退。戌刻,太后召诸臣谕:"此后垂帘如何?"枢臣中有言:"宗社为重,请择贤而立,然后恳乞垂帘。"谕曰:"文宗无次子,今遭此变,若承嗣年长,实不愿!须幼者,乃可教育。现在一语即定,永无更移,我二人同一心,汝等敬听。"即宣曰:某(按即载湉)。维时醇郡王惊遽敬唯,碰头痛哭,昏迷伏地,掖之不能起。诸臣承懿旨,即下至军机处拟旨。……

这段话中最可注意的地方有两点。一是在皇太后召见王公大臣商议立储人选时,慈禧所说的话:"若承嗣年长,实不愿,须幼者,乃可教育。"这可以知道在未曾召集王公大臣讨论此一问题时,慈禧心中,对此事早已有了腹案——须择立幼君,乃可以太后身份继续垂帘,握持政柄不放;而且幼君可借教育方式加以控制,若年长则难以达此目标。二是奕譞在乍听慈禧选立载湉的宣布时,突然因惊怖过度而致昏迷仆地,扶掖不能起。可知慈禧之作此决定,事前并未征求奕譞之同意,而奕譞则深知慈禧之为人阴狠毒辣,自己的儿子载湉一旦继立为君,即落入慈禧掌握之中,此后之命运难卜,故不觉因惊怖过度而致昏迷仆地。这都是当时实际情形之记录,内容非常宝贵。既然慈禧蓄意选立载湉以控制奕譞,以奕譞之才能与器识,如何更能摆脱慈禧之操纵?关于此一决定对于此后清朝政局的影响,萧一山《清代通史》中曾有极公正的论述,说:

载淳亲政不及二年,慈禧即借口子病,而欲垂帘。继立幼主,亦早成竹在胸。盛年弄权,纯为私欲,非关国政。盖赤凤之谣,杨花之歌,众口流传,几成事实,慈禧之贪位揽政,图个人享乐方便计耳。其初念殆与武则天相同，虽杀君鸩母而不惜也。但则天饶有政治天才，虽易唐为周，而其治未衰；慈禧则只有机诈之心，最初利用奕䜣，其继利用奕譞，二人皆郁勃以死。似此神差鬼使之结局，正象征有清末叶之命运，一切事业之进行，冥冥中皆有为之牵掣者，故均不免于失败，而枢纽则皆由于慈禧一念之差。

以奕䜣与奕譞相比，奕䜣的思想开通，识见明敏，深知清代中国当十九世纪西方侵略接沓而来的时候，非自强维新不足以立国。所以他一方面要支持曾国藩、左宗棠、李鸿章诸人的主张，设立制造、船政等局以谋自造轮船大炮，一方面又奏请在京师设立同文馆，以求培植通晓洋务的人才，其目的无非师法洋人的科技政军才能，以为自强维新之计。但因当时的守旧派势力极强，奕䜣的这些改革计划，备遭守旧派之反对，如奕譞即是反对派人物之一。同治初年，舆论诋毁西洋教士的传教活动，朝臣摭拾浮言上奏，奕譞即是赞助人之一。当京师北堂旧址重建洋式大教堂，楼高足以俯瞰禁中，言官奏请制止其建筑时，奕䜣以为不必禁止，奕譞即以奕䜣之言论为大谬不然。及同治六年（1867）总理各国事务衙门筹议修订外国通商条约，征询各省疆吏的意见，问他们是否可以同意外国人在内地传教，而三口通商大臣崇厚深表赞同，以为"天主教无异释道"，奕譞对之深表厌恶，至于上疏诋斥，自称"没齿鄙之"。其后，中法两国间发生天津教案，曾国藩深知无法以强硬态度对抗法国，不得不以惩凶赔罪之条件了结双方争端，奕譞以为此是中国外交的奇耻大辱，愤而请辞一切差使，表示耻与媚外之人同列。凡此种种，当然都是慈禧太后所深切了解的事。对于慈禧太后自己来说，她对于西洋人的近代文明并无认识，她当年在热河逃难时吃过外国人的亏，对洋人当然没有好感。奕䜣主张效法洋人，主张学习洋人的制船造炮之术，以及守旧派对变法维新主张的反对态度，在她都没有一定的主见，只觉得双方面的互相攻讦，更利于她操纵驾驭。及至奕䜣在修复圆明园以供太后颐养一事上，与慈禧太后站在敌对的立场，对于太监携物出宫遭受护军禁阻，慈禧太后违背法令，坚持要将护军处斩，奕䜣又复以为不可，以致与慈禧发生激烈的争辩。种种新仇旧恨累积在一起，使得慈禧决心要将奕䜣逐出政府，此时她就要利用奕譞的好大喜功之心，来实行逐去奕䜣的计划了。

　　光绪十年（1884），中法二国因越南问题发生冲突，清政府尚未能决定和战大计，法军已由越北进兵桂边，清军节节失利，引起中外舆论之激烈攻讦，恭王身为首揆，当然成了责备攻击之中心。此时，左庶子盛昱上一奏折，要求皇太后严加责成，令奕䜣等人戴罪图功，认真改过，倘复仍前推诿，即予罢斥。这一道奏折的本意原在提高奕䜣等全班军机大臣的警惕之心，使他们知道舆论的不满已到了极限，如果仍旧不能惕励奋发，就要请求皇太后将之罢斥了。却不料慈禧太后早有逐去奕䜣之心，苦于外廷无人发言，不能由宫廷首先发难。如今有盛昱的奏折做题目，如何还能放过这个千载难逢的机会？当即由慈禧太后授意奕譞，使奕譞的亲信人物工部左侍郎孙毓汶撰一谕旨，以恭亲王奕䜣以次之全班军机大臣"因循萎靡，委蛇保荣"、"知其决难振作，诚恐贻误愈深"为理由，将全班军机大臣奕䜣、宝鋆、李鸿藻、景廉、翁同龢等五人悉予罢斥，另以礼亲王世铎、尚书额勒和布、阎敬铭、张之万、侍郎孙毓汶、许庚身等六人为新任军机大臣，以为代替。至于奕䜣所兼管的总理各国事务衙门职务，亦由郡王衔贝勒奕劻接替。表面上看来，新任的领军机大臣是礼亲王世铎，与奕譞无涉；事实上则世铎一无所能，只是使他在名义上担任此一职务，以便利奕譞之幕后操纵而已。而且不仅如此，清政府为了建设新式海军，于光绪十一年九月正式成立海军衙门管理其事，慈禧即以奕譞为总理大臣，而以奕劻及李鸿章为会办。到此为止，奕譞不仅是事实上的首揆，还兼掌外交及海军。所有军事、政治、外交的大权都归他一手掌握，慈禧透过他的关系从中指挥，自然更能得心应手，不虞掣肘。

何以知道慈禧在任用奕譞代替奕䜣之后，对于军事、政治、外交等一应措施更可以发挥指挥如意之效？这只要从奕譞秉承慈禧太后之意旨，挪用海军经费及广收报效，以完成颐和园之修建工程一事为例，就可看出其中之端倪，而这在奕䜣柄政期间是决不能希望奕䜣办到的。关于此一事之内中秘辛，无闻老人所撰《绿静簃杂记》论述甚详，抄录于后：

光绪帝既定期大婚，醇王奕譞以皇帝本生父之身份，谋所以博太后之欢心者，为归政后颐养之地。太后原拟修复圆明园，但因破坏太甚，需款太巨，无法办理，遂西顾万寿山昆明湖，为就址重修之计；其名为颐和园者，则园工将竣时，南书房翰林承旨拟几个园名，而奉旨选定者也。昆明湖为乾隆时命名，土名大泊湖，万寿山即瓮山，其麓为清漪园，亦乾隆时命名，为几暇游观之所。议既定，而工费无出。阎敬铭管户部，动用库款，必不可能。其时总理海军事务衙门已成立，醇王奕譞为管理大臣，奕劻、李鸿章为会办，善庆、曾纪泽为帮办，事由醇、李主之。此项园工，需款数百万（一说三千万，恐未必有如此之多），试问从何罗掘？于是挪用海军经费，遂腾播于众口。近与张君虹南谈及此事，张官户部多年，据云未见有此档案，事系讹传。余以为所说皆是也，而未考其详也。兹录光绪十五年正月上谕如下："御史林绍年奏，督抚报效，有关国体民生，请旨饬禁一摺。海军为经国要图……需款浩繁，前经总理海军事务衙门奏准，由两江各省于正杂各款内腾挪巨款，分年拨解天津，交李鸿章发商生息，筹解之款，专备海军不时之需，其每年息金，则以补海军衙门放项之不敷，并无令各督抚报效之事。该御史此奏，乃以朝廷责贡献，督抚肆诛求等语任意揣摩，危词耸听，实属谬妄，云云。"海军经费拨解天津径交李鸿章，不解户部，其开支由海军衙门核准，亦不经由户部。北洋支款，向海军衙门报销时仅凭单据，可以串通作伪，户部并无稽核之权，开支报销后不过咨部备案了事，在户部必不见拨充修园之用款，此其一。园内风景点缀及屋内陈设，由各督抚报效，由李鸿章领衔，其数漫无限制。因凑集需时，先由海军衙门生息项下垫付，外间不察，遂有海军报效之说。其款收支，亦不经由户部，径由北洋解交内务府应用，林所奏即此。此其二。海军经费与报效，本截然二事，而前述谕旨，乃将林影射到海军经费，则是枢廷执笔者巧词架接，以欺蒙观听耳。光绪甲午十月，太后六旬正寿，内外诸臣望风希旨，大事铺张，由宫门经西直门至颐和园，沿途搭彩棚，陈百戏，悬灯结彩，援乾隆时皇太后万寿庆典故事，名之曰万寿点景，而不知其时事物力全非也。因中日开战,败讯迭传,遂偃旗息鼓,落得一场扫兴。综计慈禧失德之事甚多,尤以修复园林,挪用海军经费为最。奕譞、李鸿章逢君之恶,其罪恶更无可恕。……

这一段话考定奕譞、李鸿章挪用海军经费修建颐和园为实有其事。挪用之外,尚有以报效名义贡献之款,其用途均在修复颐和园供太后"颐养",借以博慈禧之欢心。无闻老人因此很感慨地说,奕譞如此苦心孤诣地努力博取慈禧之欢心,一方面固为谋保载湉之皇位安全起见,一方面亦深恐引起慈禧对他的猜疑,不得不在载湉继位之后,加倍小心,弭首帖耳,唯慈禧之意旨是听是从,不敢有丝毫之违背。这固然是奕譞之柔懦无能所致,亦足以证明慈禧之善于利用奕譞之弱点,深谙操纵驾驭之术。专制时代的统治者,最重视的问题是如何确保自己的统治权力,国家利益与民族利益乃是其次的问题,尽可以不必考虑。慈禧以女流而掌握清朝的统治权,她的政治意识当然亦不能越此范围。所以,在她垂帘听政的四十余年之中,她所始终全神贯注的,就是如何抓紧统治权力,决不容许对她萌生背叛之心。对当时的朝中大臣如此,即是她自己亲自选定的光绪皇帝,亦复如此。因为她始终认为光绪帝是她卵翼长大之人,对她应该永远感恩图报。在她还是大清帝国的女主时,光绪帝虽是皇帝,一样得恪遵她的意旨行事,否则就是叛逆,就应当毫不容情的除掉。慈禧太后的用心狠辣如此,难怪奕譞在乍听到载湉被选立为嗣君的时候,要当场惊怖昏厥的了。由后来的事实看来,奕譞当时的恐惧,确实有先见之明。光绪自嗣立以至成长,始终处于慈禧的积威压制之下,只有恐惧之心,从不敢生反抗之意。自戊戌变法失败,即遭幽禁于瀛台，过着囚犯一般的生活。及至光绪三十四年（1908）慈禧病死，光绪亦在慈禧死前一日驾崩，其时间之巧合与死亡原因之离奇，实在使人怀疑，疑心这个苦命的皇帝始终在慈禧的严密控制之下，无法作自己生命的主宰者。慈禧对待光绪十分严苛，许多野史中都有类似的记载；但如要知道慈禧是怎样一个可怖的人物，似乎还得看另外一些更为生动具体的记载，以便能有更明白清楚的了解。

清光绪二十六年（1900），八国联军攻入北京，慈禧太后挈带光绪帝后仓皇逃难，沿途倍尝饥寒之苦，直到河北的怀来县境内，才得到比较周到的接待。怀来知县吴永因此得到皇太后的赏识，即刻将他升为四品的道员，并且命他担任前路粮台之职，随着皇太后与皇帝、皇后一直到了西安。在西安停留期间，吴永常常有机会到行宫去陪伴慈禧闲话。有一次，吴永偶然向太后问及，死在义和团运动中的徐用仪、许景澄、袁昶三人，都是实心为国的忠臣，一般都以他们死非其罪为可惜，不知道太后是否可以开恩给予昭雪。不料吴永的话尚未说完，慈禧已经变了脸色。根据吴永记述在《庚子西狩丛谈》中的话，慈禧当时之神情如此：

方言至此处，意尚未尽，突见太后脸色一沉，目直注，两腮迸突，额间筋脉悉偾起，露齿作嗫龋状，厉声曰："吴永，连你也这样说邪？"予从来未见太后发怒，猝见此态，惶悚万状，当即叩头谢曰："臣冒昧，不知轻重。"太后神色略定，忽将怒容尽敛。……予见太后意解，始逡巡起立。荐遇此劈天雷电，忽而云消雨霁，依然无迹，可谓绝大幸事，然予真已汗流浃背矣，不意太后盛怒时，威棱乃至如此。昔人谓，曾李两公当时威权盖世，一见太后，皆不免震慴失次，所传固当不虚也。

吴永因猝遇太后盛怒，而后方知慈禧在发怒的神情极为可怖，在另一种记录中也可看到类似的情形。无闻老人撰《绿静簃杂记》，述及户部尚书铁良某次因言辞不当而遭慈禧严词斥责，至于面无人色，汗湿重衣的情形，说：

光绪丙午，户部尚书、会办练兵大臣铁良，在军机大臣上行走，又派兼督办税务大臣，上疏称才力不及，事难兼顾，请收回成命。及随庆王奕劻上去见面，奏对各事毕，太后忽怒目视铁良，说："你由笔帖式出身，在神机营当差，因看你尚勤谨，累加拔擢。本无才力，何言不及？乃亦效汉员之虚情假让，跟我来这一套，实在不知好歹！"又面向奕劻说："你下去拟旨，将铁良一切差使悉予开去！"铁良闻言，赶即下垫（军机大臣照例赏跪垫）摘帽，在光砖上碰头，口称"奴才糊涂"。奕劻亦说："铁良辜负皇太后、皇上天恩，奴才们下去，赶紧说他，叫他以后小心当差，勉图报效。"亦均摘帽碰头，代为乞恩。良久，不闻续有口谕，仅说："你们下去吧！"遂相率退出。铁良退至直房，面无人色，汗透重衣。时同值者有尚书荣庆，归为其子熙栋述及，且云：太后严威，实在可怕。

慈禧太后发怒时的神情如此可怕，在旁人也许是难得一见之事，在光绪帝似属不然。因为慈禧之所以要援立光绪帝，目的就在利用光绪帝年幼，以利于她的"教育"。据各种野史杂史的记载，光绪帝平生极为畏惮慈禧，犹如老鼠见猫一般，从来不敢有反抗之心。想必慈禧平素在宫中，就是常常拿这种威势震慑光绪帝，以致光绪帝在积畏积惧之余，早就养成了惧怕的心理。慈禧以这种方式"教育"光绪帝，借以达成她的控制目的，在慈禧来说当然是很成功了，而身为四万万臣民领袖的大清皇帝，竟是如是孱弱无能的人物，对中国的前途又将发生何等不幸的影响？慈禧因一己的私心而将光绪帝塑造成如此这般的形象，真可说是国家民族之罪人，又岂止是断送大清帝国列祖列宗所遗留下来的基业而已？

历史家对慈禧太后的批评，大致认为她是一个权力欲望极强，自私心极重，而又没有政治学识的庸妄女流。由于权力欲望极强，所以她不但要在同治帝患病不能理事之时，就急切地希望恢复垂帘听政的制度，更在同治帝病死之后迎立年只四岁的载湉，以便能以皇太后的身份继续执掌国家大权。光绪帝柔懦畏怯，事事不敢违背慈禧的意旨，这正合乎慈禧心中的理想。却不料他在长大以后，居然敢接纳康有为、梁启超等人的意见，妄想摆脱慈禧太后的控制。这当然是慈禧所无法忍受的"叛逆"行为，幽禁囚系之不足，还要进一步将光绪帝废黜、杀害。但因光绪帝的遭遇极为外国列强所同情，他们希望光绪帝的帝位能够保全，以致慈禧的废立阴谋竟无法实现。恼怒之余，又妄想借义和团的力量，将外国人逐出中国。不料又因义和团残杀洋人之故而引起八国联军的惨酷报复。中国到此地步，几乎走上了亡国灭种的道路，慈禧对近代中国所造成的祸害，至此亦充分为国人所体认。这可说是近世以来中外人士对慈禧其人的公认评价。但是其中还漏掉了很重要的一点，就是这个心肠恶毒而器量狭窄的老太婆，即使在她将要死亡之前，还念念不忘地紧握住宰制大清帝国的权力，不肯随便放弃。无闻老人《绿静簃杂记》中有一条云：

> 据溥忻告余，太后之决立溥仪，并非临时定策。太后见光绪帝多病，又无皇子，将来总要择人继承。及溥仪既生，此计乃定。遂令载沣为军机大臣，使其预为练习。是看准载沣不致翻戊戌、庚子之案，竟将万钧重担，畀诸不克负荷之人，祖宗基业，轻轻断送于叶赫那拉氏之手云云。溥忻系近支宗族，观察较为深切，立言自当如是。……

溥忻即溥雪斋，乃是道光第九子奕譞之孙，在光绪末年已经年长，听说当然很有根据。至于载沣，则是光绪的同父异母之弟，奕譞之子，在奕譞死后袭封醇亲王，其后又以溥仪生父的身份做到监国摄政王的"小醇王"。载沣入军机，是光绪三十三年（1907）五月间的事，其时正是溥仪出生之第二年，可见溥忻所说慈禧有意立溥仪为帝，而令载沣先入军机学习，以便将来付予大政之说，是有道理的。载沣之懦弱无能，较之奕譞及光绪更甚。慈禧因为载沣易于控制而选立其子为帝，其用心与当年选立奕譞之子为帝，如出一辙。正因为其动机极端自私，其对于国家前途的影响，当然也十分恶劣。这只要看载沣后来的表现，便可知道。

胡思敬《国闻备乘》卷四，"张翼倚醇府势盗卖官矿"一条说：

> 载沣初监国时，咸谓宜移宫中，太福晋不许。其弟载洵、载涛倚太福晋势，肆意要求，监国不能制也。监国正福晋即荣禄女，亦时与外廷通关节，有所祈请，监国以二弟故，不得不屈意从之。于是太福晋毁福晋，福晋又毁载洵、载涛，监国大为所困。张翼旧在醇府饲马，官至内阁侍读学士，庚子乱时，盗卖开

平矿产，为袁世凯所参，入英涉讼经年，久之始议赎回。至是，恃监国宠，与英商勾结为奸，力护前非，主中外合办。直隶士绅联名合争，监国不能诘，卒从老福晋言，徇翼谋，悉依前约。中国自办商务以来，唯开平获利，至是竟不能保，闻者恨之。

从前慈禧太后专政之时，虽然威福自恣，但因太阿独操之故，任何人都不敢违抗她的意旨；所以才能以一介女流，统治大清帝国达四十余年之久，无论是她的母亲兄弟姐妹与伯叔子侄，人人都须承望其颜色。而由上面的记述看来，监国摄政王载沣虽是堂堂须眉男子，却内受制于母妻，而外受制于兄弟，事事无法贯彻其意旨。以致空有监国之名，对于其母亲妻子兄弟奴才等人之攘臂争利，目无法纪之情形，一筹莫展。慈禧太后选中这样的人物来担当国家大任，其目的本在易于驾驭驱策。却不料她自己年已老迈，在光绪三十四年做完了七十四岁大寿之后就一病不起，大清帝国的舵柄，竟莫名其妙地落到了载沣手里。以这样柔懦无能之人来做国家的领导人，其不致断送大清帝国命运者，几希！慈禧柄国四十余年，生平从不知留意培植人才，以致所进用的都是阘茸无能之辈，其政治识见之凡庸低下，不难想见，与武则天相比，相去何可以道里计！

十六　井底胭脂说珍妃

西太后与珍妃的故事，过去已曾一再被掌故家当作掌故题目来写文章，而且也曾一再被搬上电影与电视。看起来，这已经是一个人人皆知的熟悉故事，又有什么理由来由笔者再另写一遍？笔者之所以不惮辞费也不怕读者的厌烦，当然也还是有其理由。

只要是历史上的有名人物与有名故事，永远会成为人们谈论的对象，问题在于所谈的内容是否一样？所持的观点是否与众不同？笔者为此，亦曾写过许多大家所熟知的人物，如赛金花、陈圆圆、李香君、沈寿等均是。假如所写的内容与前人所写别无新奇之处，这样的文章大可不必再写；但如所持的观点与所用的资料与人并不相同，那么，即使所得的结论不一定有很大的价值，也仍然值得提出来作为参考，因为那是不同的内容与不同的观点。西太后与珍妃的故事，也是一样。因为以笔者的观点看来，这虽然是一个极熟的题目，而前人的重点都着重在探究珍妃殉国而死的具体情状如何，以及后人对她的悼念与惋惜又如何如何，而很少就珍妃当时的环境遭遇及其立身行事情形,作一整体性之研究探讨。以致所写的文字虽多,对于珍妃之何以有取死之道,毕竟不甚了了。既然谈论西太后与珍妃的故事,如果不能把这些问题交代清楚,显然是极大的缺憾。基于此一观点,所以笔者以为,这仍然是一个可以另写的题目。

提起珍妃,大家都知道她是光绪皇帝的宠妃,只因失爱于慈禧太后之故,先则被幽囚于钟粹宫的北五所,长时间过着拘系囚禁的生活,及至八国联军攻入北京,慈禧挈同光绪帝后仓皇逃奔,又命二总管崔玉贵将珍妃推堕于贞顺门旁之井中,香消玉殒,从此冤沉井底。宫廷政争的悲剧,必须要由一个弱女子来演出悲剧的结局,当然是太凄惨也太可怜了。以此之故,出现在诗人及掌故家笔下的珍妃故事,大都充分表示其哀念悼惜之意,哀感顽艳,令人发生无限的低徊不尽之思。通过这些诗文的介绍,读者心目中的珍妃故事,大抵只是凄艳哀感的爱情悲剧,对珍妃的不幸遭遇,亦只有给予最大的同情而罕及其他。揆之事实,珍妃的遭遇固然值得同情,其致祸之因,亦并不完全由于慈禧之无理压迫。作者此文,目的就在分析这里面的关系,而希望对珍妃有一个较为公正的评价。

《清史稿·后妃列传》中有珍妃的小传。根据《清史稿》所记,珍妃姓他他拉氏,镶红旗满洲人,与其姊瑾妃同为侍郎长叙之女,于光绪十五年(1889)同时册立为嫔,后进为妃。当册嫔之时,珍妃十四岁,其姊瑾妃十六岁。按,光绪皇帝在位凡三十四年,自四岁即位,十七岁亲政,十九岁大婚,到了二十八岁那一年,就发生历史上极有名的"戊戌政变",光绪帝被慈禧幽禁于瀛台,从此丧失了统治国家的权力,只做名义上的傀儡皇帝,以迄于三十八岁死亡为止。综其一生,只册立过一后二妃。一后,就是后来称为隆裕太后的"德宗孝定景皇后",叶赫那拉氏,镶黄旗满洲副都统桂祥之女,慈禧太后之侄女;两妃,即是前述之瑾、珍二妃。光绪帝宠珍妃而不喜皇后,由此招致皇后之嫉恨,间接引起慈禧之不满。由于慈禧太后以婆婆的身份直接干涉到光绪帝的妻妾纠纷中来,宫廷之间由此多生事端。关于这个问题,谈者已多,读者亦久已耳熟能详。现在先引据清亡以后的有关记述,将慈禧太后如何以她的太后威权压迫光绪,逼令他选立隆裕为皇后的情形一说,借以明了此一宫廷斗争的缘起为何。

1930年五月,故宫博物院所出的《故宫周刊》第三十期,名为《珍妃专号》,专门搜辑有关珍妃的历史记载,其中有太监唐冠卿的谈话记录,说到当年光绪帝选婚时的内幕实情如此:

光绪十三年冬,慈禧太后为德宗选后,在保和殿召被选之各大臣少女进内,依次排立。与选者五人,首列那拉氏,都统桂祥女,慈禧之侄女也;次为江西巡抚德馨之二女,末列为礼部左侍郎长叙之二女。当时太后上坐,德宗侍立,荣寿固伦公主及福晋命妇立于座后。前设小长桌一,上置镶玉如意一柄,红绣花荷包二对,为定选证物。(清例,选后中者,以如意予之,选妃中者,以荷包予之。)太后手指诸女,语德宗曰:"皇帝,谁堪中选,汝自裁之,合意者即授以如意可也!"言时,即将如意授予德宗。德宗对曰:"此大事,当由皇爸爸主之(据宫监云,当时称谓如此),子臣不能自主。"太后坚令其自选。德宗乃持如意,趋德馨女前。方欲授之,太后大声曰:"皇帝!"并以口暗示前列者。德宗愕然，继乃悟其意，不得已，乃将如意授其侄女焉。太后以德宗意在德馨女，即选入妃嫔，亦必有夺宠之忧。遂不容其续选，匆匆命公主各授荷包一对与末列二女，此珍妃姊妹之所以获选也。嗣后德宗偏宠珍妃，与隆裕感情日恶，其端实肇于此。

按照清代的皇帝选婚制度，选中皇后的秀女授予如意，选中妃嫔的授予荷包，各家稗史的记载均同，可知太监唐冠卿的谈话极为可信。至于慈禧太后之必欲其侄女中选为皇后，当然更有道理。《慈禧轶闻》中亦有关于此事的记述，云：

隆裕亦叶赫那拉氏，即慈禧之侄女；袒护母族，为我国妇女之通病，虽太后亦不能免焉。况其用意更有不止于此者，一则于宫闱之间可刺探帝之动作，一则为将来母族秉政张本。观于慈禧临终之懿旨，谓此后国政完全交付监国摄政王，若有重要之事，由监国摄政王奏陈皇太后（指隆裕）裁夺云云可见矣。然帝后之间，遂终其身为形式上之夫妇。盖自选后之日起，识者已早知其必无良好之结果矣。

光绪帝与隆裕之间没有夫妇之爱，其原因固然由于隆裕之姿貌平庸有以致之，更主要的因素，还是在于慈禧在选立皇后时的横加干涉引起光绪帝之反感，更加深了光绪帝与隆裕之间的感情距离。由于这一缘故，光绪帝在他所立的一后二妃之中，自然容易选择温柔婉变而聪慧可人的珍妃。关于这方面的情形，可以参看下面的记述：

白蕉撰《珍妃的悲剧》，引珍妃姨侄女鲍苹侣女士之言，云：

瑾、珍二妃姊妹行，瑾四珍五，均为庶出，生小美慧绝伦。

徐珂撰《清稗类钞·宫闱类》"孝钦后逼死珍妃"一条云：

德宗所最宠幸者为瑾妃珍妃,二妃为同怀姊妹,珍妃色尤殊。

《故宫周刊·珍妃专号》引白姓宫女之言,云:

珍妃貌美而贤。

光绪帝宠珍妃而冷落皇后,已足以招致慈禧之不满,如果珍妃更因言行举止之不慎而使慈禧有所借口,则一场因妻妾争妒而引起的宫廷政争,便可能由暗中的倾轧而变得表面化。不幸得很,当时的珍妃,正有这种事实可使慈禧资为借口,于是便有了光绪帝二十年珍、瑾二妃降为贵人的严重处分,而当时使慈禧资为借口的事实,则是珍妃的交通外臣,干预朝政,以及收受贿赂,鬻卖官爵二事,现在先说后一事。

光绪十五年(1889),皇帝已经十九岁了,慈禧太后"垂帘听政"至此,在理论上已经需要交出政权,由皇帝自行掌理,她不能再以听政的名义恋栈了。因此之故,光绪帝在这年二月举行亲政大典。大典既毕,慈禧太后在名义上已经退隐深宫,朝廷大政,改由光绪皇帝自行处理。但事实上则慈禧在名义上虽已"归政"皇帝,却仍留下一条操纵朝政的尾巴,是即规定皇帝每日所阅的重要章奏,都需在事后封送颐和园备太后阅看;朝廷内外二品以上大员的黜陟,亦需诣颐和园禀承太后决定,皇帝不得自专。慈禧之所以要定此两项规定,用意非常明显,一是对光绪帝不能完全放心,二是要继续把持政柄,不肯完全放松对光绪帝的控制。唯其因为如此,内外大臣黜陟进退之中,如果有利可图,亦始终掌握于慈禧之手,利权不致外溢。说到这里,我们就当进一步研究,慈禧秉政二十余年,是否亦曾有卖官鬻爵,营私图利的行为，其答案应该是肯定的。不过，慈禧虽然亦曾借卖官鬻爵之事营私图利，她所鬻卖的官爵，还是有选择性的，并非不分皂白，不论轻重，一概视官论价，惟利是图。这一点，看王照写在《方家园杂咏纪事诗》中的记述，便可知道其具体情形。《方家园杂咏纪事诗》：

  慈禧卖各色肥缺，以为常事，珍妃曾一效之，遂立败。然墙茨之言，惟珍、瑾无之耳。凡太后所卖之缺，分为数类。一，粤、闽海、淮、崇文门、杀虎口、张家口、山海关各监督、宁、苏、杭各织造，此皆专为应卖之品，可以明挂招牌者也。一，各省三品以上大员，此为帝心简在，公私不易分析者也。一，学政、主考。此乃清贵之官，似不至有此卑鄙。实因考差例不发榜，然心简所在，必有御笔暗记之名单，则近侍窥及，得以出而招摇，久之而风气自然败坏，翰林官与阉人遂成密切之地位。此奇怪之现象，实始于慈禧。一，道府内放之缺，遇有素称肥缺者，部中书吏，将应开列请简之名，赠与太监而招摇之，多为撞木钟，非真太后出卖也。至宣统年，则外省出应外补之缺，忽由内放，摄政之破坏祖法，竟过于慈禧。然亦由于女谒，实亦慈禧之遗毒也。

  按照清代的制度，内务府被视为是皇帝之管家，遇有各省海关及内地关卡的监督，及南京、苏州、杭州等织造衙门的主官出缺，向例由内务府人员派充；由于入息优厚之故，到了慈禧太后秉政的时候，便按官论价，公开买卖。虽然说这种官员的任免调遣不致直接影响到实际政治，但既然因此而开启了卖官鬻爵之风，影响所及，便会逐渐在其他方面也出现类似的行为。此所以王照要在第二、三条内说到，即使是各省三品以上大员之除授，及学政、主考之选派，也会逐渐出现营贿倖进的情形。至于京官外放各省的道府，如按王照所说，向来还只有太监在外面招摇撞骗，而没有慈禧直接贿卖的情形，但到后来却也居然有了例外，那就是光绪某年木厂掌柜满人玉铭外放四川盐茶道的故事。《清朝野史大观》第三辑《清人逸事》卷四，有关于此事的记载：

玉铭者，都下木商，籍隶内务府，入赀捐同知职衔，清光绪年间忽放四川盐茶道。其谢恩召见时，光绪帝询：'尔向在何处当差？'对曰：'奴才向在某某。'帝不解，又问之，则曰：'皇上不知某某乎？某某者，西城第一大木厂也，奴才向充管事。'帝哂曰：'然则木厂掌柜耳！木厂生意甚好，何忽弃而做官？'对曰：'因闻四川盐茶道之出息，比木厂更多倍耳。'帝是时已怒甚，然犹隐怒未发，复问：'尔能国语乎？'曰：'不能。''能书汉文乎？'嗫嚅久之，始对曰：'能'。帝乃以纸笔掷地，令一太监引之出，于乾清宫阶上默写履历。待之良久，始复命缴卷，仅有'奴才玉铭，某旗人'数字，字大如茶杯，而脱落颠倒不可辨识，甚至'玉铭'两字亦复讹不能成书。帝始震怒，立命以同知归部候选。玉既失官，复归木厂，承办醇贤亲王祠大工，以干没巨款，并勾通内监盗邸中物售诸西人使馆事觉，诏提督衙门逮捕。乃披剃为僧，遁入西山佛寺。

玉铭以一木厂掌柜出巨赀行贿，而得外放为四川盐茶道，其目的在希望借所管的盐、茶官卖事宜中得获巨利，此即所谓"出息比木厂更多倍"的本意；不料因其应对荒谬又复胸无点墨，而在引见时被光绪当场斥革，仍以同知本官到部听候铨补，真所谓

"偷鸡不着蚀把米"，倒霉之至。这一段记事虽未著明发生之时间，但若以其他稗史参考，可知即是发生在光绪亲政期间的事，恽毓鼎撰《崇陵传信录》云：

> 上既亲政，以颐和园为颐养母后之所，间日往请安。每日章疏，上阅后皆封送园中。是时权操于上，亦颇有通内营进者。玉昆者，木厂商人也，以入赀助园工，得道员，忽授四川盐茶道。召见日，上见其举动粗鄙，心恶之，因询其曾否读书？玉对：曾读《百家姓》及《大学》。上授以笔，命书履历，良久仅能成"玉昆"二字。上怒斥出，即日罢之。

所记与上文繁简略异而内容大致相同，所不同者，一作玉铭而一作玉昆，一未著明得官之由而一记明由捐赀助修颐和园，一未著明发生之时间而一说明为亲政以后发生之事。由于二者的内容大致相同，可知所记实为一事，只是略有姓名之异而已。玉铭或玉昆由入赀助修颐和园而得道员，这是兴修颐和园期间借以敛财助工的主要办法；但即使"得为道员"，亦只是虚衔而已，如需得缺，而且是四川盐茶道这样的著名"肥缺"，当然还需要有另外的"报效"。已曾报效而已通过最重要的人事关系得到了最为人所艳羡的"肥缺"，居然临时仍被砸锅，可知得款人必非光绪皇帝的亲信，如其不然，光绪帝就势必要曲予包容了。这可以举出另一个鲁伯阳之事为例，以证明此说不虚。《清朝野史大观》第三辑《清人逸事》卷四，"鲁伯阳"一条说：

> 清光绪朝，沪道聂缉椝升某省臬司，次日枢臣入见，袖关道记名单以进，请德宗简员补授。帝阅之无言。忽出白纸条寸许，署"鲁伯阳"三字，蹙额授枢臣，俾详查其籍贯履历。诸臣奉

旨，退至军机处，遍检各种道府存记名单，并无其人，即持以复命。帝犹欲召吏、户两部堂官查询其出处。诸臣徐悟其故，乃顿首曰："上果知此人可用，即径行简放可也，必欲确查出处，恐吏户二部亦无籍可稽耳。"上凝思久之，必欲确查而授之。鲁奉旨南下，时刘坤一方督两江，知其所由来，固靳之，终不令其赴任，数月后籍事劾去之，奉旨开缺。闻鲁于此缺先后运动费耗去七十余万，竟未得一日履任。因愤而入山，著道士服不复出。

鲁伯阳耗去运动费七十余万买得上海道聂缉椝升某省臬司以后的遗缺，何以知其所走的门路便是光绪的亲信？则可以看看曾任监察御史的胡思敬所撰的《国闻备乘》卷一之记载：

鲁伯阳进四万金于珍妃言于德宗，遂简任上海道。江督刘坤一知其事，伯阳莅任不一月，即劾罢之。

此外，则恽毓鼎所撰《崇陵传信录》亦说，鲁伯阳通贿德宗宫禁而得上海道。两书的记载相同如此，所记当属不虚。黄濬撰《花随人圣盦摭忆》记此，因此说：

珍妃得罪之由，实不胜太监婪索，奔诉那拉后。太监恨之，因悉举发鲁伯阳等事，以有乙未十月之谴。

乙未，是光绪二十一年（1895）。据《清史稿·后妃传》，瑾、珍二妃之由妃降为贵人，是光绪二十年十月间的事，《翁同龢日记》中曾记其降谪情形如此：

光绪二十年十月二十九日。太后召见枢臣于仪鸾殿，次及宫闱事，谓瑾、珍二妃有祈请干预种种劣迹，著降为贵人等因。臣再三请缓办，圣意不谓然。是日上未在座，因请问上知之否？谕云："皇帝意正尔。"命即退，前后不及一刻也。次日，上谕及昨事，意极坦坦。又次日，太后谕及二妃，语极多，谓种种骄纵肆无忌惮。因及珍妃位下内监高万枝诸多不法，若再审问，恐兴大狱，于政体有伤，应交内务府扑杀之。即写懿旨交办。

综合上面这些记载可以知道，珍妃之得罪，其主要原因，固然是由于得受鲁伯阳的贿赂向德宗关说，为鲁伯阳谋得上海道一事"东窗事发"，另一方面的原因，亦是因为珍妃不肯接受慈禧跟前的太监勒索，以致被这些太监将她的受贿鬻官事状向慈禧告密，等到搜得证据而罪状明确之后，连光绪皇帝也觉得不便加以包庇，只好任令慈禧太后按宫中规矩处治，从妃位降为贵人。但珍妃虽有通贿之实迹，瑾妃并无类此之情事，又何以亦与珍妃同科，一并降为贵人呢？这就与皇后及文廷式之事有关联了。徐珂编《清稗类钞》卷十二"孝钦后逼死珍妃"一条，记述珍妃因皇后之谮妒及称誉文廷式之才学而遭慈禧之嫉恨情形，说：

德宗所最宠幸者为瑾妃、珍妃。二妃为同怀姊妹，珍妃色尤殊。孝钦以隆裕后不得志于德宗，迁怒二妃，遇之甚苛。一日，隆裕为其父乞督外省，德宗颔之。隆裕退，珍妃以汉外戚传讽上，事遂寝。隆裕深衔之，日伺其隙。珍妃于上前称文廷式才，隆裕遂奏孝钦，谓妇女不应干国政，乃废妃。德宗虽痛之，而无如何也。

这一段话说明光绪帝、隆裕、珍妃及慈禧太后之间的四角关系虽然大致不错，但是珍妃的真正得罪原因，还不仅仅由于隆裕所指责的"妇女不可干政"这一点。因为文廷式与新党人物的关系甚深，珍妃保举文廷式而使文廷式得到光绪的信任之后，君臣之间所建立起来的关系颇为密切，使得慈禧太后因此而大为警惕，觉得文廷式是一个十分讨厌的人物，不加以斥革驱逐而不快。以慈禧太后的地位与权力，斥革驱逐一个翰林小臣如文廷式者，自然非常容易。但即使文廷式被逐，慈禧太后仍然余怒不息。她认为文廷式等一班帝党人物是在帮着皇帝对付太后，在愤怒之余，不但要对光绪皇帝大肆报复，更要追论荐举文廷式的始作俑者，于是珍妃乃成了首当其冲的罪魁祸首。这才是宫廷政争的真正内情，《清稗类钞》以为珍妃之被废，是由于隆裕指责她不应以宫眷身份干预政治，未免浅乎言之。关于这其中的实际情形，曲折甚多，必须逐一剖析清楚，方能洞悉其原委脉络。今先从文廷式与珍妃的关系说起。

根据清末以来的野史相传，多说文廷式曾是瑾、珍二妃的老师，所以珍妃从小就对文廷式有很深的了解。如恽毓鼎《崇陵传信录》云："初，珍妃聪慧得上心，幼时读书家中，江西文廷式为之师，颇通文史。廷式以庚寅第二人及第，妃屡为上道之。甲午大考翰詹，上手廷式卷授阅卷大臣，拔置第一。擢侍读学士，充日讲官。"又，《慈禧轶事》云："珍妃貌既端庄，性尤机警。髫龄时，曾受书于芸阁学士，能通经史大义。"又，《百炼会谈故》云："珍妃姊妹皆文道希女弟子，昆弟中如志锐、志钧、志锜，均一时闻人。"又，魏元旷《光宣金载》云："珍妃、瑾妃、长叙之女，志锐之从妹也，皆有宠于德宗。将入宫，居志锐家，师文廷式讲授。"诸家记述并同，可以相信文廷式确实曾经教过珍、瑾二妃读书，其时间则在光绪十四年（1888）两妃将入宫之前。其时文廷式尚只是举人身份，游京师则是因为他昔年曾在广州将军长善署中居幕，与长善之子志锐素有交谊，志锐早已由进士入翰林，时方为詹事府詹事，二人交谊既笃，文廷式遂时常往来广州，京师与江西之间，多事交游，以资结纳时流，广通声气。文廷式本有才气，诗词古文均为一时之作手，既有志锐等为之延誉，自不难声闻日起，名动公卿。《文廷式年谱》光绪十五年之记事中，有如下一段文字，大可参考，录之如下：

是时朝士有所谓清流者，奉李高阳为魁，而南皮张孝达（之洞）、丰润张篑斋（佩纶）、闽县陈弢庵（宝琛）、瑞安黄漱兰（体芳）皆其杰；先生与瑞安黄仲弢（绍箕）、闽县王可庄（仁堪）、旭庄（仁东）、盛伯熙（昱）、张霭卿（华奎）皆预焉。

李高阳即李鸿藻，乃是当时的协办大学士兼军机大臣，清流党人之领袖。清流党人对于光绪初年的朝局，有很大的影响力。此时虽因张佩纶革职充军，陈宝琛辞官归里之故，暂时风流云散，而另一股新兴势力，却已在"常熟相国"翁同龢的延揽物色之下逐渐形成，隐隐然成为继承清流党之后的新兴政治集团。翁同龢是江苏常熟人，他所延揽的亦多是籍贯南方各省的名士，如江西萍乡籍的文廷式，江苏南通籍的张謇，均是其中的最著名人物。文廷式在光绪十六年（1890）庚寅恩科中式一甲第二名进士，俗称探花，其所以能得此高科的原因，完全由于翁同龢的大力支持。原来文廷式的殿试卷中，在"间阁而"一句中漏写了一个"阁"字，文章变得不通，而又无法挖补添改，只好将"间而"改为"间面"，希望能蒙混过去，却不料仍被阅卷大臣看出，斥为杜撰不通，将予剔出。翁同龢亦是阅卷大臣之一，知是文廷式的试卷，一意要加以保全，力言"间面"二字亦有来历，并非杜撰，更说他自己亦曾以"间面"对"簪牙"，"讵误邪？"由于翁同龢是状元宰相，此时又是光绪帝的师傅，在皇帝面前极有发言力量，其他各阅卷大臣不愿得罪他，马马虎虎地接受了他的说法，文廷式因此才得以高中一甲第二名进士。即使如此，"闯面"探花的典故，也毕竟传闻遐迩，成了一时之笑谈。由于文廷式是翁同龢所识拔之人，他的大名，又常由珍妃在光绪皇帝面前提起，称誉他如何有才学而能文章，于是连光绪帝也知道新取中的探花文廷式是有才学之人，不但当面称赞，并且有意要加以不次之擢拔，以便倚为股肱心膂。光绪二十年（1894）翰林大考，文廷式能以一等第一名的荣誉，由正七品的翰林院编修超升至从四品的翰林院侍读学士，其故在此。据《翁同龢日记》所述，当大考卷由御前发下时，礼亲王世铎及军机大臣孙毓汶面传光绪帝的旨意，"除第一名及另束五本毋动外，余皆可动。"这经由皇帝内定的第一名试卷，就是文廷式的。文廷式能邀光绪帝的特达之知，亲自拔置为一等第一名，当然与珍妃的鼓吹有关。但更重要的原因，还是由于文廷式此时的政治思想与言论，极能投合光绪帝的意向，致使光绪帝认为文廷式乃是可加倚任的有用人才。亦正因为如此，才会使文廷式成为慈禧太后所厌恶的人物，连带地也使举荐他的珍妃大受其累。关于这其中的关系，黄濬所撰的《花随人圣盦摭忆》中曾有论述，其言极有见地，可资参考，抄录一段如下：

以予所闻，道希被革，出于那拉后授意。其时后与帝不相容，已如水火，道希在当日，则于内政外交已极有主张。《叶缘督日记》："光绪二十年九月八日，道希、木斋约赴谢公祠，议联衔奏阻欵议，及邀英人助顺。又道希主稿，请联英德以拒日。"

此可见常熟一系当日之政策。又某笔记载:"德宗戆直,上书房总师傅翁同龢亦频以民间疾苦外交之事诱勉德宗。德宗常言:我不能为亡国之君。语侵慈禧,而废立之说兴焉。时坤宫与德宗不睦,频以谗间达慈禧,故事机益迫。甲午清兵溃,军舰被掳,吴大澂、魏光焘督师关外,刘坤一督师关内,李鸿章议约多损失,几定约焉。翰林学士文廷式习闻宫中诸事,知内忧外患交乘,国将覆,往见坤一,请力争约款。坤一未会意,谓弱国无权利可言。廷式请屏左右,以废立之说相告;且谓宫中蓄谋久,荣禄以疆臣督兵,将不应恫之。慈禧每所作,每询疆臣等意思若何?是宫中滋疑疆臣。疆臣资高负宿望者,今惟君。某知争约必不成,俾内廷知断断争约,知废立之难实行,则曲突徙薪之效见焉。坤一属廷式代起草,而废立之谋以止。"据此,道希为德宗谋不为不忠,从权变不为不智,西后必去之心,已跃然愈急。论者乃以大考通关节事并诋其才,非知言也。大抵清流党以及所谓名士,意气皆凌厉无前,前之张绳庵以此招忌,后之文芸阁亦然。……

文廷式字芸阁,号道希,上文所说的文道希与文芸阁,所指都是文廷式一人。按,发生在清光绪二十年(1894)甲午的中日朝鲜战争,中国战败,订立了丧权辱国的《马关条约》,于割让辽东与台湾以外,还需赔偿巨额军费,中国的损失重大,变法维新的思想因此而起。文廷式、张謇等一班名士,处身在这动荡剧烈的大变乱之中,目击中国之所以战败,正是因为朝政不纲,及慈禧太后以海军军费兴建颐和园之故,自不免因不满时政而时时有激烈之思想言行。适逢光绪皇帝自身亦有不满之倾向,双方视为志同道合的同志而怀有相似的革新思想,自然足以引起慈禧太后之敌视。一旦情势发展到了高潮,不但赞助光绪帝的"帝党"人物要成为慈禧太后的排斥对象,即是光绪帝自己,其地位亦岌岌难保。在这种情形之下,文廷式、张謇以及翁同龢等人固是明显的"帝党",即珍妃又何能例外?从光绪二十一年以后,慈禧太后的排斥帝党行动渐渐见诸表面化,但是,直到这年的十一月为止,慈禧太后似乎还是以优容怀柔的态度在对待光绪皇帝的。关于这一点,可以从瑾、珍二妃恢复妃号一事上看出其中端倪。

瑾、珍二妃因罪被降为贵人,是光绪二十年十月间的事;到了光绪二十一年的十一月,复封为妃。《清德宗实录》中有关于此事的记载,说:"光绪二十一年十一月戊申,命礼部右侍郎溥善为正使,内阁学士堃岫为副使,持节赍册,晋封瑾嫔他他拉氏为瑾妃。命内阁学士宗室寿耆为正使,内阁学士溥显为副使,持节赍册,晋封珍嫔他他拉氏为珍妃。"据野史相传,两妃之得复封号,光绪皇帝对于慈禧太后的这一逾格慈恩十分感激,在谢恩之时,表达了十分欢悦的感情,而此时的慈禧亦非常高兴,说:

皇帝近来甚为尽孝,果能如此,余复何说?其从前之所以疏阔,必有人从中离间,盍言其人。

据说慈禧太后当时所怀疑的离间之人,是常熟相国翁同龢,如能由光绪帝自己说出来而即时加以罢斥,慈禧的怀柔手法,便可收到最大的政治效果了。却不料光绪帝对此亦深有警惕,他既不能说出翁同龢曾有离间感情之事,而在当时的情形之下,又不能不有所应付;适因前一日曾经召见另两个帝党人物吏部右侍郎汪鸣銮,与户部右侍郎长麟,仓猝之间,只好以这两个人的名字挡灾。于是此二人遂以"离间宫廷"的罪名革职斥逐。看慈禧的这一番举动，颇有借恩威并用之法驾驭光绪，使他逐渐打消对自己反抗意图的打算。却不料在光绪二十二年（1896）二月以后，连续发生了两次宫中太监寇连材劝谏太后应归政皇帝，勿揽政权，及太监闻德兴因忠于光绪帝而被责罚充军宁古塔之事。不久，御史杨崇伊上疏参劾文廷式私通内侍，联为兄弟，以图刺探朝廷阴事。这使得慈禧太后大生警惕之心，连带地想到寇连材与闻德兴之敢于反对慈禧，很可能即是出于文廷式的教导。远从甲午战争发生以来，文廷式及当时朝中的一般名士，对于政治问题就有许多极为激烈的主张，如建议起用恭亲王复主军机，奏劾军机大臣孙毓汶贪黩误国，以及反对北洋大臣李鸿章对日议和等等，无一不是会慈禧十分头痛的事。恭王是慈禧的政敌，孙毓汶与李鸿章则是慈禧所最倚信之人；文廷式等人建议起用恭王，又严劾孙、李二人，看起来显然是在反对慈禧而为皇帝张目，如今更发生了结交内侍之事，然则其交通宫廷之目的，显然是在随时探听宫廷动静，以便为光绪帝效力的了，此而不除，后患将何所底止？于是，光绪皇帝在慈禧的压迫之下不得不颁布一道谕旨，指称文廷式"遇事生风，常于松筠庵广集同类，互相标榜，议论时政，联名执奏，并有与太监文姓结为兄弟情事"。着即革职，永不叙用，并驱逐回籍，不准在京逗留。由叶昌炽的《缘督庐日记》中可以知道，文廷式之被革，显然是慈禧太后对帝党人物所下的杀手。日记中说：

> 道希为杨莘伯所纠，牵涉松筠庵公摺及内监文姓事，革职永不叙用，驱逐回籍，毋许在京逗留。余党之祸，近在眉睫，明哲

之士，所当深戒。

由这一条日记不难看出，慈禧太后对帝党人物的憎恨，此时已到达极点，随即而来的，便当是不容情的报复斥逐了。果然，翁同龢在不久之后亦被逐归里，不必等到戊戌维新失败，光绪帝左右的心膂股肱便已斥逐殆尽。及至戊戌政变发生，六君子被杀，光绪帝被幽禁于瀛台，珍妃亦被囚于北五所，帝党人物无不遭遇惨酷的命运。珍妃与瑾妃是姊妹，也同是隆裕所嫉恨的对象，何以瑾妃后来并未与珍妃一样地被幽禁？这显然又与她们之是否参与政治活动有关。大概珍妃本来就是与慈禧同一类型的人物，富有贪心，权力欲望也极强。她认为慈禧太后已是过时的人了，以她在光绪跟前的地位，正应该仿效慈禧过去的作法，揽权干政，参与实际政治，好好的表现一番。所以她在政治思想上与光绪帝站在同一阵线，希望把握政治权力，摆脱慈禧的控制，在实际作为上则支持文廷式、翁同龢，及维新党人的保皇主张，与慈禧立于明显的敌对地位。这使得慈禧太后认之为叛逆，必须要痛加惩治。戊戌政变发生后，康梁亡命，六君子被杀，光绪帝形同废放，珍妃亦被囚禁。再接下来的行动，就是要废光绪帝而立溥儁，却不料因列强之反对而无法遂愿。慈禧因此迁怒洋人，于是乃有后来的义和团运动，及接踵而来的八国联军之战，北京失守，太后和皇帝狼狈西奔，这却是大出乎慈禧意料之外的变故。当慈禧太后狼狈出奔的时候，光绪皇帝是她的傀儡，必须将他带着一同逃难；带不走的宫眷，只好留在宫中。至于珍妃，则是慈禧心目中的仇人，不杀不快。于是珍妃乃有逃不掉被推入井中溺死的噩运。

关于珍妃被推入井中溺死的事，颇有各种不同的传闻记载。《故宫周刊·珍妃专号》引据宫中太监唐冠卿所说，是由慈禧太后命令总管太监崔玉贵下手，推坠于井中溺死的，另一个白姓宫女所说亦同。但另一种名为《景善日记》的野史则说是李莲英所推坠入井。至于官修的《清史稿·后妃传》则记述殊为含糊，只笼统含混的说"二十六年太后出巡，沉于井"，而不说明是否为人所推坠下水致死。关于这一问题，芝翁高拜石所撰的《古春风楼琐记》曾作考证，以为当以《景善日记》所说最为可信；因为景善是当时的内务府总管，当庚子义和团运动时逐日记载京中大小诸事，俱属信而有征，以此类推，日记中所记的珍妃死状，当然也最近于事实。其实则高拜石先生并不知道，这所谓《景善日记》者，乃是出于有心人士所伪造的假史料，其目的在为当时的首席军机大臣荣禄开脱其附和义和团的罪名，以免成为八国联军所指目的"战犯"。关于这个问题，已经有历史学家考证明白，这里无须多赘。所可以资为参考的则是《景善日记》并无采信的价值，推坠珍妃入井之人，仍当以唐姓太监及白姓宫女所说为可信。因为王照写在《方家园杂咏纪事诗》中的珍妃之事亦作此说，可以相信即是当时的事实。

珍妃之死，一直都是诗人所感叹的悲剧题目，自清末以来，诗作极多，而且有很多都是写作极佳的好诗。最著名的是金兆蕃所写的《宫井篇》，仿照大诗人白乐天的《长恨歌》及吴梅村的《圆圆曲》，写成一千余字的古乐府，是史诗亦是掌故，哀感顽艳，传诵一时。此外则曾广钧所撰的《落叶词》十二首，所咏亦是珍妃殉国故事，亦为一时之名作。不过，珍妃虽然死非其罪。

其遭遇十分值得后人同情,但如她当时不是处在宫廷政争的失败一方,又假如她能在戊戌政变时成功地成为胜利者的话,她后来的情形,又将如何?这是一个很少被人讨论到的问题,在此提出一说,似乎也是颇有趣味的一种尝试。

黄濬所撰的《花随人圣盦摭忆》,曾经引述清末时人吴介清的说法,介绍了一段有关珍妃的故事,说:

> 甲午十月,豫抚裕宽入都祝嘏,觊觎蜀督,先谋之李阉,所索奢,未能满其欲。裕故与珍妃母家为近姻,乃辇金献之珍妃,俾伺便言之上前。未及行,为李侦知,憾裕舍己之珍,遂以告孝钦。孝钦果大怒,立召珍亲询之。妃直自承不讳,且曰:"上行下效,佛爷不开端,孰敢为此乎?"孝钦怒,杖之百,赖先朝诸妃嫔及大公主环跪乞恩,乃与瑾妃并降为贵人。

这一则记事与纳鲁伯阳之赂一事颇为相似,可知光绪二十年十月珍妃降为贵人,罪名实在不止纳鲁伯阳之赂一端。上文所说的"李阉",即李莲英,"孝钦",即慈禧。李莲英向来是替慈禧从事居间卖官之人,珍妃因习闻其事而如法泡制,虽说是上行下效,其意义殊不寻常。因为此时的珍妃不过只是皇帝的宠妃,居然便敢恃宠妄为,如果她将来也能有慈禧太后那样的地位与权力,她的黩货贪财,祸国殃民之罪行,岂不将比慈禧更胜若干倍么?由此看来,珍妃之所以不免得罪,未始不是由于她的种种骄恣不法行为,使慈禧太后对她倍生警惕之故。自来悼念珍妃的诗词文章,很少深入这种潜在的政治因素,在此附带一说,庶几可以对珍妃之为人,能有一个较为具体而客观的认识。

十七　孽海奇葩赛金花

一

提起赛金花,自然而然地就会联想到曾孟朴的那部长篇小说——《孽海花》。此书以状元夫人傅彩云为主角,以之贯串晚清三十年的历史,曲折离奇,多彩多姿,故事主角傅彩云更是光彩四射,笼罩一切,读来很有趣味。以一个不识之无的风尘女子,单凭她的大胆风流,居然能够成为晚清三十年历史中的风云人物,实在很不寻常。所以,此书之取名为《孽海花》,意谓傅彩云乃是孽海中之奇葩也。只此一点,就可以想见傅彩云之为人。因此,她有资格入选为中国历史上的名女人之一。

《孽海花》中的人物,其姓名多出于隐射,所以傅彩云并不真叫傅彩云。以真实人物而言,她通常被称为赛金花,本姓赵,苏州人。其上代本为徽商,到她父亲时已经贫困,所以在她长大之后，她父亲才会将她卖入娼家。贫女作娼，一般的遭遇都很悲惨。但赛金花的命运却颇为奇特。因为她后来嫁与状元洪钧作妾，洪钧被清政府派充驻俄德奥荷四国的公使，把她带到了欧洲，成了身份高贵的公使夫人兼状元夫人。单凭这一份头衔，就足以歆动中外人士，更何况后来还有与联军统帅瓦德西的那一段恋爱故事呢？从此以后，赛金花所至之处，都被人刮目相看，视为传奇性的人物。其实则关于她的那些传奇性故事，有很多实在是出于有意无意的附会或伪造，与事实真相相去极远。试以下面所引的两条资料为例，便可以见其一斑。

杨云史致《灵飞集》编者书，有云：

文人至不足恃也。《孽海花》为余表兄所撰，二十六年初属稿时，余曾问："赛与瓦帅在柏林私通，兄何得知之？"孟朴曰："彼二人实不相识，余因苦于不知其此番在北京相遇之由，故虚构来迹，则事有线索，文有来龙，且可铺述数回也。"言已，大笑！……

由这一段话可以知道，曾孟朴撰《孽海花》，不但编造瓦德西与赛金花在北京的荒唐故事，更为了故事发展的便利计，连赛金花、洪钧出使柏林的时期中，也让她与瓦德西发生了私通的关系。其属于不负责任的随意杜撰，可想而知，这是有关赛金花的传奇性故事不尽可信的证据之一。至于证据之二，则是丁士源所撰的《梅楞章京笔记》，直接说明赛金花与瓦德西根本全无瓜葛，传说之来，完全由于好事者之捏造。丁士源的笔记，原文甚长，今据林熙撰《我所见到的赛金花》一文中之引述，转录如下：

丁士源的《梅楞章京笔记》，曾透露为什么有"瓦赛艳史"

的来源，可与齐如山随笔所记并阅。丁是浙江吴兴人，圣约翰大学毕业后，留学英国，光绪末年回来，便在北京政府服务，后在陆军部做司长，一直做大官。他在笔记中说，当时德国有个翻译官叫葛麟德，嗜好甚多，常光顾赛金花开在石头胡同的妓馆及吸大烟，因此该处的妓馆如有被德军侵扰，就托赛转恳葛麟德查办。这时候，丁士源与王文韶之子排日往赛金花处应酬。某次，她对葛麟德说："葛大人，我们相识一个多月了，上次求您带我入南海游玩，您答应了，又不见实行。"葛说："瓦德西大帅在南海紫光阁办事，军令森严，我们小翻译不能带妇女进去的。"说到这里，葛对丁说："阁下曾入南海见过瓦帅数次，昨天又见参谋长，由您带她去，一定没阻碍的。"丁答应，但要她改装男人，假充他的随从。一同乘马到南海的大门，军士说瓦德西因事外出。问参谋长，说是和瓦德西一起同行。失望而归，时已下午一点。午餐后，丁、王两人分别离去。住在丁士源家里的，有浙江人钟广生和湖南人沈荩，他们是帮同丁士源办理公务的。他们见丁很迟才回家，说他必有韵事。丁只好将改装赛金花骑马同往南海，不得其门而入的经过，一一向他们说明。回到房间，钟、沈二人各戏写一段短文，一寄上海游戏报主笔李伯元，一寄新闻报张主笔，说赛金花被召入紫光阁，和瓦酋如何如何，绘影绘声，活龙活现。笔记这一段，末后数语说："妄人又构《孽海花》一书，蜚语伤人，以讹传讹，实不值识者一笑。"……

丁士源以当时留居北京的中国官员身份出来说明"瓦赛艳史"之经过由来，并直斥《孽海花》编造此事之为"妄人"虚构，"蜚语伤人"，当然可以证明此事出于好事者蓄意造谣，借以耸动视听,其实"不值识者一笑"。以此与上文所述曾孟朴承认虚构情节的证据合看,足以明了此事之实情,确属好事文人向壁虚构。但因小说的传播力量甚大,即使有人辟谣,大多数的读者还是相信"瓦赛艳史"之实有其事,而不愿倾听反对者之意见。渐到后来,连赛金花也觉得,承认这一段虚构的故事大可以增加广告力量,为自己招来更多的实际利益,于是连她自己也变成了造谣的一分子,竭力要为读者塑造不确实的印象,借此为图利之计。林熙撰《我所见到的赛金花》一文中,就有这方面的记述说:

我问她是否和瓦德西同住在仪鸾殿,有时还一同策马郊游?她说绝对没有这种事情,都是好事文人捏造来毁谤她的。但她承认见过瓦德西一次,仅仅一次而已。这次见面的时间很短。因为有德军到她家找花姑娘,听见她会讲德国话,大为诧异,下一天便带了两个军官,到她家里谈天。但她的德话讲得很坏,不能畅所欲言,于是找人来翻译。那些德国军人才知道她是十几年前中国驻德钦使的夫人,从此对她很为优礼。后来有个比较高级的军官带她去见瓦德西。

这些资料足以澄清"瓦赛艳史"之类无稽谰言之不可信,然后乃可以拨开云雾,看清楚赛金花的本来面目。

二

根据"瑜寿"君所撰《赛金花故事编年》,赛金花出生于清穆宗之同治三年(1864),死于民国三十六年(1936),享寿七十三岁（文中年龄均为虚岁）。以此推算，洪钧在光绪十三年（1887）纳赛金花为妾时，洪钧四十九岁，赛金花二十四岁。《二南随笔》记洪钧在当时曾对赛金花说过这样的话："我年倍于汝，他日倘不测，当畀汝五万金以终老。"此亦足以证明，赛金花当时已有洪钧年龄之一半。倘如赛金花后来自己所说，于十四岁即嫁洪钧为妾的话，"年倍"之说便不能成立。何况赛金花死了之后，她的义仆顾妈也曾说过："太太成仙时，的确已过了七十。"以此而言，则洪钧在同治七年（1868）大魁天下时，赛金花已经五岁了。这就又可以廓清一个传说已久的迷信故事，证明赛金花与洪钧所牵涉到的另一个情场纠纷，是没有关系的。

洪钧是苏州人，其父以卖酒为业，洪钧则是读书的秀才。太平天国起义时，苏浙均成战区，洪钧奉母避难，逃到山东的烟台，以游幕为生。当时烟台有一个名妓李霭如，自视甚高，但却极为欣赏洪钧之才貌气度，愿委终身。洪钧处馆所得菲薄，霭如经常帮助他解决生活困难。洪钧回江苏应试，得中举人，霭如又变卖衣饰，资助洪钧入京会试。洪钧感激霭如的这份情义，临行之前，刺臂盟誓，决不负心，并相约在南宫得捷后即来迎娶霭如。自洪钧入京应试后，霭如觅屋另居，杜门谢客，决心要做洪家的新妇了。而洪钧也不负霭如期望，礼部会试，得中第二百二十五名贡士。殿试之时，主考官本来预定取中江苏常州籍的王国均为状元，但慈禧太后却嫌"王国均"三字与"亡国君"谐音，一定要另挑一个名字比较有吉祥喜气的作状元；结果洪钧中选，一举而大魁天下。消息传到烟台，霭如和她母亲高兴之极，逐日到各庙去烧香酬神。洪钧也有信来，表示即将派人来接霭如母女入京团聚。不料自此之后,消息沉沉,不但始终不见洪钧派人来接,即信息亦复杳然。霭如不测底里,派仆人入京探问,洪钧置之不理。迫不得已,霭如只好与她母亲自往北京相寻。却不知洪钧此时业已决心弃霭如不顾,匿不见面,只愿偿还霭如的旧欠,再不提嫁娶之事。霭如至此,自恨遇人不淑,痛不欲生,回到烟台就悬梁自尽。她母亲哀伤之余,也跟着女儿上吊。高拜石撰《古春风楼琐记》,有一篇《洪状元烟台旧事》,写的就是洪钧当年负心无义的往事。高阳撰历史小说《状元娘子》,更将这故事推衍成为数十万言的长篇小说,哀感顽艳,看起来更能使人一掬同情之泪。等到赛金花的风流艳事一桩一桩地上场之后,人们就说,赛金花便是李霭如的后身,以专使洪钧出乖露丑的方式来报复她当年所受的冤屈。但如以赛金花的出生年分来推算,便可知此说毫无事实根据。这种传说所反映出来的心态,正足以说明旧时代的中国人,对于洪钧的绝情负义是如何的不满,以及对李霭如的不幸遭遇是如何的致其同情之意,如此而已。

说完了不相干的故事,再来看看赛金花与洪钧的结合经过,以及赛金花的家庭背景,对于赛金花在洪钧死后的种种作为,便会有与前不同的看法。

在旧时代的中国社会里,贫富悬殊,而做官之人赚钱非常容易。来得容易的钱,花起来也不会吝啬,所以那时候的社会上专供有钱人吃喝玩乐的处所很多,设备豪华而人物俊美的高级娼寮妓院,在大城市中比比皆是。赛金花因家贫而被卖入娼馆,洪钧是在做官发财之后寻欢作乐而到娼馆中去从事酒食征逐,自然很容易发生接触。所使人不甚明了的是:洪钧中状元之后,所做的都只是笔墨文字方面的工作，他何来如许金钱？以及洪钧本在京中为官，他又怎会在苏州的娼馆中结识赛金花，从而娶之为妾的？凡此种种都需要先加交代。

在旧时的科举制度中，读书人的功名分为三等：秀才、举人、进士；状元不过只是进士之第一名，头衔格外好听而已。秀才由童生中考拔，各县均有一定名额，每年由学政按临考试，录取的即可成为当地县学的"生员"，俗称秀才。学政的任期为三年，其来源出于皇帝的钦派，多数在翰林官之中点充；状元的头衔高贵，点中的机会更多。洪钧是同治七年（1868）戊辰科的状元，授职翰林院修撰，秩从六品。旧时的科举制度，新科进士只有一甲三人榜下即授翰林官职，其余的人如想进入翰林院，需要先被点中为庶吉士，再入庶常馆教习三年，期满考试及格者，二甲进士授翰林院编修，秩正七品，三甲进士授翰林院检讨，秩从七品。教习期间的庶吉士尚非翰林，不能点充"学政"、"主考"之类的差使；但一甲三人的状元、榜眼、探花因已授职修撰、编修之故，有此特殊权利。洪钧就是在中状元之后不久，就被点派为湖北学政的。湖北学政三年任满，又相继被派充陕西、山东二省的乡试主考官，再任江西学政，等到他在光绪十二年（1886）因母丧丁忧而回籍守制时，早已宦囊充盈，面团团作富家翁了。学政与主考只是衡文之官，宦囊从何而来？这就是当时考试制度与现代的不同之处了。

依照清代的考试制度，三年学政，须定时巡回按临所属府州县，在考拔新秀才之外，更同时甄试旧秀才，视考试成绩予以升降黜革，其名曰"岁考"。考取新秀才例有贽敬，三年任满，通常可得万金之谱。如果是四川、广东这样的大省，甚至可得数万银子。至于乡试的正副主考，则职在考拔秀才为举人，其所得全在该省大小文武官员所馈赠的"程仪"，通常亦可每次得银三、四千两之谱。洪钧在丁忧回籍之前，两任学政，一任主考，所得的例规收入少说亦可有三、四万两银子。清朝末年，银子的购买力很高，二百两银子可以买妾，十两银子可以买丫头，洪钧挟赀巨万，如何不能尽量挥霍？何况赛金花在卖入妓馆之后不过数年，就因为她的貌美与聪明而致声誉鹊起，又如何不使洪钧因爱慕她年轻漂亮而量珠聘去呢？所不免使人觉得意外的是，洪钧正当母丧丁忧，在丧服未除之时，居然便狎妓娶妾，未免为名教所不容。由此亦不难想像，赛金花的才貌必有过人之处，否则当不致使洪钧甘冒不韪，在居丧之时为违礼之事的。

三

赛金花的照片，在很多有关文章中尚能看到。不知道是否由于摄影技术欠佳，还是由于化妆术不高明之故，在照片上实在看不出赛金花有什么沉鱼落雁之容，闭月羞花之貌。但若从当时人的文字描述中看来，赛金花又的确是极能使人动心的人间尤物。如清末曾任御史的陈恒庆，在他所撰的《谏书稀菴笔记》中说，赛金花初来北京经营妓业时，曾来他家请安数次，见其"光艳照人"，至于"目不敢逼视"，"恐乱余怀也"。泊后因虐杀所蓄雏妓之故，被捕送刑部讯办。至则"录供者笔落于地，司刑隶手软不能持锁"，由此不难想见其媚惑力之强。吉同钧撰《乐素堂诗存》，光绪二十九年（1903）所作《狱中观妓赛金花感赋》之五古一首，前有小序，云："适代署提牢，入狱察诸囚，次及花，果然丽出肌表，虽秋娘已老，犹娇娆如处子，洵天生尤物也！"以"光艳照人"，"天生尤物"等等的文字描写赛金花的容貌，足以使人想像，赛金花或不是一个极美的女人，但却自有光艳照人的美丽外表，能够叫男人一见即失却其自持之能力。这样的条件，自然足够被称为"天生尤物"的了。

以赛金花的生卒年分推算，她在光绪二十九年时，已经四十岁。四十岁的女人，还能有如此强烈的勾魂摄魄之能力，然则当她二十年华之时，当然更加要使洪钧爱如拱璧的了。于是乎，我们的洪状元乃甘心干犯名教，在居丧期间娶妓为妾，而赛金花也就在如此这般的情形下成了"状元夫人"。

《古今文史》半月刊第五十三期，收有洪钧在同治十年（1871）四月初一日写给友人吴瀚人的一封信，托他在苏州买妾。其中曾经说到，洪钧的原配妻子因曾经产难之故，不能再为洪钧生儿养女，而洪钧兄弟四人，已死其三，嗣续念重，不得不早为子息打算，所以除了重托"晓翁"其人代为物色外，如有需款之处，请吴瀚人兄代为垫付，云云。由这一封信可以知道，洪钧在中状元以后的第三年，就以"嗣续"的理由为借口，在托人物色适当的人选，以为纳妾之计了。旧时的中国士大夫通行多妻制度，三妻四妾，极为平常，所谓嗣续念重，无非只是一项可资借口的理由而已，即无此理由可资借口，仍不妨碍纳宠之事。何况他当年还有那一段烟台故事，更可知道洪钧是一个及时行乐的享受主义者。如今事隔十五年，洪钧已经官居二品，而且腰缠数万，一旦遇到色艺冠群的赛金花愿意委身相许，岂有不亟予接纳之理？于是，赛金花成了状元公的新宠，在光绪十四年（.1888）洪钧奉旨起复之时，随同洪钧一起到了北京。

洪钧在丁忧时开去的本官，是内阁学士兼礼部侍郎。光绪十三年，中国驻德、奥等国的公使许景澄任满，需要另换他人。总理衙门提出洪钧为继任人选，得到慈禧太后的同意，不等洪钧丁忧未满，就急急忙忙的降旨起复来京，命他仍以原官充任驻俄德奥荷四国的公使，尽速前往欧洲履任。公使是外交官，照例要携眷前往。然而当时的中国官场，不但官员视派往外国为畏途，他们的妻子更不敢到外国去和洋人应酬交际。但是赛金花却有这个胆量，因此就被冒充为"夫人"的身份，随同洪钧到欧洲去作了两年多的公使夫人。由于曾经到过德国，赛金花确实曾经学会了一些简单的德语，但离"精通"的程度还远的很。这有两种原因：第一是洪钧在欧洲出使，首尾不足三年，而且还需要前住俄、奥等国接洽公务，在德国居留的时间顶多不会超过两年，哪里会有充分时间让她学习德语？第二是那时的中国人观念尚未十分开通，与外国人交往，多存顾忌之心，彼此之间的接触既不很频繁，学习语言的机会当然不会很多。有此两种原因，赛金花即使能够学到德语，也很有限。《齐如山随笔》说，赛金花因为知道齐如山的德语好，而她自己的德国话不够，所以想请他帮忙。林熙的访问记也说，赛金花并不能讲流利的德语。这都可以证明，赛金花其实并不精通德语。何况八国联军攻破北京，是光绪二十六年（1900）八月十五日的事，瓦德西在两个月后方由德国来华，担任联军总司令之职，当北京城破之后的两个月，瓦德西并不在北京。而赛金花所时常对人说的，却是："她是在洋兵侵入北京后到京，没几天就遇到德国兵来骚扰。她用德国话应付，德兵大惊奇。于是谈起联军总司令瓦德西也是相识。德兵回去报告，第二天，瓦德西便派车来接"云云，实在也不过是盖仙伎俩，乱吹法螺，不能相信的话。唯一可以相信的是：因为她能说德国话而与德国人颇有交道，由此而为沦陷在北京城中的中国人做过一些事，于国人不无贡献，则是不错的。其他的逾格誉扬，并不可信。

洪钧娶赛金花那一年，他已经四十九岁了。到外国去了两年多，回国后被派在总理各国事务衙门办理外交。又过了三年，洪钧还只有五十五岁，竟然一病不起，死在北京，看起来似乎显得奇怪。五十五岁尚非衰暮之年，洪钧究竟因何病致死？这也是颇值得注意的问题。

表面上看来，洪钧之死，似乎与当时的中俄外交纠纷有关。原因是他曾绘制一幅中俄交界图，将帕米尔高原画在中国的国界线外，而这一幅地图不知如何，竟落入了俄国人的手中。俄国外交部据此向总理各国事务衙门交涉，要求承认帕米尔地区属于俄国所有，理由是中国驻俄钦使洪钧所绘地图如此。这一来引起了轩然大波，总理衙门固然为此费尽唇舌，都察院中的都老爷们更不肯放过机会，对洪钧大肆讥弹，指责他颟顸错误，以致招衅致祸，罪当罢斥。洪钧为了替自己辩白，当然也费尽周章。这件事发展到后来，由于李鸿章的斡旋而得无事，帕米尔高原也没有被俄国人强索而去，但洪钧因此而受的刺激，仍是很大的，与他的死亡不无关连。但若从深一层观察，帕米尔问题只是外在的因素，真正可以使洪钧致命的原因，似乎并不就是这一件外交纠纷。

我们知道，赛金花虽然并非绝色美女，但却是天生尤物；这只要看陈恒庆、屈同钧两人写在文字上的观感和印象，便可以得到清楚明白的了解。所谓"天生尤物"一类的女人，生来便具有颠倒众生的异常能力，而且因生理之异常，对异性的需要亦特别强烈。洪钧不过是一个文弱书生，而且年逾半百，如何能应付得了这一类型的人物？所以我们很可以这样猜想，从洪钧五十岁那一年纳赛金花为妾时开始，洪钧的健康状况就已逐渐走下坡。到五十五岁那年，又发生了帕米尔问题的中俄交涉事件，公务繁累之余，犹有美姬蛊惑，当然更加缩短了他的寿限。从前曾经流行过这么一种笑话：你若是对某人存心过不去而又希望他早点死掉，最好的办法就是劝他多娶几个小老婆。洪钧的情形，大概正在此例。因为"尤物"型的女人一个可抵几个普通的女人，洪钧不幸而娶得这样一个小老婆，其不致促寿早死者，几希？

由于洪钧之促寿早死，做了六年"状元娘子"与"钦使夫人"的赛金花，失掉了有力的靠山，必须面临新的抉择了。

四

赛金花嫁与洪钧作妾时，年方二十四岁；六年之后洪钧病死，赛金花亦只三十岁。三十盛年，既无儿子，又是出身青楼的娼门中人，自然难以守志不嫁。洪钧的原配夫人看到这一点，料定绝不能将她留在洪家为丈夫守节，与其日后玷辱门庭，何如及早遣去？因此在洪钧死后，洪夫人就与赛金花公开谈判，给了她五万两银子，作为她离开洪家的条件。但亦另外有一项限制：赛金花将来如果仍旧重操旧业，决不可以再到北京去做生意，以便能为死者保留颜面。凡此种种，瑜寿撰《赛金花故事编年》时，曾经详谘博询，最后方能得出这一结论，相信当为事实。曾孟朴撰《孽海花》，说赛金花在扶送洪钧灵柩回苏的途中，就与小厮阿福一同坐了小船逃走，恐有不实。因为逃妾绝不可能从洪家分得巨赀，而赛金花在离开洪家时曾经得到五万银子，乃是赛金花所亲口承认的。而由后来的事实看，赛金花在离开洪家后赁居上海垃圾桥保安里，不久即以"曹梦兰"之名在上海开张妓院，正式从事花业，光是经营这门生意的本钱及居留在上海的花费，就不是少数目的钱所能应付。从洪家逃走绝不可能挟带巨赀，然则这些钱又从何而来？以赛金花之精明老到，相信决不致出此下策。小说之所以为小说，正是因为小说常常需要制造一些离奇怪诞的情节来取悦读者之故，其中所述，固不尽可信之故。

从光绪二十年（1894）到二十四年（1898），赛金花在上海经营妓院，前后有五年之久。据瑜寿撰《赛金花故事编年》所说，当开业之初，人人知道赛金花就是状元洪钧的下堂妾，"状元夫人的声名轰动上海"，所以妓院的生意极好。她此时所嫁的丈夫名孙少棠，乃是出身商人身份的一个票友。由于二人的享用奢侈，开支浩大，妓院的收入不敷支用，几年下来，就将洪家所带来的五万银子耗用得差不多。钱用光了，在上海混不下去，必须另外设法。此时，北方的天津正逐渐发展成为一个大商埠，商业兴盛，乐户业的生意也很好做。因此她又和孙少棠开码头到了天津，以"金花班"的名义在天津江岔胡同开业。她在此时取名为赛金花，从此以后，"赛金花"这个名字，就正式见于各种记载了。天津密迩北京，在京津铁路修成之后，来往极其方便。为了发展业务，赛金花也曾从天津来到北京，观察北京方面的商业气候。据说赛金花很想把她的金花班搬到北京来，因为她认为在北京要比在天津更有发展。可是因为担任北京步军统领的载澜禁止内城设娼之故，使得赛金花无法租到合适的房子，迁京之议，只好作罢。其后不久，发生了义和团事件，天津情势混乱，赛金花逃到北京来定居，开始了她此后的传奇性故事。论其发生契机，还是由于她在天津期间，曾经多次到北京来探察情势，预先定下了迁京计划的缘故。

关于八国联军占领北京以后赛金花的种种遭遇，知道的人太多，其讹谬不实之处，亦已在前文稍予论述，今不再赘述。所需要引述的，还是赛金花自己所说的一段话。原文见于林熙所撰《我所见到的赛金花》，其中说到他在多次访问赛金花后，谈到传说中关于赛金花与瓦德西的种种故事时，从赛金花口中得到的资料如此：

我第一次访问之后，过了半个月左右，独自一人去访问她，坐了半个钟头。以后又去过几次，当然每次都有礼物送给她。她对我也熟落了，彼此之间不太拘礼，谈话也不太过客套了，她才坦白地对我说，她只见过瓦德西一面而已，和他没有什么关系。我就指出，《申报》的《北平通讯》所载她对记者的谈话，其中有该记者问她在宫里住过几天。她答在仪鸾殿一共住了四个月，瓦德西走时，要带她一同往德国，她不肯；他又叫她，宫中的宝物可以随便要,她也不敢。我问她,对记者所说的,难道完全是撒谎的吗?她微微一笑,似是同意,歇了一会才答道:"可不是吗?"我问:"为什么要这样呢?"她答得颇有道理。她说:"人们大多好奇,报馆的人和读报的人更甚。如果我对他们说真话,他们一定不信,还以为我不肯老实说。我只好胡诌一些来打发他们,满足他们的好奇心。同时又可以博取人家对我同情,帮帮我忙。像先生您既不是新闻记者,又不是卖文糊口的人,我怎好向您说假话呢?"到此时我才明白,她为什么要撒谎的原因。

从这一段话中可以知道,赛金花之所以要胡吹乱盖,逢人就乱说她在八国联军之乱时如何和联军统帅瓦德西相好,如何向瓦德西争取宽恕中国的宽大条件等等,无非因为人们都已经相信有这样的事,为了自抬身价及趁机博取社会人士对她的同情,她不但亲自加以证实,还特别加以夸大吹嘘,终于使得这些故事愈来愈变得夸张离奇,论其实在,固属子虚乌有。至于追溯此一故事的发端于何处?则曾孟朴的《孽海花》实难辞其咎。

曾孟朴写《孽海花》,其预定的宗旨,是要"以赛金花为经,以清末三十年朝野为纬,写成一部长篇小说。"既是小说体裁的书,其中的故事难免有渲染夸张,不能信为实事。可是因为《孽海花》中所编织的赛金花故事实在太奇妙,与瓦德西的恋爱更为旷古奇闻,遂使此一故事随着《孽海花》之畅销而传播四海,成了人人熟知的"历史轶闻"。《孽海花》的出版在光绪三十一年(1905),到了第二年,赛金花就成了第一号传奇人物,以致她此时在上海所开的妓院生意鼎盛,其轰动的程度甚且超过她脱离洪家初营妓院的情况。当她初离洪家时,人家抱着一看"状元娘子"的好奇心而来光顾她的妓院；此时因《孽海花》的宣传，她又成了人人争欲一睹的人海奇女子，以致"京都赛寓"的户限几穿，由此不难知道小说宣传所造的效果如何。在这一方面为之推波助澜的，还有大诗人樊樊山所撰的前后《彩云曲》，渲染赛金花的事迹，更为夸张而谀美。《彩云曲》的文字甚繁，抄一段《十朝诗乘》中的撮要介绍如下：

樊云门《彩云曲》，为傅彩云作也。彩云吴妓，负盛名，洪文卿侍郎纳之。从文卿使海外，摄翚翟。传闻驻英时尝与女皇维多利亚宴游摄影，盖闺襜之奇逢，在乐籍为仅见。文卿既还使舶，旋赴玉楼，漂泊狂花，复沦曲部。其诗所谓："章台依旧柳毵毵，琴操禅心未许参。杏子衫痕学宫样，枇杷门榜换冰衔"者，绮梦迷离，不堪回首矣。庚子之变，适寓凤城，联军统帅瓦德西者，夙耳其名，香骢亲访，犹认蓝桥，宝扇迎归，并栖青琐，绸缪星月，依附风云。蛮獠服其微辞，朝吏仰其余息。德军挟愤而来，得稍戢淫威者，彩云力也。后以凌虐养女故，流徙江南。云门复作《后彩云曲》，有云："柏林当日人争看，依稀记得芙蓉面。隔越蓬山二十年，琼华岛畔邀相见。隔水疑通银汉槎，催妆还用天山箭。将军携手下瑶墀，未上迷楼意已迷。骂贼翻嗤毛惜惜，入宫自诩李师师。谁知九庙神灵怒，夜半瑶台生紫雾。火马飞驰过凤楼，金蛇欿舕燔鸡树"，盖指仪鸾殿被灾事，或言瓦酋挈之偕居，实謷言也。……

樊樊山的前后《彩云曲》，文字优美，音韵铿锵，其中所描述的事迹更富于哀感顽艳之美感，与《孽海花》中的故事桴鼓相应，愈使人增加对赛金花的错误认识。尤其是《彩云曲》中说到，瓦德西与赛金花同住于仪鸾殿中，忽然夜半起火，瓦德西裸体抱着赛金花于火中跳窗逃出，言之凿凿，一似确有其事者然。但若由黄濬所撰的《花随人圣盦摭忆》中看来，黄濬曾以此事面询樊增祥，问他此事是否属实？樊增祥的回答，亦不过是"得之传说"。然则前后《彩云曲》的文字虽美，所述何尝是信史？林熙批评他说："樊山诗人，富于幻想。他的前后《彩云曲》确是写得很有趣，以诗言，不失佳作，如谀以为'诗史'，就未免那个了。"可谓笃论。准此而言，我们如果透过《孽海花》和前后《彩云曲》所描写的内容去了解赛金花这个人，当然是要发生错误的。

五

《孽海花》与《彩云曲》把赛金花描写成了一个富于传奇色彩的人海奇女子。这一个千载难睹的孽海奇葩，到了晚年，却变得落拓困穷，潦倒不堪，说起来似乎十分值得大家的同情。在赛金花的整个历史中，这是比较不为人知的隐蔽部分，值得在此一说。

清光绪三十二年（1906）至三十四年（1908），是赛金花在上海经营花业最顺利的时间。原因是《孽海花》和《彩云曲》这一书两诗，使她的声名大噪，她所开的妓院生涯鼎盛，获利极丰。她在脱离洪家时所嫁的丈夫孙少棠，已在光绪三十一年与她脱离关系，原因是孙少棠本人并无生产能力，只靠赛金花养活，而又花费无度，对赛金花只是沉重的负担。但是赛金花自己，亦是挥霍成性之人，钱虽赚得多，因极端浪费之故而并无积蓄。到了宣统二、三年之后，人们对赛金花所感到的新奇热忱已经逐渐衰退，上海花界又不断出现新的人才，赛金花的妓院受到来自同业方面的激烈竞争，生意大不如前，因此已有无法维持之苦。此时她结识了一个在沪宁铁路任总稽查之职的曹瑞忠其人，愿意与她同居。于是乃结束了她所经营的妓院，宣告从良。这一年，赛金花是四十八岁。却不料曹瑞忠到第二年就病死了，赛金花只好三度下海，重操旧业。时为1912年，赛金花四十九岁。其后她结识了一个曾任国会议员的江西金溪人魏斯炅，其人身材肥胖，面目黧黑，形容甚不美观，而赛金花居然与他情好甚笃，据说由于魏斯炅在某方面有特殊才能，能够满足赛金花的需要之故。由此看来，洪钧之促寿早死，与曹瑞忠之不能克享天年，都与赛金花之为"天生尤物"，大有关系。这个魏斯炅也活得并不长久，他与赛金花在1918年正式结婚，其时赛金花五十五岁，魏斯炅的年岁则不详。隔了三年，即1921年，魏斯炅也死了。林庚白《子楼随笔》谓其死因是"以淫佚死"。由此可知赛金花实在是一个祸水，即使年将六十，仍然有其异常的禀赋，有如唐朝的女皇帝武则天一般。这一类天赋异禀的女人多半老寿，赛金花亦是如此。不过，由于她挥霍成性而又没有丰裕的经济来源，其老寿不死，徒然只增加了她晚年生活的穷困可怜，说起来实在无可称道之处。

赛金花在嫁与魏斯炅的时候，恢复了她的本性，并取名灵飞。从此以后，她就一直使用"魏赵灵飞"这个名字，还印成名片，随时致送与前来造访的新闻记者或文艺界人士。魏斯炅之死，对赛金花的打击很大。原因是魏此时不但是她所深爱的男人，而且他的财产也足以维持她一定水准的生活。可是因为魏斯炅在原籍本有一妻一妾之故，赛金花虽然与他结婚，却不能取得他的财产继承权。一场官司打下来，赛金花败诉，从此断绝了可靠而丰富的收入来源。而赛金花此时已经五十八岁，虽然看起来还只像是四十多岁的女人，毕竟人老珠黄，不容易找到像魏斯炅这样有钱的男人了。于是赛金花开始陷入极大的苦闷，也吸上了鸦片烟，企图借鸦片烟的麻醉忘记生活的痛苦。由此直到1936年病死为止，她有二十多年的时间一直生活在穷愁潦倒的困难情况之中，情况甚为可怜。瑜寿撰《赛金花故事编年》，曾有关于赛金花晚年生活的访问记录，可以看出实际情况之一斑。文中说：

民国二十三年六月，作者到北京，两次访问赛，先后和她作了六小时的谈话。她的居仁里十六号住屋，虽是单院独住，却很小，不是北京普通五合院式，而是齐眉单式。赛蓄袖珍猫四，叭儿狗二，都很俊秀华美，和她全院穷困的气象不相称。她的居室，是左首朝里一间，破木床，帐被都已变色。桌上除破花瓶、火柴、茶壶、黄历、及杂报一叠外，无他物。近床一张几上，放了一座金色双面小自鸣钟，是她所有陈设中最漂亮的。所着为拷绸褂裤，已很旧；蓝缎鞋子。身矮，面瘦，有烟容，头发白的却不很多。说话带八成北京口音，对客谦和而不委琐，很注意保持她的身份。顾妈旁立打扇，她完全习惯地在领受着。纸烟瘾很大，统计一小时中，她吸了五枝或六枝烟。……

据瑜寿的访问所知，赛金花此时的生活，完全靠两种来源的收入。一种是她开在家中的佛堂，吸引附近的迷信妇女前来烧香许愿，借此为敛财之计；一种是好心访客的馈赠与接济，因为她的一生历史始终是好事文人的研究对象，如瑜寿与林熙之常常前往访问，便是每次带着礼物馈赠的，其他访问者的情形亦然。此时更有一位北京大学的教授刘复（半农），计划为她撰写一部《赛金花本事》，希望以销售所得的利益帮助她的生活。不料刘复中途病死，由商鸿逵负责续成的此书，出版后备受各界攻击，没有利润可言。又过了两年，赛金花老病侵寻，饥寒交迫，终于在1936年的十月间因寒饿而死。死时的境况极为穷困，凄惨可怜。回想她七十三年中所曾经历的锦衣玉食，拟于王侯的生活，真如南柯一梦。

前人曾有句云："美人自古如名将，不许人间见白头。"意思是说，人间的美女乃是上天所精心琢制的完美艺术品，只适宜在绮年玉貌之时让人充分欣赏，而不可以使她变老变丑，以免破坏此一美丽艺术品的完整形象。根据此一理论，红颜薄命，似乎正是理所当然之事；由此方能使人产生无限的惋惜与怅惘，留下永恒的怀念与悼惜。赛金花如果亦是薄命早死，相信也会在人间留下类似的感怀。然而她却很不幸地一直活到七十三岁，方才因困穷老病而死，由此使人对她所留下的印象，已不复是美艳娇媚的人间尤物，而只是老丑贫病的皤然一妪。由此而言，赛金花的老寿，不但不像是上苍对她的厚爱，反倒是有意的惩罚。果属如此，上天对她的惩罚，也未免太残酷了一些，是吗？

十八　"绣圣"沈寿

清末民初，中国美术界出现了一个刺绣的能手——沈寿。因为她所刺绣出来的绣制品实在精美无匹，巧夺天工，于是为她博得了一项荣誉的头衔——绣圣沈寿。

绣圣沈寿的生平，极富于可歌可泣的传奇性故事。这不仅由于她的绣制品足以超迈古今而傲视群伦，也因为她当时所遭遇的那一段似是而非的三角恋爱故事。由于另两个当事人刻意渲染的缘故，这段故事在那个时候竟成了轰动遐迩的社会新闻，于是更使绣圣沈寿的大名与另一位赫赫有名的大人物发生了连带关系，更增加了人们对她的注意。其实则所谓三角恋爱者，实在是莫名其妙的荒唐事，说什么也不应该把沈寿夹在里面；提起来实在使人为她叫屈不止。

所谓似是而非的三角恋爱故事，自然是指沈寿与她的丈夫余觉，及南通状元张謇之间的那些感情纠纷。这一段故事，六十年来的传述太多，可是其中却充满了扑朔迷离的烟雾，教人弄不清究竟是怎么一回事。就事论事,自从沈寿到南通来教授刺绣工艺之后,张謇对她确实十分倾倒,在照料其生活、治疗其疾病外,还写过许多一往情深的恋诗,事实俱在,无庸修饰。余觉因此而指责张謇霸占其妻,亦不无理由。最荒唐不过的,又莫过于沈寿在南通病死之后,张謇竟然以沈寿的遗命为言,擅自在南通县的黄泥山麓为沈寿营葬,墓用极厚的水泥浇制,以防止余觉之迁葬;墓上只刻"世界美术家吴县沈雪宧女士墓",不见余家之姓,一似墓中所葬者为未嫁无夫之女,与余觉全无关系。像这样完全撇开余觉与沈寿的夫妇关系,又完全不理会余觉的丈夫权利的作法,不但使余觉十分难堪,也完全是不恤人言而一意孤行的霸道行为,又如何不使人怀疑,张謇与沈寿之间,确实有如余觉自撰的对联中所说:"佛云,不可说,不可说。子曰,如之何,如之何"的那种情形呢?余觉和张謇都是能文之士。余觉指责张謇霸占其妻,写了长篇累牍的《余觉沈寿痛史》,在上海最有名的小报——《晶报》上逐日连载;张謇为了答覆余觉的指责,也在他自办的《南通日报》上刊载辩驳的文章。像这样地双方对骂,互揭对方疮疤的"笔战",最能使报纸的读者看得过瘾。可是这两个对骂的男人似乎都忽略了一点:像这样互揭疮疤式的骂来骂去,可曾想到已为所牵涉到的女主角带来多大的困扰与痛苦呢?因为就事实而言,此时的张謇,已是行将七十的花甲老翁,他之爱慕沈寿,充其量只是精神之爱而已,于余觉的丈夫权利何损?何况沈寿更是疾病支离的带病延年之人,她纵然因感激张謇之关爱照顾而无法峻拒张謇对她的爱慕之心,彼此间的关系亦只能到此为止,余觉又何必惟恐天下人不知,努力撰文宣扬,徒然为沈寿增加不必要的精神刺激？所以，说来说去，这一场似是而非的三角恋爱故事，实在只是余觉和张謇各逞意气所造成的无谓纠纷，虽有三角，绝无暧昧，又如何可以将它看作一般所谓的三角恋爱故事呢？若是因传述沈寿的历史之故，硬要把这段莫名其妙的故事搬出来当作主要内容，以为非如此便不足以了解沈寿，那岂不是更荒谬滑稽的想法么？

　　沈寿死于1921年，试一检查她死后记述其历史的有关文字，几乎没有一篇不是以此作为主要内容，而在沈寿、余觉、张謇这三个人的关系中大做其研究考证的；至于沈寿如何能以她的聪明与努力，在刺绣工艺上得到辉煌成就的原因，反倒略而不提。以这种态度来传述沈寿的生平，那就不免使人误认为，沈寿在刺绣工艺上的成就实在没有什么太值得称道之处，所值得谈论的只是那一件使她受累无穷的三角恋爱故事而已。事情之本末颠倒，轻重不伦，恐怕没有这样更使人莫名其妙的了。这一篇小文，只是有关沈寿生平的传记性文章，笔者在这里先指出这一点，目的即在说明，一般所了解的所谓沈、余、张三人间的三角恋爱故事，其实不值得重视，而本文的重点除了介绍沈寿的大概生平以外，还要进一步探究沈寿在刺绣艺术的卓越成就究竟体现在何处？以及她是凭借了什么条件而能得此非凡成就的？沈寿在生前既已得有绣圣之名，凡此种种，正是沈寿生平事迹中最值得重视，最与众不同的地方。不从这些方面去了解沈寿，而只是搬述一些看似有趣而实无意义的传奇性故事，又何贵乎绣圣二字之荣誉头衔呢？

　　1964年，台北的《畅流》半月刊杂志曾连载过钱佚樵先生所撰的《张謇与沈寿》一文,共计六万余字,费时一年方才登完,其后又另出单行本,销路亦颇不恶。此书虽然亦是余觉、沈寿历史的传记性文字,但其重点还是放在余觉、沈寿与张謇的三角关系上,不脱一般类似文章的窠臼。所不同的是此书的资料特详,可信程度最高,故而不论编者与读者,对之都相当重视。笔者今写此文,在谈到沈寿的生平大略时,必须参考此书中的资料,但写作态度及写作重点则与此书完全不同,所以在彼此间全无剿袭雷同之嫌。钱佚樵先生撰《张謇与沈寿》一文,费力极多,笔者在此利用其有用的资料,自当敬致感谢之忱。合先声明,以志谢意。

根据钱先生大著第三章《沈寿夫人小传》中的记述,沈寿原名云芝,字雪君,沈寿之名,乃是她在光绪三十年(1904)因进献所绣佛像得蒙慈禧太后激赏,亲书"福""寿"二字为赐以后所改,其目的即在纪念此一非凡之殊荣。沈寿原籍江苏吴县,父名沈椿,居浙江盐运使幕中凡二十年,乃是以幕宾为生的旧式读书人。母宋氏,生三男二女,沈寿最幼。七岁时就喜爱针黹,十二岁时所习绣的花鸟,已经有人愿出高价购买。十六岁时许嫁浙江绍兴籍的举人余觉,二十岁结婚,当时她的刺绣艺术已经超越最有名的露香园绣品了。余觉善画,结婚以后,沈寿的刺绣图案便是出自余觉的画笔。二人朝夕共事,沈寿的绣艺益精。到了光绪三十年,沈寿以所绣佛像八帧献呈慈禧太后而得蒙太后激赏以后,其名益噪。慈禧太后为了发扬中国的刺绣艺术起见,特命商部在京师设立绣工科,招训女工,传习刺绣艺术,即命余觉、沈寿二人分充总理及总教习之职。光绪三十一年,清政府派余觉偕同沈寿前往日本,考察彼邦之绣事。沈寿在留日期间,极其留心观察日本人的刺绣方法，吸收日本之所长，以改进她自己的刺绣艺术，回国以后，技艺愈精。当时她曾绣过一帧意大利皇后的肖像，由清政府作为赠送意国政府的礼品，因为绣得实在太好而被意后视为奇迹，致书清政府备致赞扬之外，更致赠钻石时计及皇家徽章等物，以为答谢。民国成立后，京师绣工科已停办，沈寿改应张謇之聘，到南通来担任南通女子师范学校附设的女工传习所所长。1915年，世界博览会在巴拿马举行，中国送去展览的物品中，有一件是沈寿刺绣的耶稣像，维妙维肖，巧夺天工，获得一等大奖，成为世界最有名的美术品，当时的价值为美金一万三千元。此外则沈寿在四十六岁时曾绣美国女明星培克的肖像一幅，值美金五千元。至于其最后杰作，则是她在1917年养病南通时所绣的《谦亭发绣》，尤其是精美无比的高贵艺术品。沈寿体质素弱，来南通后，因工作繁剧而患血崩之症。张謇为爱才敬贤起见，一面为之延医诊治，一面自动割借谦亭精舍为沈寿养病之用。沈寿虽在病中，仍不肯放弃她的教学责任，终于医药罔效，延至1921年六月八日病殁，享年四十八岁。其平生习绣的心得，曾由沈寿口述，张謇笔录，撰成《沈寿绣谱卷若干》。

以上所述沈寿生平的概略，乃是由钱俟樵先生的大文中节录而来。其他如左舜生所撰《万竹楼随笔》、邵镜人撰《同光风云录》、高拜石撰《古春风楼琐记》等书中，亦有关于沈寿、张謇故事的记述，但都没有钱俟樵先生所撰《张謇与沈寿》一文之始末详赡，资料齐备。所以笔者引述沈寿生平的资料，亦以钱文为主。这不仅因为钱先生的大文叙述最详，亦因为钱先生在文前曾有自述，凡是他所引用的资料，均得自余觉之口授，其中最重要的许多证据，并有余觉亲自赠送的实物或照片可证。为了使读者诸君了解钱佚樵先生撰写《张謇与沈寿》一文的可信资格，进一步使大家确信其叙述内容之翔实可信起见，且先将钱文中关于余觉托付钱先生撰写此文的经过情形转录于后，借以见其一斑。钱文的开头部分说：

我要编写这篇《张謇与沈寿》，已不是一朝一夕的心愿了。卅七年的秋天，我既决定举家迁台的前夕，走访我师石湖老人余觉先生于沪西中行别墅他的女婿吴君的寓所。余老先生一见了我，真是欢喜极了。等到我向他禀明了要来台湾，更坚持的要留我对饮。那一年，余老先生虽已八一高龄，但依然是耳聪目明，灯下作书，尚不架眼镜，健饭善饮，一如少年，的确是一位很少见的老人。既夕，老人出其夫人的手泽《发绣》，和几本旧得变了色的书籍，与一些零星的纸片，安放在我的面前，同时他很伤感的说："……我已老了，将来能不能有西窗话旧的一天，恐在可期与不可期之间。所以我非得将久藏的心事郑重的托付，愿贤乐为接纳。"这时，他一面摩挲着夫人的发绣，一面老泪涔涔，哽咽了好一会，说："以此托赠，聊寄别情。这是稀世的文物，价值万金，同时也可说是一文不值的东西。夫人的一生，贤虽未及亲见，但知之最深，请为之传，俾与发绣同垂千古。"最后，他指着桌上这堆书籍与纸片说："这是当年我与张謇之间一段因宾主而结为亲家，由亲家而变为冤家，后来又由冤家恢复为亲家的一些可供参证的资料，一并由你保存。将来你细看之后，希望你能抛开你和张余两家的世谊，站在第三者的立场说句公平话，让天下后世，不要因为任何一方面的言辞，或者以讹传讹的当作一般才子佳人间的艳闻相看。这应该是张謇、余觉、沈寿三方面的人格的表见。"老人说到这里,唏嘘不已,同时紧紧的执著我的双手,意思是,此一公案,要我来作一次覆正的叙述。……

由钱先生所述,余觉亲自托请他将张謇、沈寿之间的公案作一公平覆正的叙述,所以钱先生就在后来写了这一篇洋洋六万余言的大文,详述张謇、沈寿之间的关系及张謇、余觉之间的纠纷,并将余觉所交付给他的有关资料照相制版,公诸当世。从这里可以使我们得到一些概念——由于钱先生的撰写资料得自关系人余觉的亲自交付,其可靠性当然没有问题,比起其他若干著作之得自道路传闻者,其可信程度高得太多了。果真如此,则钱先生根据余觉所提供的资料,以及他早年所了解的此案始末,应该对张謇、沈寿的有关事实得到清楚明白的认识才是。然而,就在钱先生的叙述中,便可看出一些极其不合事实的叙述。这些不合事实的叙述里面,有的地方足以使人窥见,余觉虽是沈寿的丈夫,但是他对沈寿的性格、才能、及艺术成就的不凡之处,并没有很完整明白的认识。身为沈寿的丈夫,对于自己妻子竟有这么多的隔阂,又如何能说他与沈寿之间丝毫没有感情上的矛盾?这是一个很重要的破绽,不先加指出,就无法进一步了解余觉、沈寿之间的夫妻感情,究竟是否如余觉所说的始终恩爱美满,也无法确定张謇在这方面对余觉所作的指责,究竟是否有若干可信之处。现在且先将钱先生大文中的不符事实之处指陈于后,然后再作进一步的补充说明。

钱文中不符事实的叙述,见于《张謇与沈寿》一文的第三章,《沈寿夫人小传》的结末部分,这是最重要的一点,原文说:

沈寿病重的时候，张謇担心着像这样的专门技艺不能流传下去，于是他亲自在病榻之旁，叩询沈寿的针法。……于是不惮琐屑的，将沈寿学绣的经过，详为书记，并且反复咨询，三易其稿，历时三月，成《余沈寿绣谱》若干卷。可惜这部仅有的绣谱，没有刊行问世，现在更不知道散佚到何处去了。……

钱先生所撰《张謇与沈寿》，其主要内容既然悉数得之于余觉的提供，关于沈寿口述而张謇笔录的这部《绣谱》存佚问题，自然亦是得之于余觉的告知，应无疑问。然而这却是一个极大的错误。因为这部有名的《绣谱》，早在民国八年（1919）时便由翰墨林书局为之排印出版，当时沈寿尚在，余觉对此不应毫无所知。到了沈寿病死之后，著名出版家陶兰泉认为翰墨林书局的铅印本印刷不精，像这样富有学术价值的艺术名著，应该以精美的印刷使其广为流传，方是传播中国文化的道理。因此他又将此书收入他所编印的《喜咏轩丛书甲编》之内，以精美的印刷及精致的装潢重新印行，其时则民国十六年（1927）丁卯之夏间也。时至今日，翰墨林书局铅字印行的初印本虽已不可得见，收入《喜咏轩丛书甲编》中的精印本却仍有流传，纸墨精美，印刷精良，而且是线装书的形式，凡是看过此书的人，都十分喜爱，相信它会长久地在学术文化史上流传下去的。余觉身为沈寿的丈夫，而且克享遐龄，在民国三十七年（1948）寿逾八十之时依然耳聪目明，健饭善饮如少年之人，不知道他何以对生平挚爱不渝的沈寿所著之书，竟丝毫不知其刊刻流传的情形如此？如果他郑重托付钱佚樵先生的目的，真的是希望沈寿的精神不死，名传千古，那么，他应该将重点放在对沈寿绣事的研究与了解上面，不应该舍本逐末，斤斤计较于沈寿生前所涉及的那一段似是而非的三角恋爱故事。由这种轻重倒置的情形看来，余觉之所以郑重托付，要求钱佚樵先生务必要以第三者立场平停此一重公案，其真正的目的，或许并不是真的为了纪念沈寿，而是要借此为自己"留芳千古"吧！果真如此，由余觉所提供的沈寿资料，其可信程度便不免要大为减色了。最低限度，由余觉眼中所看到的沈寿，其真正的形象，或许就不是余觉所描述的那种光景。

基于以上的推论，笔者以为，如果希望对沈寿这个人能有比较完整而正确的认识，除了参考余觉的叙述外，还需要从其他有关记载中搜集有用的资料。如沈寿所口述的《绣谱》，便是极有用的参考资料。虽然沈寿因不能提笔为文之故而不曾亲自写下她心中所要说的话，但在《绣谱》这部书中，毕竟还是纪录了若干有关她学习刺绣及性格陶冶方面的具体事迹，足供研究参考之用。比之纯出于他人的叙述者，自然要可靠得多。

收录在《喜咏轩丛书甲编》中的《沈寿绣谱》，不是钱佚樵先生文中所说的《余沈寿绣谱》，其真正名称，乃是《吴县沈氏绣谱》，亦称《雪宧绣谱》。书凡一卷，作者栏下题曰："吴县沈寿述，南通张謇著"。书前有叙，略述此书之写作缘起，云：

……清以宣统元年，开南洋劝业会，骈罗百货，俾厉以磨。由是湘鲁江浙之绣，四面而集，謇长审查，而部以绣工科总教习吴县女士沈寿专审查绣品，自京师至，张所绣意大利后像于会，精绝为世所未有。謇适得露香绣董书大屏，属别真赝。寿展首帧，即曰："此露香园绣也。"问何以知？曰："以针法知之。"继闻其审查精窍持正，不轻假借，为所否者亦翕然，则重其人甚。

明年,送一女生于京师,从之学。又明年辛亥,京师绣科罢散,寿旋天津,教绣自给。謇恐其艺之不果传也,则于南通女师范学校附设绣工,延寿主任,始识其人。间叩所谓针法,纷纭连犿,猝不易晓。未几寿病,病而剧。謇益惧其艺之不传而事之无终也,则借以宅,俾之养病,病稍间,则时时叩所为法。寿之言曰:"我针法非有所受也,少而学焉,长而习焉,旧法而已。既悟绣以象物,物自有真,当仿真。既见欧人铅油之画,本于摄影。影生于光,光有阴阳,当辨阴阳。潜神潜意,以新意运旧法,渐有得。既又一游日本,观其美术之绣,归益有得。久而久之,遂觉天壤之间,千形万态,但入吾目,无不可入吾针,即无不可入吾绣。"謇闻其言而善焉,以为一艺事也,而有广大精微之思,而寿一女子,于绣得之也。乃属其自绣之始迄于卒,一物一事,一针一法,审思详语,为类别而记之。日或一二条,或二三日而竟一条。次为程以疏其可传之法,别为题以括其不可传之意。语欲凡女子之易晓也,不务求深;术欲凡学绣之有效也,不敢涉诞。积数月而成此谱,且复问,且加审,且易稿,如是者再三,无一字不自謇出,实无一语不自寿出也。……

张謇的这一段话,虽然是自述写作此书之缘起,但其中也透露出了沈寿对于刺绣之领悟及其进步的过程。以中国画中的山水、人物、花鸟与西洋画中的同类事物相比较,中国画重神韵而不重形似,西洋画则先求形似然后旁及精神。所以西洋画注重光线明暗,距离远近,及物体之大小位置等实质条件,中国画则只是随意为之而不加讲究,等而下之的中国画匠之画,在刻意求似之外,又不同时注意光线的明暗及距离远近等等的差别,那就既不像西洋画也不像中国画，纯粹只是工笔素描而已。以沈寿的绣制品与同时人的绣制品相比，沈寿的绣制品好像是上乘的西洋油画，明暗面清楚，距离的远近合宜，针法细致，画面极为生动悦目，几乎不能令人相信那是出自针线所绣制而成；至于同时人的其他绣制品，画面非不鲜丽夺目，形像非不神似，然而各种颜色的调配都不甚措意，又没有所谓明暗面与远近距离，结果就使所绣制的绣品只是一帧手工精美的好看东西，根本不具备真善美的艺术三要件。关于这些问题，历来所有记述沈寿生平事迹的文章都不曾谈到过，但在《雪宧绣谱》这本书中却有明白的记述，足以使我们看出，沈寿之所以能够被人称为绣中之圣，确实是有她不平凡的成功条件的。因为这也是有关沈寿生平的重要环节，不了解这些，就不能进一步窥见她的性格、爱好与得病之原因，必须加以注意。所以应先将《雪宧绣谱》中的有关部分资料摘抄一部分于后，借以明了沈寿之为人：

《雪宧绣谱》第四章《绣要》，论"妙用"一节说：

色有定也，色之用无定。针法有定也，针法之用无定。有定，故常；无定，故不可有常。微有常弗精，微无常弗妙。以有常求无常在勤，以无常求有常在悟。昔之绣花卉无阴阳，绣山水亦无阴阳，常有一枝之花而数异其色，一段之山，一本之树，而歧出其色者，藉堆垛为灿烂焉耳，固不可以绣有笔法之画，与天然之景物，余憾焉。故不敢不循画理，不敢不师真形，虽谓自余始，不敢辞也。言乎色，若余绣耶稣像，稿本油画，绣意大利皇后像，稿本铅画，皆本于摄影。影因光异，光因色异，执一色以貌之而不肖，潜心默会，乃合二三色穿于一针，肖焉。旋悟虽七色可合而和也，分析之虽百数十色亦可合而和也，故曰：色之用无定也。……

　　沈寿不满意旧时刺绣只是借堆垛色彩为灿烂画面的笨拙方法，更觉得摄影与西洋画之所以能逼真而神似，是因为书面上有明显的光线强弱区分之故，因此她要将摄影与西洋画的这一长处融合到刺绣之中，在力求刺绣画面之逼真与神似之外，更能进一步借绣线色彩区别之精，借画面色泽之美丽，胜过那些只有简单色调的西洋油画，与全无色彩之美的铅笔画及摄影画。由于她的针法高妙，表达的能力极强，最后所能得到的结果，自然能精丽华美，巧夺天工，远驾于一切绘画与摄影所能达到的表达效果之上。沈寿之所以能达到这一水准，除了聪明与悟性之外，更重要的，还需要有小心谨慎的技巧，与持之以恒的耐心，否则又如何能在长达几个月始能完成的工作时间中，始终以细腻的针法来完成极其繁难的刺绣工作呢？由此而言，刺绣不但可以培养人的敬业精神，也可以磨炼人的品性，使他们或她们在不知不觉中养成小心翼翼的工作态度，从而学成谨慎而有耐性的人。《雪宧绣谱》同一章中的《缜性》一节说：

　　绣，小技也，有儒者致曲之诚；女红也，有君子研几之学焉，其引端在缜性。缜性从审画笔法，体物形态始。绣一切花卉、鸟兽、人物、山水之有阴阳面者，若何而浓，若何而淡，若何而高与远，若何而下与近，若何而动静不同，若何而正侧忽变，若何而势便，若何而情得，非缜其性不能。而于镜摄及铅画、油画之见在人像，于人像之口角、眼角、须发，则尤宜加缜焉。余往者尝求肖所绣之像，而欲得其神，费数十分或数十刻之时间，反复审视而忽有得；及其既得，则只着一二针，一呼吸之顷耳，性之不可不缜如此。言其用，则绣须发之线，较须发为细，细则易断。知其易断，则落针须轻，起针更须轻。起针时之小指尖用以撇线者，亦须轻。此皆非缜性不可者。况审势也，配色也，求光也，肖神也，妙用也，无一而不须缜性。而缜性非第耐性之谓。耐性，静象也。缜性则静中有动，动中有静焉。观人之绣者，观其针迹之匀净与否，而测其性之安静与否者，十辄得七八。则夫绣之须缜其性，岂非要务哉？

沈寿在"刺绣须缜性"这一点上，能讲出这一番大道理，足见她是一个十分小心缜密而富有最大耐心的人，否则她决绣不出刺绣工艺史上空前绝后的精品，并且最后终于博得绣圣的雅号。但是，长时间在绣棚架前耗费极大的精神与耐性，毕竟是一件十分伤身的工作；刺绣愈精，工作愈勤，对于健康的斲伤亦必愈甚，这必定是不易之理。而在《雪宧绣谱》第七章《绣节》中，沈寿自己就有坦白的陈述，说：

余自笄龄，昼夜有作，尝过夜分，炷灯代烛。及于为妇，未懈而续。中馈之余，晷催漏促，坐是致疾，伤及任督。令我权之，二时而足，或起或行，稍间而复。是谓绣节，致余忠告。

由这段话的叙述中可以知道，沈寿之所谓《绣节》，乃是刺绣工作应该在工作时间上有所节制之意，否则便不免损及健康，非养生所宜了。沈寿在自己的健康已经遭受严重斲伤之后方才了解到这一点，足见她的健康便是因早年时刺绣工作过度而受到重大伤害的。所以然之故，一方面固然是为了生活问题，另一方面也可能与家庭问题有关。这两种可能性中的后一种，明显地与她的丈夫余觉有关,而余觉在他所写一切有关沈寿的文章中从不提及,足见他的文章颇有不实不尽之处,不能以他的一面之辞作为"天下后世之公论"。现在且将钱佚樵先生《张謇与沈寿》一文中所述,张謇在这些地方对余觉所作的攻击之处,引述一段于后,以见其一斑。钱文第五章第一节,"张謇的控诉"云:

沈寿是从他学诗学字的弟子,又是他的亲家。这位识大体明大义的女艺术家,因为遇人不淑,幽忧抑郁,以至于病,以至于死。他为哀悼沈寿的才艺德行,所以必须要为这位女亲家仗义执言。又因为要说明沈寿的遇人不淑,更直溯到余觉当年向沈家求婚的情形。他说:当年余觉向沈家求婚的时候,沈家本不同意。但因余觉的任智给辩,载却载求,同时沈母怵于余氏为独子,深恐求婚不遂,余觉要走向寻死出家的消极途径,就这样,沈母动了不忍之心,始应订婚的。余觉的这种求婚方式,张謇比作"雄鸠之佻巧",他认为这段婚姻根本是勉强的。沈寿既嫁之后,事绣必至夜分,而白天里里外外的家务,又都由她一人去操作,一日三餐,从不假手于人。沈寿因为不胜久立之苦,赖小凳,用一足更番半跪,冰汲暑爨,终岁无一刻之闲,工作的苛细,甚至旁及小姑的盥澡。沈寿婚后如此的艰辛,而余觉竟毫不加以怜惜,实非人情。婚后三年不孕,即置蓬室,使沈寿受气伤心。余觉平日令沈寿日供六簋,与宠姬酣饮宴乐,而沈寿自以二蔬侍太夫人。此等事,直是浪子的行为。……

张謇后来与余觉成了生死冤家,由他口中说出来的攻讦之言,当然不能完全作数,但也有若干地方是可以相信的。比如说沈家当初并不乐意将沈寿许嫁余觉,所以这段婚姻根本就很勉强;以及沈寿婚后操持家务过劳,三年不孕,余觉即行娶妾;平时与宠姬日事饮乐,沈寿却只能以蔬食自奉等等,必定与事实相去不远。老报人包天笑先生所撰的《钏影楼回忆录》中,也有一段专记余觉与沈寿之事。据说宣统元年(1909)他在南京举行南洋劝业会时初次晤及余觉、沈寿夫妇,在他们的寓所中就看到余觉的两个姨太太。余觉并为之介绍,说是准备将她们送往日本学刺绣,以便将来能作沈寿的传人。包先生在这段话之后,接着说:

辞出后,我想,沈寿自己也不过三十多岁,竟让她的丈夫纳妾,而且一纳就是两人,谁说妇女善妒是天性呢?

这几句话,已经是很重要的参考资料了,而包先生在这几句话后面所加的按语,则更为重要,原文所说如此:

按,后知沈寿有隐疾,性冷感症,故亦无所出。

将包天笑先生所提供的这些资料与《雪宧绣谱》中的沈寿自述,及张謇对余觉的攻讦理由互相比看,我们可以确定一件很重要的事实,即是沈寿早年所患的疾病,确实是因刺绣工作的过度劳累而起,而她所患之病则是因经血不调而引起的妇人隐疾,时下的新名词称之为"性冷感症"。得有这种病症的妇女,对男女间的床笫之事没有兴趣,因之才会使余觉有足够的理由去娶小老婆,而且一娶就是两个!关于这个问题,沈寿的自述中就曾明明白白的说过:"及于为妇,未懈而续。中馈之余,晷催漏促。坐是致疾,伤及任督。"所谓"任督",就是人身中的任脉与督脉。《黄帝内经·素问篇》"上古天真论"释"任脉"云:

女子七岁,肾气盛,齿更,发长。二七而天癸至,任脉通,大冲脉盛,月事以时下,故有子。"注:"任脉冲脉,皆奇经脉也。冲为血海,任主胞胎,二者相资,故能有子。

又,《难经》中的《二十八难》对于督脉的解释是:

督脉者,起于下极之俞,并于脊里,上至风府,入属于脑。

这些文字的解释虽然不能与现代医药的观点相合,但有些事实仍是可以了解的。此即是古时人所说的任脉与督脉,乃是人身发育及荣卫极有关系的重要血脉,伤及督脉的后果如何虽不可知,伤及任脉,必将使发育期间的少女月经受阻,进一步影响其以后的生育能力。这就显然与包天笑先生所说,沈寿"身患隐疾"的情形若合符节了。沈寿因刺绣过劳而致幼年时发育不良,结婚以后的情形更为严重,当然会影响到夫妇生活,造成了余觉的纳妾原因。余觉纳妾,固然可以看作是他对沈寿有欠怜惜体谅;但沈寿在勤劳持家之外,不但需要每日以美食供奉余觉与其二妾的口腹之享,她本人还不能中辍在刺绣工作方面所必须支付的体力消耗,这岂不将使她本来并不健康的身体,更遭受严重的损伤吗?从这些地方可以证明,沈寿的病,还是与家庭生计及婚姻生活这两种因素有关,而余觉实不能辞卸责任。

余觉生平,只中过一个举人。清朝的读书人,从科举考试中得官甚难。除了一甲三名的状元、榜眼、探花可以榜下即授翰林外,点入翰林院的,需要教习三年期满,考试及格以后方才得授为翰林院的编修、检讨之职。如果只是一名普通的进士,则不论是内任部曹或外任知县,都需要在吏部候补,往往一候十年,尚不能得缺。两榜出身的进士犹且如此,一榜出身的举人又哪来做官的机会?此所以余觉在中举之后并不求官,只与沈寿合作从事刺绣工艺,余觉作画而沈寿刺绣,借此得赀以解决他们夫妇的生活问题的原因所在。但这里面也就出现了一些问题：余觉作画甚易，沈寿将画刺成绣品，就非经年累月不为功。沈寿因经年累月的长时间劳动而累坏了身体，余觉则在逍遥自适之中还因沈寿之不能适应他们之间的床笫生活而别置簉室，又复不恤其劳苦而仍以家事相责，这样的为夫之道，显然就是张謇可资以提出指责的理由了。就事论事，沈寿在家庭经济方面作出了如此巨大的贡献与牺牲，余觉实在不应该只把她当作制造钞票的机器看待，一方面侈言夫妇之感情美满，一方面尽情与宠姬享受他们之间的画眉于飞之乐，这种夫权至上的男性沙文主义，即使是在重视旧礼教的当时，恐怕也不是常人所能忍受的吧！张謇在这些地方为沈寿仗义执言，也不是全无理由。不过，沈寿毕竟是一个温柔贤淑而每事自甘忍让的旧式女人。她自己在伤心命苦之外甘心隐忍不较，却没法忍受这两个自称极端爱她的男人，把她当作斗争的工具，明争暗斗尚且不足，竟然还要在报纸上公开这些并不好听的"新闻"，毫不顾及沈寿对此事的感受。张謇指责余觉应对沈寿因病致死负责，说沈寿之病起因于余觉之纳簉室，使"沈寿受气伤心"，其后更因备受余觉欺凌，"而致于含怨积愤而死"，所说诚非全无理由。但是，像张謇这样在《南通日报》上公然撰文侮蔑的做法，难道又不会使沈寿伤心气痛吗？明于责人而暗于责己，在余觉、张謇这两个人的行为上都可以看到明显的事实，然而我们又岂能完全相信他们的指责之言呢？

张謇所撰的《张季子诗录》卷七，有"惜忆四十八截句"，味其诗意，完全是在沈寿病死之后，张謇为怀念他与沈寿间的交谊而作，其中有几首充满了他对沈寿的想念之情，可以相信张謇之于沈寿,确实是倾倒之至,情难自禁。抄录几首于后,以略见其一斑。

感遇深情不可缄,自梳青发手掺掺。绣成一对谦亭字,留证雌雄宝剑函。

割宅分墙自一家,乘春暖暖七香车。钗头燕好新过雨,烛顶虫祥已报花。

棐几当年绿褥随,料量留赠有余悲。誓将薄命为蚕茧,始始终终裹雪宦。

曾指西山有有亭,亭边割壤葬娉婷。那堪宿约成新谶,丹旐来时草尚青。

张謇为沈寿所作的诗,诸如此类而且更为露骨的,还有。余觉将这些诗作为把柄,公开指责张謇恃势霸占其妻,虽不免有自彰其丑的笑话,而张謇流露在这些诗中的恋情,却也是有目共睹之事,赖也赖不掉的。对于这重公案,余觉虽然以为他所说的就是"天下后世之公理",其实并不很对。照笔者个人的浅见,以为包天笑先生写在《钏影楼回忆录》中的话,才是比较客观的公论。现在也将它抄在下面:

平心而论,张謇、余觉,都有不是处,而沈寿最是可怜。她以身怀隐疾,专精艺术,两方竟挟以相争,酿成似是而非的三角恋爱,怎得不愤郁以促其生命呢?其最无聊者,张忽自作多情,写出了许多缠绵悱恻,鸳鸯蝴蝶派的诗词,贻人口实。这位殿撰公,算是怎么一回事呢?

包天笑以为张謇之大做恋情诗是自作多情,沈寿之促寿早死更是因为这两个无聊男人挟以相争所给她带来的愤郁难伸而致,这都很合于事实。对于张謇的自作多情，他的心理状态是容易了解的。因为张謇在南通素来有土皇帝之称。他出身状元，官至总长，在南通拥有极大的事业。挟此声势与才名，已足以笼罩一切，何况他当时年已六十有五，足够资格倚老卖老了。他恃有年龄、身份、才学等等条件为护符，相信不会有人怀疑他对女人还会存有觊觎之心，借口爱惜人才而对沈寿表示爱慕，所谓此心可对天地，又有什么可以落人口实的？他却不曾想到，余觉居然会利用这种不寻常的形势对他大肆攻击，毫不顾忌地加以过分渲染，适足以为三方面带来不利的影响，实非其始料所及。至于余觉，他为什么要在这种情势之下公然指责张謇霸占他的妻子，完全不管他自己与沈寿也将成为被人议论指摘的对象呢？这诚然是一个十分微妙的问题，很值得深入探讨一番。

清朝初年，冒辟疆的爱姬董小宛被清人掠夺北去，传说她后来成了顺治皇帝的宠妃。冒辟疆一方面不甘心爱姬被夺，一方面又不敢公然说明董小宛是被清人掠夺北去的，因此他就以董小宛被掠之时作为她的死时，声言董小宛于顺治八年正月初二日得急病而死，广征名流题咏，以后又将这些题咏的诗词与各方友好的吊唁诔辞汇为一书，刊刻出版，题名《同人集》，与他所自撰的忆念之文《影梅庵忆语》一并广为流传。由于《同人集》及《影梅庵忆语》这两本书中都充满了闪烁恍惚的疑似之言，读此书者，对于董小宛究竟是真死抑或假死的问题发生了极大的兴趣，由此而使董小宛即董鄂妃的传说成了清宫最大的疑案，连带地使冒辟疆的大名也因董小宛之事而流传千古。著名小说家高阳先生撰写《董小宛与冒辟疆的故事》，曾引清顺治时人丘石常的诗，以为此是冒辟疆的有意安排，目的即在为自己制造知名度。丘石常之原诗如此：

> 银河只隔水盈盈，诏下文姬不许行。才貌如卿值一死，风流无主奈多情。嫌笼娇鸟开何日？抱柱迂生哭有声。闻道南宫皆赐配，梦中呓语望成名。

丘石常此诗，似乎隐指董小宛在入宫以后，原有希望可由原夫领回；而冒辟疆则因志在借此成名之故而不往领回，终使董小宛老死宫中。故此诗之最末一句直揭冒辟疆用心之深刻，指出他重名之心胜于爱董小宛之心，故而他写在《影梅庵忆语》中的种种伤心悼惜之言，也就都成了矫揉文饰之辞，不尽可信了。董小宛与冒辟疆之间的当初情形是否果属如此？这是另一个可以研究的问题。但若以此况彼，所谓"梦中呓语望成名"者，如果用来描写余觉，倒似乎没有什么不妥当的地方。因为余觉本来无籍籍之名，被他借了这个似是而非的三角恋爱故事大闹一番以后，知道沈寿、张謇的人，就不会不知道余觉了。人死留名，豹死留皮，余觉希望在千秋之后还能够留名青史，其出发点本来没有什么不对。只是，他所用的方法实在有欠光明。余觉如果真的只是希望借此而留名千古，他的用心未免太深刻，也未免太愧对他的贤妻沈寿了。